Leipziger Altorientalistische Studien

Herausgegeben von
Michael P. Streck

Band 1

2011
Harrassowitz Verlag · Wiesbaden

Die Keilschrifttexte des Altorientalischen Instituts der Universität Leipzig

Herausgegeben von
Michael P. Streck

2011
Harrassowitz Verlag · Wiesbaden

Bibliografische Information der Deutschen Nationalbibliothek
Die Deutsche Nationalbibliothek verzeichnet diese Publikation in der Deutschen Nationalbibliografie; detaillierte bibliografische Daten sind im Internet über http://dnb.d-nb.de abrufbar.

Bibliographic information published by the Deutsche Nationalbibliothek
The Deutsche Nationalbibliothek lists this publication in the Deutsche Nationalbibliografie; detailed bibliographic data are available in the internet at http://dnb.d-nb.de.

Informationen zum Verlagsprogramm finden Sie unter
http://www.harrassowitz-verlag.de

Gedruckt auf alterungsbeständigem Papier.
Druck und Verarbeitung: Hubert & Co., Göttingen
Printed in Germany

ISSN 9999-9146
ISBN 978-3-447-06578-8

Inhalt

Michael P. Streck
Vorwort VII

Michael P. Streck – Carsten Tardi
Die Tontafelsammlung des Altorientalischen Institutes der Universität Leipzig 1

Hans Neumann
Ur III-Texte 9

Michael P. Streck
Ein sumerischer Wirtschaftstext aus frühaltbabylonischer Zeit 35

Carsten Tardi
Altbabylonische Rechts- und Wirtschaftsurkunden 37

Walther Sallaberger
Altbabylonische Briefe 71

Takayoshi Oshima
Ein altbabylonischer Omentext 83

Vincent Walter
Spätbabylonische Rechtsurkunden 87

Suzanne Herbordt
Ein Stempelsiegel der Achämenidenzeit 111

Tafelanhang 117

Vorwort

Im Jahr 1903 erschien bei der J. C. Hinrichs'schen Buchhandlung in Leipzig das erste Heft des ersten Bandes der Leipziger Semitistischen Studien, herausgegeben von August Fischer und Heinrich Zimmern, den beiden Direktoren des 1900 gegründeten Semitistischen Instituts. 1920 eingestellt, fand die Reihe 1931/2 eine kurze Fortsetzung mit dem Zusatz „Neue Folge", diesmal herausgegeben von Benno Landsberger und Hans Heinrich Schaeder. An diese ehrwürdige Tradition möchten die Leipziger Altorientalistischen Studien (Abkürzungsvorschlag: LAOS) anknüpfen. Frau Dr. Barabara Krauß sei herzlich für die Aufnahme der neuen Reihe in das Programm des Harrassowitz-Verlags gedankt.

Der erste Band der Leipziger Altorientalistischen Studien enthält eine Edition der Keilschrifttexte und eines Siegels des Altorientalischen Instituts der Universität Leipzig. Hans Neumann und Walther Sallaberger hatten schon vor vielen Jahren die Ur III-Texte bzw. die altbabylonischen Briefe kopiert und erklärten sich für eine Veröffentlichung in diesem Band bereit. Die von mir betreuten Magisterarbeiten von Carsten Tardi (2007) und Vincent Walter (2008) boten Editionen der akkadischsprachigen altbabylonischen bzw. spätbabylonischen Rechts- und Wirtschaftsurkunden, die in überarbeiter Form ebenfalls in diesem Band erscheinen. Ein Omenfragment und ein frühaltbabylonischer sumerischsprachiger Wirtschaftstext wurden von Takayoshi Oshima, der als Humboldtstipendiat am Altorientalischen Institut arbeitete, und mir selbst ediert. Frau Suzanne Herbordt schließlich, die die Vorderasiatische Archäologie am Altorientalischen Institut vertritt, steuerte eine Bearbeitung eines achämenidenzeitlichen Stempelsiegels bei. Die Einleitung zur Geschichte der Sammlung wurde von Carsten Tardi und mir verfasst. Allen Autoren gilt für ihre Mühe und lange Geduld mein herzlicher Dank.

Die Redaktion des Bandes besorgte im Anfangsstadium Vincent Walter und wurde dann mit großem Engagement von Theresa Blaschke übernommen. Beiden danke ich herzlich für ihre Arbeit.

Leipzig, 18.5.2011 Michael P. Streck

Die Tontafelsammlung des Altorientalischen Institutes der Universität Leipzig

Michael P. Streck–Carsten Tardi[1]

Nach der Gründung des Semitistischen Institutes der Universität Leipzig[2] im Jahre 1900 wurde im Wesentlichen durch Ankauf in den folgenden zehn Jahren unter dem Institutsleiter H. Zimmern für Studienzwecke eine Sammlung von Keilschrifttafeln und Gipsabgüssen angelegt. Als Zimmern im Jahr 1915/16 SIL 122 (= LAOS 1, 58) veröffentlichte, war bereits eine, zieht man die Sammlungsnummer in Betracht, umfangreiche Kollektion zusammengekommen. Zu dieser Sammlung schrieb H.-S. Schuster an M. Müller in einem am Altorientalischen Institut aufbewahrten Brief mit Datum vom 10.1.1977:

> „Es ist mir aber noch in Erinnerung, dass die Rede war von ‚gekauft von Püttmann, Baghdad', ich glaube, bereits 1901 ... SIL 122 ist jedoch erst später hinzugekommen ... Dann waren da noch etwa 30 Stücke, die aus den Grabungen Hilprechts in Nippur stammten und von denen ich nie erfahren konnte, wie sie nach Leipzig gelangt sind."

Die Sammlung wurde durch eine Schenkung S. N. Kramers im Jahr 1931 weiter vergrößert. Dieser hatte in Bagdad eine Sammlung von etwa 50 Tontafeln geschenkt erhalten und gab laut eigener Aussage „most of the precious gift" dem Leipziger Semitistischen Institut. Seine Erinnerung, dass damals „the Semitisches (sic!) Institut had not a single cuneiform tablet in its possession", beruht jedoch auf einem Irrtum.[3] Auch die Zahl der geschenkten Tafeln bleibt unklar; Schuster spricht in dem oben erwähnten Brief von lediglich „6–7" Ur III-Texten und einem Tonnagelfragment.

So entstand noch vor dem zweiten Weltkrieg eine Kollektion, die mehr als 300 Tontafeln und Rollsiegel umfasste. Dies geht einerseits aus den noch vorhandenen Tafeln mit den alten Inventarnummern über 300 (SIL 306 = LAOS 1, 37 und SIL 315 = LAOS 1, 1)[4] sowie den beiden vernichteten Tafeln SIL 309 und SIL 310 (s. dazu unten) hervor; zudem waren einige Tafeln 1943 noch uninventarisiert.[5]

Bei der Zerstörung des Institutes in der Schillerstraße 7 durch die Bombardierung in der Nacht vom 3. zum 4. Dezember 1943 ging jedoch ein Großteil der Sammlung, darunter

---

1 Der folgende Artikel beruht auf Vorarbeiten besonders durch M. Müller und J. Oelsner, die zusammen mit Zeitungsausschnitten, Broschüren, Notizen und Briefen zur Sammlung am Altorientalischen Institut aufbewahrt werden. Im Rahmen seiner von Streck betreuten Magisterarbeit wertete Tardi diese Materialien aus und fasste sie erstmals zusammen. Streck überarbeitete und ergänzte den Text für die vorliegende Publikation.

2 Zur Geschichte der Altorientalistik an der Universität Leipzig s. Müller 1979, Oelsner 2007 und Streck 2009.

3 Kramer 1983, 344f. und 1986, 32f.

4 SIL 315 erhielt seine Nummer allerdings erst 1957, zuvor hatte es die Nummer SIL 305. SIL 316 (= LAOS 1, 52) ist dagegen später angekauft worden, s. u.

5 M. Müller in einem Brief vom 6.9.1977 an Dr. D. Debes, Kustos der Karl-Marx-Universität.

sämtliche Rollsiegel, verloren. Auch die Dokumentation der Sammlung, die Zimmern in einem Heft zusammengestellt hatte, verbrannte. Schuster konnte allerdings zuvor noch einen kleinen Teil der Sammlung auslagern. In dem oben erwähnten Brief berichtet Schuster von der Auslagerung und seiner versuchten Rettungsaktion nach der Bombardierung:

> „Von der einst etwa 200 Nummern[6] umfassende Kollektion ist leider nur das übrig geblieben, was ich im August 1943 verpacken und zu meinen Eltern im Harz mitnehmen konnte (damals betrieb ich auch die Auslagerung der Institutsbibliothek dorthin, was wegen der Entfernung [ca. 100 km] abgelehnt wurde, sodass der bedeutendste Teil der Bibliothek in das Sammeldepot der Universität in der Nähe von Mutzschen verbracht wurde und so nach Kriegsende verloren ging). Nach dem Angriff vom 4. Dezember 43 habe ich bald danach viele der übrigen Tafeln und auch die Sammlung der Siegelzylinder aus dem Brandschutt ausgraben können, die Stücke selbst, da weit und breit damals keine Aufbewahrungsmöglichkeit bestand, wegen der unterdes eingebrochenen Dunkelheit zunächst in der Ruine liegen lassen, doch als ich eine Woche später sie dann abholen wollte, war eine große Innenmauer eingestürzt und hatte alles unter sich begraben. Als dann im Sommer 1946 die Bauverwaltung der Universität mit dem Abräumen des Schutts begann, hatte ich gebeten, mich zu informieren, sobald man das Institutsgebäude (Schillerstr. 7) in Angriff nehmen wolle. Das ist dann (die Arbeiten zogen sich über einen ziemlich langen Zeitraum hin und wurden dann plötzlich und überraschend forciert) leider nicht geschehen.“

Während sämtliche Rollsiegel verloren gingen, überlebten 56 Tontafeln die Zerstörung. K. F. Müller, ein Schüler B. Landsbergers,[7] hatte noch vor dem Bombenangriff Rohkopien von 28 Tafeln angefertigt, darunter auch von 8 zerstörten Tafeln (SIL 38, 46, 109, 116, 118, 120, 309, 310)[8]. Von 1948 an, nachdem das Institut im Johanneum, Universitätsstrasse 3–5, eine neue Wirkungsstätte gefunden hatte, bis zur Räumung und dem anschließenden Abriss des Gebäudes im Jahr 1966 lagen die Tafeln in einer Vitrine. Später wurden sie dann verpackt.

Im Jahre 1957 wurden fast alle Tafeln im Vorderasiatischen Museum Berlin restauratorisch nachbehandelt, wobei das Hauptaugenmerk auf dem Entsalzen und Nachbrennen der Tafeln lag. Dabei gingen die meisten der mit Tusche auf die Tafeln geschriebenen Nummern verloren und wurden von J. Oelsner aufgrund der bei den Tafeln liegenden Zettel erneut auf die Tafeln geschrieben. Bei dieser Gelegenheit erhielten einige Tafeln, die bis dahin noch nicht inventarisiert waren, durch Schuster die SIL-Nummern 1–6.[9]

6 Hierbei handelt es sich wohl um die Anzahl nur der Tontafeln, exklusive der Rollsiegel, da Schuster im gleichen Brief anfragt, ob die Rollsiegel schon eine SIL-Nummer erhalten haben.

7 Zu Müller s. HKL I 355f.

8 Zu den verlorenen Texten s. unten.

9 Eine zusammen mit dem Restaurierungsbericht aufbewahrte Notiz sagt, dass außerdem auf vier weiteren Tafeln „alte, ungültige“ SIL-Nummern gewesen seien, die durch neue ersetzt wurden: SIL 19 (= alt 4 = LAOS 1, 55), SIL 21 (= alt 8 = LAOS 1, 40), SIL 34 (= alt 5 = LAOS 1, 47) und SIL 78 (= alt 1); die Nummer letzterer Tafel ist jedoch fehlerhaft, da eine Tafel SIL 78 heute nicht existiert. Eine weitere mit dem Restaurierungsbericht aufbewahrte Notiz nennt einige Tafeln „oN“ (ohne Nummer), teilweise mit hinzugesetzter SIl-Nummer (1, 16, 76, 79, 306, 315) und teilweise ohne (vier Tafeln). Während SIL 1 (= LAOS 1, 2) bis dato uninventarisiert gewesen war und SIL 315 (= LAOS 1, 1) die alte Nummer 305 besessen hatte, ist der Sachverhalt bei den anderen Tafeln unklar; waren auch diese Tafeln uninventarisiert oder handelt es sich um beim Brennen verlorengegangene, wieder ersetzte alte

Am 14.9.1976 verkaufte Al-Dahoodi SIL 316 (= LAOS 1, 52) für den Preis von 300 DDR-Mark an die Karl-Marx-Universität Leipzig zu Händen von Kustos Dr. Behrends und versicherte, „dass die Tontafel mein persönliches Eigentum ist und ich frei über sie verfügen kann".

Eine knappe Übersicht über den geretteten Teil der Sammlung gab Manfred Müller 1978, 151 und Anm. 2.

Im Jahre 1996 wurde die Tafel ÄMUL 1597 (= LAOS 1, 45) vom Ägyptischen Museum Leipzig an das Altorientalische Institut abgegeben, sodass sich der heutige Gesamtbestand der Sammlung auf 58 Tafeln beläuft.[10]

Die Signatur S(emitistisches)I(nstitut)L(eipzig) wird bis heute in der Fachliteratur für die Bezeichnung der Tafeln der Sammlung des Leipziger Altorientalischen Institutes verwendet. Von diesen Tafeln wurden bisher nur SIL 6 (= LAOS 1, 53), SIL 122 (= LAOS 1, 58), SIL 315 (= LAOS 1, 1) und 316 (= LAOS 1, 52) veröffentlicht.

Katalog

Katalognummer = Nummer in LAOS 1	**Inventarnummer (SIL)**	**Inhalt**	**Bearbeitung**	**Tafel**
1	315	präsargonische Wirtschaftsurkunde aus Lagaš	Müller 1978, 151–65	
2	1	Ur-III Wirtschaftsurkunde	LAOS 1, Neumann, 9–12	I, II
3	2	Ur-III Wirtschaftsurkunde	LAOS 1, Neumann, 12–13	III
4	3	Ur-III Wirtschaftsurkunde	LAOS 1, Neumann, 13	III
5	4	Ur-III Wirtschaftsurkunde	LAOS 1, Neumann, 14	IV
6	47	Ur-III Wirtschaftsurkunde	LAOS 1, Neumann, 14–15	IV
7	48	Ur-III Wirtschaftsurkunde	LAOS 1, Neumann, 15	V

Nummern? Der Restaurierungsbericht selber spricht von insgesamt nur sechs Tafeln ohne Inventarnummer, eine davon ist SIL 315.

10 Unklar bleibt, warum M. Müller bereits in einem Brief vom 21.10.1979 an K. Mylius von „58 Keilschrifttafeln" spricht. In einem Brief Müllers vom 18.8.1981 an G. Kück ist, wie bereits früher (Brief vom 6.9.1977 an D. Debes), wieder von 57 (56 Tafeln aus der Zeit vor dem Krieg und eine angekaufte) die Rede, ebenso in seinem Brief vom 16.10.1981 an den Rektor der Karl-Marx-Universität, L. Rathmann. Vielleicht zählte Müller zwischenzeitlich „ein uninventarisiertes Schreiben des bekannten Assyriologen Paul Haupt auf einer sandhaltigen(?) einseitig beschriebenen Gipstafel in assyrischer Keilschrift und Sprache" mit, das er in einem weiteren Brief vom 17.1.1978 mit unbekannten Adressaten und Betreff „Überprüfung des Bestandes der Tontafelsammlung der Sektion ANW" (Afrika-Nahost-Wissenschaften) erwähnt und das sich heute ebenfalls in der Sammlung des Altorientalischen Instituts befindet.

Katalognummer = Nummer in LAOS 1	**Inventar-nummer (SIL)**	**Inhalt**	**Bearbeitung**	**Tafel**
8	49	Ur-III Wirtschaftsurkunde	LAOS 1, Neumann, 15–16	V
9	50	Ur-III Wirtschaftsurkunde	LAOS 1, Neumann, 16	VI
10	51	Ur-III Wirtschaftsurkunde	LAOS 1, Neuman, 16–17	VI
11	62	Ur-III Wirtschaftsurkunde	LAOS 1, Neumann, 17	VII
12	66	Ur-III Wirtschaftsurkunde	LAOS 1, Neumann, 18	VII
13	67	Ur-III Wirtschaftsurkunde	LAOS 1, Neumann, 18	VIII
14	68	Ur-III Wirtschaftsurkunde	LAOS 1, Neumann, 19	VIII
15	69	Ur-III Wirtschaftsurkunde	LAOS 1, Neumann, 19	VIII
16	71	Ur-III Wirtschaftsurkunde	LAOS 1, Neumann, 19–20	IX
17	72	Ur-III Wirtschaftsurkunde	LAOS 1, Neumann, 20–21	X
18	80	Ur-III Wirtschaftsurkunde	LAOS 1, Neumann, 21–22	XI
19	81	Ur-III Wirtschaftsurkunde	LAOS 1, Neumann, 22	XI
20	82	Ur-III Wirtschaftsurkunde	LAOS 1, Neumann, 23	XII
21	84	Ur-III Wirtschaftsurkunde	LAOS 1, Neumann, 23	XII
22	85	Ur-III Wirtschaftsurkunde	LAOS 1, Neumann, 23–24	XII
23	86	Ur-III Wirtschaftsurkunde	LAOS 1, Neumann, 24	XIII
24	87	Ur-III Wirtschaftsurkunde	LAOS 1, Neumann, 24	XIII
25	92	Ur-III Wirtschaftsurkunde	LAOS 1, Neumann, 25	XIV
26	96	Ur-III Wirtschaftsurkunde	LAOS 1, Neumann, 25–26	XIV
27	97	Ur-III Wirtschaftsurkunde	LAOS 1, Neumann, 26–27	XV
28	100	Ur-III Wirtschaftsurkunde	LAOS 1, Neumann, 27	XV
29	101	Ur-III Wirtschaftsurkunde	LAOS 1, Neumann, 27–28	XVI
30	103	Ur-III Wirtschaftsurkunde	LAOS 1, Neumann, 28	XVI

Katalognummer = Nummer in LAOS 1	**Inventar-nummer (SIL)**	**Inhalt**	**Bearbeitung**	**Tafel**
31	106	Ur-III Wirtschaftsurkunde	LAOS 1, Neumann, 28	XVII
32	107	Ur-III Wirtschaftsurkunde	LAOS 1, Neumann, 28–29	XVII
33	108	Ur-III Wirtschaftsurkunde	LAOS 1, Neumann, 29	XVII
34	110	Ur-III Wirtschaftsurkunde	LAOS 1, Neumann, 29–30	XVIII
35	115	Ur-III Wirtschaftsurkunde	LAOS 1, Neumann, 30	XVIII
36	306	Ur-III Wirtschaftsurkunde	LAOS 1, Neumann, 30–31	XIX
37	99	Ur-III Wirtschaftsurkunde	LAOS 1, Neumann, 31	XIX
38	166	Ur-III Wirtschaftsurkunde	LAOS 1, Neumann, 32	XX
39	83	aB Wirtschaftsurkunde	LAOS 1, Streck, 35–36	XXI, XXII
40	21	aB Rechtsurkunde	LAOS 1, Tardi, 37–39	XXIII
41	39	aB Rechtsurkunde	LAOS 1, Tardi, 39–41	XXIV
42	59	aB Wirtschaftsurkunde	LAOS 1, Tardi, 41–42	XXV
43	76	aB Wirtschaftsurkunde	LAOS 1, Tardi, 43–45	XXVI
44	79	aB Wirtschaftsurkunde	LAOS 1, Tardi, 45–51	XXVII
45	ÄMUL 1597	aB Rechtsurkunde	LAOS 1, Tardi, 52–56	XXVIII
46	33	aB Brief	LAOS 1, Sallaberger, 72–73	XXIX
47	34	aB Brief	LAOS 1, Sallaberger, 73–75	XXX
48	35	aB Brief	LAOS 1, Sallaberger, 76–77	XXXI
49	36	aB Brief	LAOS 1, Sallaberger, 78–79	XXXII
50	37	aB Brief	LAOS 1, Sallaberger, 79–80	XXXI
51	5	aB Omenfragment	LAOS 1, Oshima, 83–85	XXXIII
52	316	fragmentarische Prozessurkunde aus Nuzi	Müller 1981, 443–454	XXXIV
53	6	nB Rechtsurkunde	Petschow 1956, 111f. Anm. 347 mit weiterer Literatur; RlA 6, 557[11]	XXXV
54	18	nB Rechtsurkunde	LAOS 1, Walter, 88–94	XXXVI, XXXVII
55	19	nB Rechtsurkunde	LAOS 1, Walter, 94–99	XXXVIII, XXXVIX

11 Im RlA fälschlich als SIL 106 zitiert (s. die Richtigstellung bereits bei Neumann 1987, 70 Anm. 26).

Katalognummer = Nummer in LAOS 1	Inventarnummer (SIL)	Inhalt	Bearbeitung	Tafel
56	16	nB Rechtsurkunde	LAOS 1, Walter, 99–102	XL, XLI
57	12	nB Rechtsurkunde	LAOS 1, Walter, 102–106	XLII, XLIII
58	122	nB Fragment der 15. Tafel der Serie ur_5.ra = *ḫubullu* (SIL 122 = Z. 48–114 der 15. Tafel in MSL 9)	Langdon 1913; Zimmern 1915–16, 288–95	XLIV

Die vernichteten Tafeln

SIL 46, SIL 109, SIL 116, SIL 118, SIL 120 sind Ur III-Urkunden (ungenaue Rohkopien).

SIL 38, noch in Rohkopie vorhanden, ist eine Inschrift Sîn-kāšids von Uruk auf einer Tontafel. Duplikat zu RIME 4.4.1.3. (S. 444–447):

Vs.
^{d}EN.ZU-kà-ši-id
nita kalag-ga
lugal Unug^{ki}-ga
lugal Am-na-nu-um
ú-a
É-an-na

Rs.
é-gal
nam-lugal-la-ka-ni
mu-dù

„Sîn-kāšid, starker Mann, König von Uruk, König der ʾAwnānum, Versorger des Eana, hat seinen königlichen Palast gebaut."

SIL 309, ebenfalls in Rohkopie vorhanden, ist eine Inschrift Gudeas von Lagaš auf einem Tonnagel. Duplikat zu FAOS 9/1, 304ff. Gudea 48:

i
^{d}Nin-gír-su
ur-saĝ kalag-ga
^{d}En-líl-lá-ra
Gù-dé-a
énsi
Lagaš^{ki}-ke_4
níĝ-du_7-e pa mu/na-è
é-ninnu An/zu babbar-ra-ni

ii
mu-na-dù
ki-bi mu-/na-gi_4

„Dem Ninĝirsu, dem starken Helden des Enlil, hat Gudea, der Stadtfürst von Lagaš, die Kultvorschriften prächtig ausgeführt, hat ihm sein Eninnu ,Weißer Adler' gebaut und (es) ihm restauriert."

SIL 310 stammte aus der Sammlung F. E. Peisers (P 374). Die Tafel mit einem sumerischen Sprichwort wurde von Weidner 1914, 305 und 307 publiziert. S. nun Alster 1997, 57 2.61, Text GG ib. S. 40.

Bibliographie

Alster B. 1997: Proverbs of Ancient Sumer.
Kramer S. N. 1983: In Search of Sumer. A Personal Account of the Early Years, JAOS 103, 337–351.
—1986: In the World of Sumer. An Autobiography.
Langdon S. 1913: Rezension zu H. Holma, Die Namen der Körperteile im Assyrisch-Babylonischen, AJSL 30, 77–79.
Müller M. 1978: Ein neuer Beleg zur Staatlichen Viehwirtschaft in altsumerischer Zeit, Festschrift Matouš, 151–165.
—1979: Die Keilschriftwissenschaften an der Leipziger Universität bis zur Vertreibung Landsbergers im Jahre 1935, Wissenschaftliche Zeitschrift der Karl-Marx-Universität Leipzig 28/1, 67–86.
—1981: Ein Prozess um einen Kreditkauf in Nuzi, SCCNH 1, 443–454.
Neumann H. 1987: Zur geplanten Publikation von Keilschrifttexten kleinerer Sammlungen, Schriften zur Geschichte und Kultur des Alten Orients 23, 66–72.
Oelsner J. 2007: „Leipziger Altorientalistik: 1936–1993", in C. Wilcke (ed.), Das geistige Erfassen der Welt im Alten Orient. Sprache, Religion, Kultur und Gesellschaft, 315–330.
Streck M. P. 2009: Altorientalistik, in: U. von Hehl – U. John – M. Rudersdorf (ed.), Geschichte der Universität Leipzig 1409–2009, Band 4/1, 345–366.
Weidner E. F. 1914: Sumerische Apotropaia, OLZ 17, 304–308.
Zimmern H. 1915/6: Vokabular mit Körperteilen SIL 122, ZA 30, 288–295.

Ur III-Texte

Hans Neumann

Die Publikation der Ur III-Texte aus der Sammlung des Leipziger Altorientalischen Instituts geht auf ein Vorhaben zurück, das bereits in den 80er Jahren des vorigen Jahrhunderts im Rahmen einer geplanten Serie „Keilschrifttexte aus kleineren Sammlungen (der DDR)" konzipiert worden ist.[1] Die Genehmigung zur Beschäftigung mit den Leipziger Ur III-Texten und zur Publikation der Tafeln erhielt ich seinerzeit von meinem leider viel zu früh verstorbenen akademischen Lehrer und langjährigen Freund Manfred Müller, der mich zudem in allen Belangen in Bezug auf die Arbeit mit der Sammlung unterstützte. Nachdem Claus Wilcke in den 90er Jahren die Publikationsgenehmigung dankenswerter Weise bestätigt hatte, konnten die restlichen Kopien 1993 bei einem weiteren Arbeitsaufenthalt in Leipzig angefertigt und notwendige Kollationen durchgeführt werden.[2] Für die freundliche Aufnahme und die angenehme Atmosphäre während meiner Leipzig-Aufenthalte in den 80er und 90er Jahren bin ich Manfred Müller, Claus Wilcke und Walther Sallaberger sehr zu Dank verpflichtet. Nach einer durch verschiedene äußere Umstände sowie wegen anderer Projekte und Verpflichtungen eingetretenen Pause in der Beschäftigung mit den Texten kann nunmehr dank des freundlichen Entgegenkommens und des Engagements von Michael P. Streck die seit langem geplante Publikation der Leipziger Ur III-Texte hier vorgelegt werden.

1. Verwaltungstexte

LAOS 1, 2 (SIL 1) (s. Tafel I und II)

122 x 68 x 21mm
Umma (AS 1)

i 1 (10c+1c)[3] dub-sar gána ⸢tuš⸣
2 4a šeš-tab-ba gána tuš
3 6 dumu-níta
4 dub-sar-me

---

1 Vgl. dazu Neumann 1991, bes. S. 69f.

2 Die entsprechenden Arbeiten in der ersten Hälfte der 90er Jahre wurden im Rahmen des „Wissenschaftler-Integrationsprogramms" (WIP) durch die „Koordinierungs- und Aufbau-Initiative für die Forschung in den Ländern Berlin, Brandenburg, Mecklenburg-Vorpommern, Sachsen, Sachsen-Anhalt und Thüringen" (KAI e.V.) gefördert.

3 Die Umschrift der verschiedenen Zahlzeichenformen folgt hier den bei Koslova 2000, 10 beschriebenen Konventionen: DIŠ (keilförmig) = 1, AŠ (keilförmig) = 1a, AŠ (rund) = 1c, U (rund) = 10c.

5 8c ĝuruš á-1/2 / gána tuš
6 3a dumu-níta
7 3 dumu-níta
8 éren-me
9 1c ùĝ ĝuruš gána tuš
10 10c lá-1c ùĝ ĝuruš-0.1.1.5
11 1c ùĝ ĝuruš-0.1.0
12 1 dumu-[ní]ta-0.0.2
13 5 dumu-níta-0.0.1.⸢x⸣
14 še-dab$_5$-me
15 1 úš ĝuruš
16 1 dumu-níta
17 muḫaldim-me
18 1c ùĝ ĝuruš-0.1.4
19 10c+5c ùĝ ĝuruš-/0.1.1.5
20 1a dumu-níta-0.0.2
21 bàḫar-me
22 8c ùĝ ĝuruš-0.1./1.5
23 1c ùĝ ĝuruš-0.1.0
24 1a ĝuruš-0.0.3
ii 1 [ ]
2 4 d[umu]-n[íta]
3 1 dumu-níta-0.1.0
4 1 šu ĝuruš
5 má-laḫ$_5$-me
6 3c ùĝ ĝuruš-0.1.1.5
7 1a dumu-níta-0.0.2
8 1 dumu-níta-0.1.1.5
9 2 dumu-níta-0.0.1
10 kurušda-me
11 1c ùĝ ĝuruš-0.1.0
12 1c ĝuruš á-1/2 0.1.1.5
13 1a dumu-níta-0.0.2
14 1 dumu-níta-0.0.1.5
15 ad-kub$_4$-me
16 20c ùĝ ĝuruš-0.1.1.5
17 2c ùĝ ĝuruš-0.1.0
18 12a dumu-níta-0.0.2
19 6 dumu-níta-0.0.1.5
20 1 šu ùĝ ĝuruš
21 má-gíd-me
22 1c ùĝ gána ugula-kíkken
23 1a ùĝ gána šeš-tab-ba
24 1 dumu-níta
25 1c ùĝ-0.1.1.5 ŠU.ÍL

	26	1 dumu-níta-0.0.1.5	
iii	1	30c+6c géme-0.0.2	
	2	1 dumu-níta-0.0.1.5	
	3	3 dumu-munus-0.0.1	
	4	géme-kíkken-me	
	5	3c gána ĝuruš lùnga	
	6	3 dumu-níta	
	7	5c ùĝ gána ĝuruš lùnga	
	8	2 dumu-níta	
	9	1 úš ĝuruš	
	10	lùnga-me	
	11	1c ⌜gána⌝ ĝuruš munu$_4$-mú	
	12	1 gána ĝuruš á-⌜1/2⌝	
	13	1 dumu-ní[ta(-x)]	
	14	éren-[me]	
	15	6c ùĝ gána ĝuruš munu$_4$-mú	
	16	3 dumu-níta[(-x)]	
	17	1 šu ĝuruš	
	18	1 AB.ÍL	
	19	munu$_4$-mú-me	
	20	4c gána ĝuruš ⌜á⌝-1/2	
	21	6c ĝuruš á-1/2 0.1.1.5	
	22	30c lá-1c ⌜ùĝ⌝ ĝuruš-0.1.1.5	
	23	2 dumu-níta	
	24	kaš-a gub-ba-me	
	25	20c+3c géme-0.0.3 é-lùnga	
	26	3 dumu-níta-0.0.1	
	27	1 dumu-munus-0.0.1	
	28	3 ug$_7$ gé[me]	
iv	1	ĝìr-sè-ga-é-lùnga-me	
	2	33.0.0 še gur	33 Gur Gerste,
	3	še-ba iti-1-kam	Gersteration, es ist ein Monat,
	4	iti-12-šè	über (einen Zeitraum von) 12 Monaten,
	5	še-bi 396.0.0 gur	die dazugehörige Gerste: 396 Gur;
	6	ĝìr-sè-ga-lugal-me	Personal des Königs ist es,
	7	ugula Lú-diĝir-ra	Aufseher: Lu-diĝira.
	8	mu ^{d}Amar-^{d}EN.ZU / lugal	Jahr: „Amar-Su'ena (wurde) König“.

Bei dem Text handelt es sich um die Abrechnung über Arbeitskräfte, die Empfänger von Gersterationen sind. Die zum „Personal des Königs“ (ĝìr-sè-ga-lugal) gehörigen Arbeitskräfte werden unter verschiedenen Berufskategorien geführt, wie „Schreiber“ (dub-sar), Angehörige der „Truppe“ (éren), „Köche“ (muḫaldim), „Töpfer“ (bàḫar), „Schiffer“ (má-laḫ$_5$), „Mäster“ (kurušda), „Rohrarbeiter“ (ad-kub$_4$), „Treidler“ (má-gíd), „Müllerinnen“

(géme-kíkken), „Brauer“ (lùnga), „Mälzer“ (munu$_4$-mú) sowie Brauarbeiter (kaš-a gub-ba), und bestimmten Leistungsklassen[4] und Versorgungsarten zugeordnet. Zu den entsprechenden Kategorien und ihrer Kennzeichnung im Einzelnen vgl. vor allem Monaco 1985 und 1986; Steinkeller 1987, 78–80; Sallaberger 1999, 327f.; Koslova 2008.

i 14: Wie sich das še-dab$_5$-me im vorliegenden Zusammenhang einordnet, ist mir unklar.

ii 24: Zu ĝuruš/géme kaš-a gub-ba „men or women working in beer production“ vgl. Neumann 1994, 325 mit Anm. 35.

LAOS 1, 3 (SIL 2) (s. Tafel III)

52 x 31 x 15mm
Ĝirsu (-/II)

1	0.0.1 kaš-dida	1 (Ban) Bierkonzentrat,
2	0.0.⸢2⸣ dabin lugal	2 Königs(-Ban) dabin-Mehl,
3	2/3 sìla ì-ĝiš	2/3 Sila Pflanzenöl,
4	Elam DI-*um*^{ki} šu ba-ti	hat der Elamer aus DI-um in Empfang genommen;
5	0.0.1 kaš 0.0.1 ninda lugal	1 Königs(-Ban) Bier, 1 Königs(-Ban) Getreidebrei,
6	2 ì-ĝiš Á.GAM	2 Á.GAM Pflanzenöl,
7	sá-du$_{11}$ u$_4$-1-kam	Lieferung: 1. Tag,
8	Ĝìri-né-ì-sa$_6$ sukkal	Ĝìrine-isa, der Bote;
9	0.0.1 kaš 0.0.1 ninda lu[g]al	1 Kö[ni]gs(-Ban) Bier, 1 Kö[ni]gs(-Ban) Getreidebrei,
10	2 ì-ĝiš Á.GAM	2 Á.GAM Pflanzenöl,
11	sá-du$_{11}$ ⸢u$_4$⸣-2-kam	Lieferung: 2. Tag,
12	*[Pu]zur$_4$-ra-bí*	[Pu]zur-abī,
13	[ ]x-ma kaš ninda / [ ]⸢x⸣-a-da ĝen-na	[ ]x-ma Bier (und) Getreidebrei, die/der mit [x] gegangen sind/ist;
14	0.0.0.5 sìla kaš 0.0.0.5 sìla ninda	5 Sila Bier, 5 Sila Getreidebrei,
15	1 ì-ĝiš Á.GAM	1 Á.GAM Pflanzenöl,
16	*U-bar* sukkal	Ubār, der Bote;
17	0.0.0.5 sìla kaš 0.0.0.5 sìla ninda	5 Sila Bier, 5 Sila Getreidebrei,
18	1 ì-ĝiš Á.GAM	1 Á.GAM Pflanzenöl,
19	^{d}Šul-gi-kala-ga-da	Šulgi-kalagada;
20	0.0.0.5 sìla kaš 0.0.0.5 sìla ninda	5 Sila Bier, 5 Sila Getreidebrei,
21	1 ì-ĝiš ⸢Á⸣.[GAM]	1 Á.[GAM] Pflanzenöl,
22	A-kal-la [su]kkal	A(ja)-kala, der [Bo]te;
23	0.0.0.5 sìla kaš 0.0.0.5 [sìl]a ninda	5 Sila Bier, 5 [Sil]a Getreidebrei,
24	1 ì-ĝiš Á.GA[M]	1 Á.GA[M] Pflanzenöl,
25	*Bí-la-a* sukkal	Bilâ, der Bote,

4 Verzeichnet werden dabei auch die nicht mehr arbeitsfähigen bzw. nicht mehr verfügbaren Arbeitskräfte (šu, Abkürzung für šu-gi$_4$ „alt“, und úš bzw. ug$_7$, Abkürzung für ba-úš/ug$_7$ „verstorben“).

26	An-ša-an^{ki}-ta ĝen-na	der von Anšan kam;
27	0.0.1.5 sìla kaš 0.0.1.5 sìla [nin]da	1 (Ban) 5 Sila Bier, 1 (Ban) 5 Sila [Getre]idebrei,
28	3 ì-ĝiš Á.GA[M]	3 Á.GA[M] Pflanzenöl,
29	sá-du$_{11}$ u$_4$-3-kam	Lieferung: 3. Tag,
30	Sa$_6$-ga sukkal Má-ḫu-/na-šè ĝen-na	Saga, der Bote, der nach Maḫuna ging.
l. Rd.		
	iti-gu$_4$-rá-NE-mú-mú	Monat: „Gura-NE-mumu“.

Der Text gehört zur Gruppe der sog. Botentexte aus Ĝirsu und verzeichnet die Ausgabe von Bier (kaš), Getreidebrei (ninda)[5], Öl (ì-ĝiš) sowie von Bierkonzentrat (kaš-dida) und Mehl (dabin) an namentlich genannte Boten (sukkal). Zur Textgruppe vgl. zusammenfassend (mit weiterer Literatur) Sallaberger 1999, 295–315; zuletzt Capitani 2003; Santagati 2007; Notizia 2009.

1: Zu kaš-dida = *billatu* vgl. Stol 1971, 169 („vielleicht eine krümelige Substanz, die aufgespeichert oder transportiert werden konnte, ehe sie zur Gärung weiterverarbeitet wurde“); Yoshikawa 1988, 237 („a kind of sterilized beer, indispensable for journeys of long distance in the intense heat of Mesopotamia“).

2: Zu dabin = akk. *tappinnu* „ ‚barley grits‘, a coarse-grained flour made of barley“ vgl. Milano 1993–1997, 25.

4: Zu NIM = Elam „Elamer“ vgl. zuletzt Michalowski 2008, 109f.

6: Zum Á.GAM-Gefäß für Öl vgl. PSD A$_2$ 59f. (mit Diskussion zu Lesung und Deutung).

13: Zum PN vgl. Hilgert 2002, 66 mit Anm. 86.

LAOS 1, 4 (SIL 3) (s. Tafel III)

41 x 38 x 15mm

Ĝirsu (ŠS 9)

1	30 ma-na siki-túg-ús	30 Minen Wolle (für) zweitklassige Stoffe,
2	4 gú túg-3-kam-ús	4 Talente (für) drittklassige Stoffe,
3	á-ĝiš-ĝar-ra-géme-/uš-bar-šè	(hat) als Arbeitsmaterial der Weberinnen
4	Lú-uš-gi-na	Lu-ušgina
5	šu ba-ti	in Empfang genommen.
6	kišib-Lú-gu-la	Siegel: Lu-gula;
7	šà-Ki-nu-nir^{ki}	in Kinunir.
8	mu é-^{d}Šára / ba-dù	Jahr: „Der Tempel des Šara wurde gebaut“.

4: Zum Inspektor (nu-bànda) Lu-ušgina über die Weberinnen in der Provinz Lagaš vgl. Waetzoldt 1972, 71 (mit Anm. 281) und 94f.

7: Zu Kinunir als Ort der Textilproduktion vgl. Waetzoldt 1972, 95f.

---

5 Zu ninda hier als Bezeichnung für „Getreidebrei“ o. ä. vgl. Sallaberger 1999, 297 Anm. 416.

LAOS 1, 5 (SIL 4 – Hüllentafel mit halb geöffneter Hülle) (s. Tafel IV)

39 x 36 x 22mm
Umma (Š 34/X)

1	12.0.0 še gur-lu[gal]	12 Kö[nigs]gur Gerste,
2	šà-gal-^{anše}kúnga	Futter für Maultiere,
3	ki-su$_{7}$-a-šà-^{ĝiš}ma-nu-ta	von der Tenne des ma-nu-Feldes,
4	[ ]-ta	(hat) von [PN$_{1}$]
5	[ ]x[ ]	[PN$_{2}$]
6	šu ba-ti	in Empfang genommen.
7	iti-ezem-^{d}Šul-gi	Monat: „Ezem-Šulgi“.
8	mu An-ša-an^{ki} ba-ḫ[ul]	Jahr: „Anšan wurde zerst[ört]“.

Siegel: ⸢x x⸣-^{d}[x]	⸢PN$_{2}$⸣,
dumu-DU?-[ ]	Sohn des ⸢PN$_{3}$⸣

2: Bei den ^{anše}kúnga handelt es sich wohl um eine Kreuzung aus Onager und Esel; vgl. Heimpel 1987–1990, 602.

3: Zum Problem der Identifizierung von ^{ĝiš}ma-nu vgl. Steinkeller 1987, 91f. mit dem Vorschlag „willow“; zu a-šà-^{ĝiš}ma-nu vgl. Pettinato1967, I/2, 81–83 Nr. 567.

LAOS 1, 6 (SIL 47) (s. Tafel IV)

45 x 45 x 15mm
Umma (Š 36/VIII)

1	14.1.0 zú-lum gur	14 Gur, 1 (Barig) Datteln,
2	90 ^{ĝiš}pèš še-er-gu	90 Feigenobstschnüre,
3	0.1.2.2 sìla 10 gín-ta / ĝeštin-ḫád	1 (Barig), 2 (Ban), 2 Sila zu je 10 Sekel trockene Weintrauben,
4	0.0.5 ^{ĝiš}ĝi$_{6}$-par$_{4}$	5 (Ban) ĝi$_{6}$-par$_{4}$-Frucht,
5	x kù x	...,
6	ki-Úrdu-ḫu-la-ta	(hat) von Úrdu-ḫula
7	Ḫa-lu$_{5}$-lu$_{5}$	Ḫalulu
8	šu ba-ti	in Empfang genommen.
9	iti-é-iti-VI	Monat: „E’iti-VI“.
10	mu ^{d}Nanna-kar-/z[i]-da	Jahr: „Nanna von Karz[i]da“.

Siegel: Ḫa-lu$_{5}$-lu$_{5}$	Ḫalulu,
dub-sar	Schreiber,
dumu-Du$_{10}$-ga	Sohn des Duga

4: Zum Problem der Identifizierung von ^{ĝiš}ĝi$_{6}$-par$_{4}$ vgl. die Diskussion (mit Literatur) bei Bauer 2007, 178 zu Nr. 20, 4.

5: Die Zeichen sind zum Teil durch die Siegelabrollung verdrückt. Zu erwarten wäre hier vielleicht die Angabe des Bestimmungsortes/Zwecks der Früchtelieferung.

10: Zur Problematik des Jahresnamens vgl. Waetzoldt 1983.

LAOS 1, 7 (SIL 48) (s. Tafel V)

46 x 41 x 13mm

Ĝirsu (Š 46/XIa)

1	118 ĝuruš 0.2.0 še-/lugal-ta	118 männliche Arbeitskräfte zu je 2 Königs(-Barig) Gerste,
2	sipa-ur-gi$_7$-me	Hunde-„Hirten" sind es,
3	19 dam-Elam 0.0.4-ta	19 elamische Frauen zu je 4 (Ban) (Gerste),
4	ki-Nir-ì-da-ĝál	bei Nir-idaĝal;
5	ĝìri-*Puzur$_4$-Èr-ra*	verantwortlich: Puzur-Erra;
6	ki-Lú-gi-na-ta	von Lu-gina.
7	iti-diri-še-KIN-ku$_5$	Monat: „Diri-Še-KIN-ku".
8	mu Ki-maš^{ki} ba-ḫul	Jahr: „Kimaš wurde zerstört".

Siegel: Ur-^{d}Ba-Ú	Ur-Ba'U,
dub-sar	Schreiber,
dumu-Na-mu	Sohn des Namu

Vgl. im vorliegenden Zusammenhang auch die Texte AAS 182, 190 und 191 mit den Bemerkungen bei Grégoire 1970, 224.

2: Zu sipa-ur(-gi$_7$-ra) „Hunde-‚Hirt'" vgl. Waetzoldt 1972–1975, 423 und Heimpel 1972–1975, 496.

3: dam hier wohl als „Frau", nicht als „Ehefrau" zu verstehen. Zu entsprechenden Notierungen in aAK Texten aus Tutub vgl. die Bemerkungen von Sallaberger 2000, 117.

LAOS 1, 8 (SIL 49) (s. Tafel V)

42 x 38 x 15mm

Umma (ŠS 4/III)

1	3.0.0 še gur-lugal	3 Königsgur Gerste,
2	šà-gal-anše	Futter für Esel,
3	ki-su$_7$-a-šà-^{d}Nin-ur$_4$-/ra-ta	von der Tenne des Feldes der Nin-ura,
4	ki-ka-guru$_7$-/ta	vom Speichervorsteher.
5	kišib-Lú-du$_{10}$-ga	Siegel: Lu-duga.
6	iti-še-kar-ĝál-la	Monat: „Šekarĝala".
7	mu-ús-sa Si-ma-/núm^{ki} ba-ḫul	Jahr nach dem Jahr: „Simanum wurde zerstört".

Siegel: Lú-^{d}Nin-[ ]	Lu-Nin[-x(-x)],
[dumu]-Lú-^{d}[ ]⸢x⸣	[Sohn] des Lu-[x(-x)] x

3: Zu a-šà-^{d}Nin-ur$_4$-ra vgl. Pettinato 1967, I/2, 137–139 Nr. 658.

LAOS 1, 9 (SIL 50) (s. Tafel VI)
50 x 44 x 18mm
Umma (Š 44/III? oder IV?[6]/8–11)

1	2.0.0 kaš-sig$_5$ 2.0.0 kaš-/ĝen	2 Gur Bier guter Qualität, 2 Gur Bier mittlerer Qualität,
2	u$_4$-8-kam	8. Tag;
3	1.0.0 kaš-sig$_5$ 2.0.0 lá-3 sìla / kaš-ĝen	1 Gur Bier guter Qualität, 1 Gur 297 Sila Bier mittlerer Qualität,
4	u$_4$-10 lá-1-kam	9. Tag;
5	9.0.0 lá-5 sìla kaš-/ĝen	8 Gur 295 Sila Bier mittlerer Qualität,
6	u$_4$-10-kam	10. Tag;
7	2.0.0 kaš-sig$_5$ 2.0.0 kaš-ĝen	2 Gur Bier guter Qualität, 2 Gur Bier mittlerer Qualität,
8	u$_4$-11-kam	11. Tag;
9	ki-Ma-a-ti-ta	von Ma'ati.
10	kišib-A-kal-la	Siegel: A(ja)-kala.
11	šà-bala-a	Im (Monat der) bala-Verpflichtung.
12	mu Lu-lu-bu-um/^{ki} ba-ḫul	Jahr: „Lullubum wurde zerstört“.

Siegel: A-kal-[la]	A(ja)-kal[a],
dub-[sar]	Schrei[ber],
dumu-Lugal-[nésaĝ-e]	Sohn des Lugal-[nesaĝe]

11: Zu šà-bala-a in Umma-Texten in der Bedeutung „in the period (= a month) of the bal-duty of the ensí of Umma“ vgl. Maeda 1995, 145–174; Sharlach 2004, 39–59 („within the bala-[payments]“).

Siegel: Bezüglich der Ergänzung vgl. das Siegel des inhaltlich hierher gehörenden Textes MVN 14, 213.

LAOS 1, 10 (SIL 51) (s. Tafel VI)
49 x 39 x 14mm
Umma (AS 1/XII)

1	0.1.3 še-ba lugal	1 Königs(-Barig), 3 (Ban) Gersteration,
2	Lugal-ab-ba-AN	(für) Lugal-abba-AN,
3	0.1.3 Lugal-zi-ĝu$_{10}$	1 (Barig), 3 (Ban) (für) Lugal-ziĝu,
4	0.1.3 Diĝir-an-dùl	1 (Barig), 3 (Ban) (für) Diĝir-andul,
5	0.1.3 Šà-gú-bé	1 (Barig), 3 (Ban) (für) Šà-gube,
6	0.1.3 Ḫé-su$_{13}$-e	1 (Barig), 3 (Ban) (für) Ḫesu'e,
7	0.1.3 É-ki	1 (Barig), 3 (Ban) (für) Eki,

6 Vgl. die Tabelle bei Maeda 1995, 148 und die Belege ebd. 154; ergänzend Sharlach 2004, 292f.

8	0.1.0 Ur-ni$_9$-ĝar	1 (Barig) Ur-niĝar,
9	0.1.3 A-lú-du$_{10}$	1 (Barig), 3 (Ban) (für) Aludu
10	0.1.1.2 sìla Ur-^{d}Šul-pa-è	1 (Barig), 1 (Ban), 2 Sila (für) Ur-Šulpa'e
11	0.1.1.2 sìla A-kal-la	1 (Barig), 1 (Ban), 2 Sila (für) A(ja)-kala,
12	0.1.3 *Šu-eš$_4$-tár*	1 (Barig), 3 (Ban) (für) Šu-Eštar,
13	0.1.3 ^{d}Šára-kam	1 (Barig), 3 (Ban) (für) Šara-kam.
14	šu-níĝin 3.1.5.4 sìla še gur	Zusammen: 3 Gur, 1 (Barig), 5 (Ban), 4 Sila Gerste,
15	še-ba-zà-mu	Gersteration des „Jahreshöhepunkts",
16	é-kikken-ta ugula Lú-^{d}/Utu	aus der Mühle, Aufseher: Lu-Utu.
17	iti-^{d}Dumu-zi	Monat: „Dumuzi".
18	mu ^{d}Amar-$^{<d>}$EN.ZU lugal	Jahr: „Amar-Su'ena (wurde) König".

Siegel: Lú-^{d}Utu	Lu-Utu,
dumu-x-kal-la	Sohn des X-kala

14: Oberhalb der Summennotierung sind die ersten Zeichen der Hohlmaßangabe (3 [GUR] 1 [Barig]) von Z. 14 zu erkennen, die offensichtlich radiert worden sind, wohl weil der Schreiber das šu-níĝin vergessen hatte.

15: Zu zà-mu als Bezeichnung für „den Zeitpunkt des Hauptfestes einer Gottheit (nicht unbedingt des lokalen Hauptgottes) unabhängig von dessen Lage im jeweiligen Lokalkalender" vgl. Sallaberger 1993, I 142f. mit Anm. 669f.

Siegel: Das Zeichen nach dumu ist unklar.

LAOS 1, 11 (SIL 62) (s. Tafel VII)

42 x 33 x 13mm
Umma (Š 41/V)

1	0.1.0 dabin lu[gal]	1 Kön[igs](-Barig) dabin-Mehl
2	bàḫar-e-ne šu-/ba-ti	haben die Töpfer in Empfang genommen.
3	kišib-*Di-ni-lí*	Siegel: Dīn-ilī.
4	šà-bala iti-RI	Im (Monat der) bala-Verpflichtung, Monat „RI".
5	mu-ús-sa é-PUZUR$_4$/$^{<iš>}$ -$^{<d>}$Da-gan ba-dù / mu-ús-sa-bi	Jahr nach dem Jahr: „Das Haus von Puzriš-Dagān wurde gebaut", Jahr danach.

Siegel: *Di-ni-lí* dub-sar	Dīn-ilī, Schreiber,
dumu-Lú-[ ]	Sohn des Lu-[ ]

LAOS 1, 12 (SIL 66) (s. Tafel VII)
41 x 36 x 12mm
Umma (ŠS 1/V)

1	60.0.0 še gur-[lu]gal	60 [K]önigsgur Gerste,
2	še-ur$_5$-ra (Rasur)	Gerstedarlehen für den
3	ugula-60 še *na-kab-tum*-ma-/ta	Aufseher über (eine Truppe von) 60 (Mann); Gerste vom Nakabtum,
4	ki-A-kal-la-én/si-Umma^{ki}-ka-ta	(hat) von A(ja)-kala, dem Statthalter von Umma,
5	Lú-du$_{10}$-ga dumu-*A-ḫu-a*	Lu-duga, Sohn des Aḫūja,
6	[šu] ba-ti	[in Empfang] genommen.
7	kišib-Ur-gu-la mu-šabra-na-<šè>	Siegel des Ur-gula, <an> Stelle seines Präfekten;
8	[ĝ]ìri-É-gal-e-si	[v]erantwortlich: Egal-esi.
9	iti-RI	Monat: „RI“.
10	mu ^{d}*Šu*-^{d}EN.ZU / lugal	Jahr: „Šu-Sîn (wurde) König“.

2f.: Zu še-ur$_5$-ra im vorliegenden Zusammenhang vgl. Steinkeller 2002, 116; Paoletti/Spada 2005, 5–31. Die m. E. mit še-ur$_5$-ra verbundene und nur als ugula-60 „Aufseher über (eine Truppe von) 60 (Mann)“ zu deutende Zeichenkombination steht am Anfang der neuen Zeile, was ungewöhnlich scheint, im vorliegenden Fall aber wohl durch die (auch über den Rand reichende) Rasur in Z. 2 bedingt ist.

3: Zu *na-kab-tum* vgl. zuletzt Brunke 2008.

10: Die Rasur am Ende der Zeile lässt den Rest eines EN erkennen.

LAOS 1, 13 (SIL 67) (s. Tafel VIII)
32 x 30 x 15mm
Ĝirsu (AS 4/X)

1	24.1.0 dabin gur-/lugal	24 Königsgur, 1 (Barig) dabin-Mehl,
2	má-<a> si-ga	in ein Schiff eingefüllt,
3	Má-ḫé-ĝál má-laḫ$_5$	Ma-ḫeĝal (war) der Schiffer,
4	ki-Nam-zi-tar-ra-dumu-/ Ma-an-šúm-ta	(hat) von Namzitara, dem Sohn des Manšum,
5	Ma-an-šúm dumu-/Lú-giri$_{17}$-zal	Manšum, Sohn des Lu-girizal,
6	šu ba-ti	in Empfang genommen.
7	iti-amar-a-a-si	Monat: „Amar'ajasi“.
8	mu En-maḫ-gal-an-na / en-^{d}Nanna ba-ḫuĝ	Jahr: „Enmaḫgal'ana, die en-Priesterin des Nanna, wurde inthronisiert“.

3: Die Interpretation von má-ḫé-ĝál als PN ergibt sich m. E. aus der folgenden Berufsbezeichnung má-laḫ$_5$ „Schiffer“. Man könnte natürlich auch an das Toponym Má-gan denken, dann bleibt aber das folgende ĜÁL isoliert.

LAOS 1, 14 (SIL 68) (s. Tafel VIII)

31 x 28 x 13mm
Ĝirsu (Š 37/II–IV)

1	385.0.4 / še gur-lugal	385 Königsgur, 4 (Ban) Gerste,
2	šà-gal-gu$_4$-udu	Futter für Rinder (und) Schafe,
3	ki-^{d}Utu-bar-ra-ta	(hat) von Utu-bara
4	Ur-^{d}En-líl-lá	Ur-Enlila
5	šu ba-ti	in Empfang genommen.
6	iti-gu$_4$-rá-NE-mú-/mú-ta	Vom Monat: „Gura-NE-mumu“
7	iti-šu-numun-šè	bis zum Monat „Šu’numun“.
8	mu bàd-ma-da / ba-dù	Jahr: „Die Mauer des Landes wurde gebaut“.

LAOS 1, 15 (SIL 69) (s. Tafel VIII)

38 x 34 x 14mm
Ĝirsu (Š 48/XIa)

1	3.3.0 še gur-lugal	3 Königsgur, 3 (Barig) Gerste,
2	še-ur$_5$-ra-éren-na	Gerstedarlehen für die Truppe,
3	ki-Ur-^{d}Nanše-ta	(hat) von Ur-Nanše
4	Lú-niĝir dumu-Ur-/sa$_6$-ga	Lu-niĝir, Sohn des Ur-saga,
5	šu ba-ti	in Empfang genommen;
6	ì-dub-Bára-si-g[a]/-ta	aus dem Speicher von Barasig[a].
7	iti-diri-še-KIN-ku$_5$	Monat: „Diri-Še-KIN-ku“.
8	ugula saĝĝa-^{d}Dumu-zi	Aufseher: Tempelverwalter des Dumuzi.
9	mu Ḫa-ar-ši Ki-maš^{ki} / Ḫu-<ur$_5$>-ti^{ki} u$_4$-1-a ba-ḫul	Jahr: „Ḫarši, Kimaš (und) Ḫurti wurden an einem Tag zerstört“.

LAOS 1, 16a (SIL 71 – Tafel) (s. Tafel IX)

31 x 28 x 14mm
Ĝirsu (Š 42 o. AS 6/XIa)

1	33 ĝuruš 0.1.0 še / lugal-ta	33 männliche Arbeitskräfte zu je 1 Königs(-Barig) Gerste,
2	še-bi 6.3.0 gur	die dazugehörige Gerste: 6 Gur 3 (Barig),
3	šà-gal-éren-bala-gub-ba	Verpflegung der Truppe im bala-Dienst,
4	ki-Úrdu-ĝu$_{10}$-ta	(hat) von Urduĝu
5	Ur-ni$_9$-ĝar ugula	Ur-niĝar, der Aufseher,
6	šu ba-ti	in Empfang genommen;
7	nu-bànda Na-ba-sa$_6$	Inspektor: Nabasa.
8	iti-diri-še-KIN-ku$_5$	Monat: „Diri-Še-KIN-ku“.
9	mu Ša-aš-ru^{ki} / ba-ḫul	Jahr: „Šašru wurde zerstört“.

3: Zur Praxis, Arbeitskräfte der Provinz Lagaš für bala-Dienste innerhalb und außerhalb der Heimatprovinz aufzubieten (bala gub-ba/tuš-a), vgl. Sallaberger 1999, 312f. (mit weiterer Literatur); Sharlach 2004, 90–98 und 336 (Belege).

LAOS 1, 16b (SIL 71 – Hülle) (s. Tafel IX)
43 x 37 x 25mm
Ĝirsu (Š 42 o. AS 6/XII)

1 33 ĝur[uš 0.1.0 š]e [(lugal)]-ta
2 še-bi ⸢6⸣.[3.0 g]ur
3 šà-gal-éren-b[al]a-gub-ba še NU? ⸢x⸣?
4 iti-še-K[IN]-k[u$_5$]-t[a]?
5 ⸢ki-Úrdu⸣-ĝu$_{10}$-⸢ta⸣
6 ⸢kišib⸣-Ur-ni$_9$-ĝar ugula
7 [nu]-bànda Na-ba-sa$_6$
8 iti-še-íl-la
9 mu Ša-aš-ru^{ki} ba-ḫul

Siegel: Ur-ni$_9$-ĝar	Ur-niĝar,
dumu-Ur-sukkal? [(x)]	Sohn des Ur-sukkal? [(x)]

1: Die Ergänzung des lugal ist unsicher, da nur wenig Raum für das Zeichen vorhanden ist.
3: Auf dem rechten Rand wird die Zeile weitergeführt, wobei nur še klar erkennbar ist.
4: Ergänzung nicht ganz sicher, aber auf Grund der Datierung der Hülle auf den Monat še-íl-la (= XII) wohl wahrscheinlich.

LAOS 1, 17a (SIL 72 – Tafel) (s. Tafel X)
36 x 30 x 15mm
Ĝirsu (Š 46/XI)

1	30 lá-1 ĝuruš zì 3 sìla-ta	29 männliche Arbeitskräfte zu je 3 Sila Mehl,
2	zì-bi 0.1.2.7 sìla	das dazugehörige Mehl: 1 (Barig), 2 (Ban),7 Sila,
3	šà-gal Má-ad-ga^{ki}-/⸢šè⸣	Verpflegung (für den Zug / die Reise) nach Madga,
4	ki-Eš-àm-ta	(hat) von Eš'am
5	^{d}En-ra šu ba-/ti	Enra in Empfang genommen;
6	dumu-dab$_5$-ba-me	es sind dumu-daba-Leute;
7	mu-Du-du-ni-šè	an Stelle von Duduni.
8	iti-še-KIN-ku$_5$	Monat: „Še-KIN-ku".
9	mu Ki-maš^{ki} / ba-ḫul	Jahr: „Kimaš wurde zerstört".

4: Zu Eš-àm in Ĝirsu vgl die bei Limet 1968, 410 notierten Belege.

6: Zur Personenklasse dumu-dab$_5$-ba vgl. die bei Neumann ^{2}1993, 136 Anm. 770 notierte Literatur sowie Lafont 1985, 33 („l'une des principales catégories de travailleurs attestées à Ur III, mais on ne peu préciser sa situation exacte en termes socio-économiques ou juridiques").

7: Zu Duduni, dem Inspektor (nu-bànda) über die (dumu-)dab$_5$-ba, vgl. TUT 117 i 5.

LAOS 1, 17b (SIL 72 – Hülle) (s. Tafel X)

43 x 39 x 22mm
Ĝirsu (Š 46/XI)

1 30 lá-1 ĝuruš zì 3 sìla-ta
2 zì-bi 0.1.2.7 sìla
3 šà-gal Má-ad-ga^{ki}-šè
4 ki-Eš-àm-ta
5 kišib-<d>En-ra
6 mu-Du-du-ni-šè
7 iti-še-KIN-ku$_5$
8 mu Ki-maš^{ki} ba-/ḫul

Siegel: Úrdu-x	Urdu-x,
dumu-Ḫa?-⸢a⸣?	Sohn des Ḫâ?

LAOS 1, 18 (SIL 80) (s. Tafel XI)

56 x 38 x 16mm
Umma (AS 2/VI)

1	13 sar sig$_4$ lá-NI-šè diri	
2	Ur-^{ĝiš}gigir	
3	28 sar *Ì-pù-ul* lá-NI-šè diri	
4	14 ½ sar Ur-^{d}Ištaran	
5	9 ½ sar 100 Úrdu-< ĝu$_{10}$> lá-NI-šè 1/2	
6	6 sar 120 ^{ĝiš}Guzza-ni lá-NI-šè 2	
7	6 sar 60 Lú-^{d}Šára	
8	15 sar 120 A-né lá-NI-šè ⸢2⸣	
9	3 sar Má-gur$_8$-re lá-NI-šè 2	
10	38 ½ sar Ur-lugal / lá-NI-šè 3	
11	1 ½ sar Lú-du$_{10}$-ga	
12	šu-níĝin 135 ½ sar 40 sig$_4$ / šid-da dumu-gudu$_4$-ke$_4$-ne	Zusammen: 135 ½ sar 40 Ziegel, gezählt, Gehilfen des gudu$_4$-Priesters.
13	šà-é-⸢kas$_4$⸣?	Im Haus der „Läufer"?.
14	ĝìri-Úrdu-ĝu$_{10}$	Verantwortlich: Urduĝu.
15	iti-š[u]-numun	Monat: „Šu-numun".
16	mu ^{d}Amar- $^{⸢d⸣}$EN.ZU lugal-e / Ur-bí-ì-lum^{ki} mu-ḫul	Jahr: „Amar-Su'ena, der König, hat Urbilum zerstört".

Die Abrechnung betrifft die Lieferung von Ziegeln. Lieferanten sind namentlich genannte dumu-gudu$_4$-ke$_4$-ne „Gehilfen des gudu$_4$-Priesters". Vgl. im vorliegenden Zusammenhang auch die bei Powell 1982, 117 Anm. 47 notierten Texte und Friberg 2001 (mit der Tabelle S. 83f.) sowie unten zu Z. 12.

5: Ergänzung des PN nach AAICAB I/2, Taf. 145 Ashm. 1971–367, 5.

12: Die Summe ist korrekt; es handelt sich um insgesamt 97600 gezählte Ziegel. Zum Ziegel-sar, das 720 Ziegel umfasst, vgl. Powell 1987–1990, 491 (mit Literatur). Bei dem gudu$_4$-Priester scheint es sich um den gudu$_4$ des Šara-Tempels zu handeln, was der Eintrag in dem Paralleltext AAICAB I/2, Taf. 145 Ashm. 1971–367, 26 nahe legt (gudu$_4$-^{d}Šára) und in dem dieselben Personen in derselben Reihenfolge wie im vorliegenden Text genannt werden (Z. 2–11).

LAOS 1, 19 (SIL 81) (s. Tafel XI)

42 x 36 x 16mm

Umma (ŠS 5/X)

1	⌜2⌝.2.3 še g[ur]	2 G[ur], 2 (Barig), 3 (Ban) Gerste,
2	kišib-Al-lu	Siegel: Allu;
3	2.1.0.9 sìla gur	2 Gur, 1 (Barig), 9 Sila,
4	sá-du$_{11}$-šu-a-[g]i-na	feststehende Lieferung;
5	4.4.0 gur	4 Gur, 4 (Barig),
6	nì-ezem-ma ezem-/p[a$_4$]-⌜ú⌝-e	Festgabe: Fest „Pa'u'e";
7	0.4.0 sá-du$_{11}$-^{d}Nin-é-gal	4 (Barig) Lieferung an Nin-Egal,
8	kišib-Ur-^{d}Ma-mi	Siegel: Ur-Mami;
9	2.3.0 še-kab-lá gur	2 Gur, 3 (Barig) ...-Gerste.
10	0.0.⌜1⌝ sá-du$_{11}$-^{d}Ašnan	1 (Ban) Lieferung (an) Ašnan.
11	šu-níĝin 12.1.2. lá-1 sìla še gur	Zusammen: 12 Gur, 1 (Barig), 19 Sila Gerste,
12	é-kikken-sumun-ta	aus der „Alten Mühle".
13	iti-ezem-^{d}Šul-gi	Monat: „Ezem-Šulgi".
14	mu-ús-sa ^{d}*Šu*-^{d}EN.ZU bàd-Mar-tu / mu-dù	Jahr nach dem Jahr: „Šu-Sîn hat die Martu-Mauer gebaut".

6: Zum Fest des Monats „Pa'u'e" in Umma vgl. Sallaberger 1993, I 255–257.

9: še-kab-lá vermag ich hier nicht zu deuten; vgl. auch die Texte BIN V 181; SAT III 1531; 1596; 1772; 1817; 2069. Ein Zusammenhang mit ^{urudu}gáb-lá (vgl. Selz 1993, 29 Anm. 1, und 37 [„Haken(?)"]) erschließt sich mir nicht.

12: Die Summe (3679 l) ist kleiner als die sich aus den Angaben im Text ergebende Gesamtmenge an Gerste (3889 l).

13: Zur „Alten Mühle" in Umma vgl. Milano 1993–1997, 396.

LAOS 1, 20 (SIL 82) (s. Tafel XII)

40 x 35 x 16mm
Umma (AS 9/VI)

1	138.2.0 še gur-/lugal	138 Königsgur, 2 (Barig) Gerste,
2	1.3.0 gur íb-gig	1 Gur 3 (Barig), ...,
3	še-gána-gu$_4$-/a-šà-^{d}Šára	Gerste der Domäne des Feldes des Šara,
4	ki-Ḫa-lu$_5$-lu$_5$-ta	(hat) von Ḫalulu
5	Ur-^{d}Li$_9$-si$_4$	Ur-Lisi
6	šu ba-ti	in Empfang genommen.
7	iti-šu-numun	Monat: „Šu-numun“.
8	mu-ús-sa en-/Eridu^{ki} ba-ḫuĝ-ĝá	Jahr nach dem Jahr, in dem die en-Priesterin von Eridu inthronisiert wurde.

2: gig kann hier nicht „Weizen“ bedeuten, sondern ist wohl verbal als „krank sein, werden“ (= akk. *marāṣum*) aufzufassen. Wie man das íb-gig im vorliegenden Zusammenhang allerdings zu verstehen hat, ist mir unklar.

3: Zur Verwaltungseinheit gána-gu$_4$ vgl. Pettinato 1967, I/1, 28–30; 1969, 39–42; zu a-šà-^{d}Šára vgl. Pettinatio 1967, I/2, 180–182 Nr. 746.

LAOS 1, 21 (SIL 84) (s. Tafel XII)

37 x 35 x 13mm
Umma (ŠS 7/IV)

1	[x?]+10.4.5 še gur	x?+10 Gur, 4 (Barig), 5 (Ban) Gerste,
2	še maš-a-šà-ga ki-ba / ĝá-ra	Gerste, die die Bewässerungsabgabe ersetzt,
3	é-kikken-sumun-ta	aus der „Alten Mühle“,
4	Lugal-á-zi-da / šu ba-ti	hat Lugal-azida in Empfang genommen.
5	iti-nesaĝ	Monat: „Nesaĝ“.
6	mu ma-da-[Z]a-/ab-ša-li/^{ki} ba-ḫul	Jahr: „Das Land [Z]abšali wurde zerstört“.

2: Zu ki-ba/-na ĝar „ersetzen“ vgl. Sallaberger 1993, I 62 Anm. 268 (mit Literatur).

LAOS 1, 22 (SIL 85) (s. Tafel XII)

48 x 40 x 15mm
Umma (AS 8/IV–VII)

1	3.2.0 še gur	3 Gur, 2 (Barig) Gerste,
2	sá-du$_{11}$-^{d}Amar-^{d}EN./ZU	Lieferung für Amar-Su’ena,
3	ki-su$_7$-⸢a⸣-[D]U-nu-/ti-ta	von der Tenne des ... (-Feldes),
4	ki-Lú-^{d}/Šul-gi-ra-ta	von Lu-Šulgira,
5	kišib-A-kal-la	Siegel: A(ja)-kala.
6	iti-nesaĝ-ta iti-min-/èš-šè	Vom Monat „Nesaĝ“ bis zum Monat „Min’eš“.

7	mu en-Eridu^{ki} / ba-ḫuĝ	Jahr: „Die en-Priesterin von Eridu wurde inthronisiert“.

3: Zu a-šà-/ki-su$_7$-a-DU-nu-ti vgl. Pettinato 1967, I/1, 61 Nr. 29.
Siegel: unleserlich.

LAOS 1, 23 (SIL 86) (s. Tafel XIII)
38 x 29 x 14mm
Ĝirsu (AS 1/VII)

1	0.0.1 kaš lugal	1 Königs(-Ban) Bier,
2	6 sìla ninda	6 Sila Getreidebrei,
3	4 gín ì	4 Sekel Fett,
4	sá-du$_{11}$ u$_4$-2-kam	Lieferung, 2. Tag,
5	*Šu*-E.NI	Šu-E.NI;
6	5 sìla kaš	5 Sila Bier,
7	3 sìla ninda	3 Sila Getreidebrei,
8	4 gín ì	4 Sekel Fett,
9	*È-ra*-UR./SAĜ	Erra-qarrād;
10	5 sìla kaš	5 Sila Bier,
11	3 sìla ninda	3 Sila Getreidebrei,
12	4 gín ì	4 Sekel Fett,
13	Lugal-ri-⸢*x-x*⸣-zu	Lugal-... .
14	iti-ezem- ^{d}Šul-gi	Monat: „Ezem-Šulgi“.
15	mu ^{d}Amar-^{d}EN.ZU / ⸢lugal⸣	Jahr: „Amar-Su’ena (wurde) König“.

LAOS 1, 24 (SIL 87) (s. Tafel XIII)
32 x 31 x 14mm
Umma (Š 37–40)

1	12.0.0 še gur-lugal	12 Königsgur Gerste,
2	diri$^{!}$-nì-ka$_9$-aka	Überschuss der Abrechnung
3	mu-bàd-ma-da-/ba-dù-ta	vom Jahr: „Die Mauer des Landes wurde gebaut“
4	mu-ús-sa é-PUZUR$_4$/^{iš} -^{d}Da-gan-/ba-dù-šè	bis zum Jahr nach dem Jahr: „Das Haus von Puzriš-Dagān wurde gebaut“,
5	ki-Šeš-kal-la-ta	(hat) von Šeš-kala
6	Ku-li šu ba-ti	Kuli in Empfang genommen.
7	su-su-dam	Es ist zu erstatten.

2: Das Zeichen am Anfang der Zeile ist KU, muss aber wohl aus sachlichen Gründen als verschriebenes diri „Überschuss“ gedeutet werden. Zu diri-nì-ka$_9$-aka „Überschuss der Abrechnung“ vgl. Englund 1990, 48–51 mit Anm. 174.

LAOS 1, 25 (SIL 92) (s. Tafel XIV)

65 x 43 x 19mm

Puzriš-Dagān (ohne Datum)

1	4 gu$_4$-⸢ú⸣	4 Weiderinder,
2	u$_4$ lugal Nibr[u^{ki}-ta]	als der König [von] Nipp]ur
3	Uri$_5^{ki}$-šè ì-i[m]?-ĝen-<na-a>	nach Ur [gega]ngen war,
4	2 gu$_4$-niga 7 gu$_4$-ú	2 Mastochsen, 7 Weiderinder,
5	u$_4$ lugal Uri$_5^{ki}$-ta	als der König von Ur
6	Nibru^{ki}-šè ì-ĝen-na-a	nach Nippur gegangen war,
7	iti-ezem-maḫ	Monat: „Ezemmaḫ";
8	5 gu$_4$-ú ká ezem-è-LAGABxKÙ.LAGABxKÙ	5 Weiderinder (für) das Tor, Fest ...,
9	*Šar-ru-ba-ni* ì-íb-/gi-né	Šarru-bāni bestätigt es;
10	1 gu$_4$-niga 3 gu$_4$-ú <d>En-líl-lá / ì-dab$_5$	1 Mastochse, 3 Weiderinder hat Enlila übernommen,
11	1 áb-máḫ mu-Ì-sa$_6$-/ ga-šè Gu-za-ni kurušda	1 ausgewachsene Kuh, an Stelle von Isaga Guzani, der Mäster,
12	*U-bar* A.MA-^{d}*Eš$_4$-tár*-ra in-/ na-<šúm>?	Ubār hat sie dem A.MA-Eštar ge<geben>?.
13	3 gu$_4$-<ú> Ur-ĝar dumu-Gu-la / ì-dab$_5$	3 <Weide>rinder hat Ur-ĝar, Sohn Gula, übernommen.
14	šu-níĝin 3 gu$_4$-niga	Zusammen: 3 Mastochsen,
15	šu-níĝin 22 gu-ú	zusammen: 22 Weiderinder,
16	ki-*U-bar*-ta	(hat) von Ubār
17	Ab-<ba>-sa$_6$-ga šu ba-an-<ti>	Ab<ba>-saga in Empfang <genommen>.
18	iti-SUM-sal-la	Monat: „SUM-sala".

Der Text enthält eine ganze Reihe von offensichtlichen Auslassungen (Z. 3, 10, 12, 13, 17), was vielleicht darauf hindeutet, dass es sich hier um eine vorläufige Ausfertigung oder um einen Übungstext handeln könnte.

8: Zu Festen am Tor von Heiligtümern vgl. Sallaberger 1993, I 212f. und 220.

9: Zu gi(-n) „bestätigen" im vorliegenden Zusammenhang vgl. auch Sallaberger 1993, I 81 mit Anm. 348 sowie AUCT I 384: 4; II 333: 12.

18: SUM vielleicht šúm zu lesen und in Verbindung mit $^{(d)}$šum-sal-la (vgl. Selz 1997, 190 Anm. 61) zu bringen.

LAOS 1, 26 (SIL 96) (s. Tafel XIV)

45 x 35 x 15mm

Umma (-/-/25)

1	3 sìla Lú-^{d}Utu nar
2	2 sìla Lugal-ezem
3	3 sìla Ur-sa$_6$-sa$_6$-ga

4 5 sìla Lú-^{d}Šára dumu-/Lugal-ì-zu
5 5 sìla Lú-^{d}Gu-nu-ra
6 2 sìla Ab-ba
7 1 sìla Lú-TÙL
8 2 sìla Lú-sa$_{6}$-ì-zu
9 1.0.0 ^{d}Sumugan-an-dùl
10 1.0.0 Inim-^{d}Šára
11 2.0.1-ĝen 1.0.0-sig$_{5}$
12 Lugal-má-gur$_{8}$-re
13 2.0.0 Ur-é-maḫ
14 1.0.0 Ur-^{d}Bíl-ga-mes
15 1.0.0 Má-gur$_{8}$-re
16 2.0.0 Lú-bala-sig$_{5}$
17 1.0.0 Ur-ni$_{9}$-ĝar
18 1.0.0 Ni$_{9}$-ĝar-ki-du$_{10}$
o. Rd. kaš-du$_{11}$-é-gal
l. Rd. zi-ga u$_{4}$-25-kam

Die Vorderseite enthält Mengenangaben von 1–5 Sila, denen namentlich genannte Personen zugeordnet sind. Mindestens in einem Fall (Z. 1) handelt es sich um einen Musiker (nar). Nach einem Leerraum am Ende der Vorder- und am Anfang der Rückseite folgen weitere Mengennotierungen, die zwischen einem Gur und zwei Gur, 1 (Ban), liegen und denen gleichfalls Personen zugeordnet werden. Bei dem gemessenen Gut scheint es sich nach dem Eintrag auf dem oberen Rand um Bier zu handeln, wohl für die Durchführung von Riten im Palast bestimmt. In einem Fall (Z. 11) wird bei dem Bier zwischen „mittlerer" (ĝen) und „guter Qualität" (sig$_{5}$) unterschieden.

o. Rd./l. Rd.: Die Zeichen sind nachträglich in den bereits getrockneten Ton gekratzt worden. Zu kaš-du$_{11}$ vgl. Attinger 1993, 577f. § 579 „verser de la bière en libation".

LAOS 1, 27 (SIL 97) (s. Tafel XV)
41 x 33 x 16mm
Ĝirsu (Š 46/I)

1	0.0.⌜5⌝ še lugal	5 Königs-(Ban) Gerste,
2	Ur-^{d}Utu ì-du$_{8}$	(für) Ur-Utu, den Türhüter,
3	é-^{d}Šul-gi	(vom) Tempel des Šulgi,
4	0.1.0 Al-la	1 (Barig) (für) Alla,
5	lú-má-gur$_{4}$	den Mann des „Großraumschiffes",
6	šà-Gú-ab-ba^{ki}	in Gu'aba.
7	iti-GÁNA-maš-ta	Vom Monat „GÁNA-maš".
8	mu Ki-maš^{ki} / ba-ḫul	Jahr: „Kimaš wurde zerstört".

Vgl. den fast identischen Paralleltext bei Janneau 1911, 32 Anm. 1. Nach (korrekter?) Kopie vermerkt Z. 1 dort allerdings 0.0.3 še lugal. Ansonsten bieten beide Tafeln den identischen Text in derselben Zeichenanordnung, so dass man trotz der abweichenden

Kopie der Hohlmaßangabe in Z. 1 geneigt ist, auch eine Identität der Tafeln anzunehmen. Da jedoch Informationen zum Erwerb von SIL 97 fehlen (s. den Beitrag von Streck/Tardi in vorliegendem Band), lässt sich dies wohl nicht mehr zweifelsfrei nachvollziehen.

5: má-gur$_4$ steht hier sicher für sonstiges má-gur$_8$ „Lastschiff"; vgl. Cavigneaux/Al-Rawi 1993, 194. Vgl. auch literarisch ^{ĝiš}má-gur$_4$-gur$_4$: M. Civil, in: Lambert/Millard 1969, 144f. „huge boat" (Z. 205 und 208; vgl. auch Römer 1993, 456 mit Anm. 1c.)

LAOS 1, 28 (SIL 100) (s. Tafel XV)

42 x 36 x 17mm

Puzriš-Dagān (AS 2/V/16)

1	1 gu$_4$-niga	1 Mastochse,
2	6 udu-niga 4 máš-gal-niga	6 gemästete Schafe, 4 gemästete Ziegenböcke,
3	mu-kaš$_4$-e-ne-šè	für die „Läufer";
4	3 udu 5 u$_8$	3 Schafe, 5 Mutterschafe,
5	2 máš-gal	2 Ziegenböcke,
6	šu-gíd mu-àga-ús-e-ne-šè	šu-gíd-Abgabe, für die Gendarmen,
7	é-muḫaldim-šè	für die Küche;
8	1 máš-gal-niga *Ra-ši* lú-/ Zi-da-núm^{ki}	1 gemästeter Ziegenbock (für) Raši, den Mann aus Zidanum,
9	1 máš-gal-niga *Puzur$_5$-ma-/ ma* lú-Ma-rí^{ki}	1 gemästeter Ziegenbock (für) Puzur-Mama, den Mann aus Mari,
10	1 máš-gal-niga *Ì-lí-^{d}Da-/ gan* lú-Eb-la^{ki}	1 gemästeter Ziegenbock (für) Ilī-Dagān, den Mann aus Ebla;
11	Úrdu-ĝu$_{10}$ maškim	Urduĝu (war) Kommissär,
12	iti u$_4$-16 ba-zal	16. Tag,
13	ki-^{d}Šul-gi-a-a-ĝu$_{10}$-ta	bei Šulgi-ajaĝu
14	ba-zi	wurden sie abgebucht.
15	iti-ezem-^{d}Nin-a-zu	Monat: „Ezem-Nin-azu".
16	mu ^{d}Amar-^{d}EN.ZU lugal-e / Ur-bí-lum^{ki} mu-⸢ḫul⸣	Jahr: „Amar-Su'ena, der König, hat Urbilum zerstört".
l. Rd.	24	24 (Stück Vieh)

6f.: Zu den šu-gíd-Lieferungen „von Hirten, Personen der höchsten Gesellschaftsschichten oder von Städten" vgl. Sallaberger 1993, I 27; 1999, 267. Zu den Lieferungen an die „Küche" vgl. Sallaberger 2003–2004, 58–60.

8–10: Vgl. in vorliegendem Zusammenhang Sharlach 2005 mit der in Anm. 3 zitierten Literatur; vgl. auch Sallaberger 2003–2004, 53.

LAOS 1, 29 (SIL 101) (s. Tafel XVI)

37 x 32 x 16mm

Puzriš-Dagān (AS 4/VII/22)

1	1 udu-niga	1 gemästetes Schaf,
2	1 udu-niga gu$_4$-e-ús-sa	1 ... -gemästetes Schaf,

3	ki-^{ĝiš}gu-za-^{d}/Šul-gi-ra	(für den) Thronort des Šulgi,
4	iti u$_4$-22 ba-zal	22. Tag,
5	^{d}Nanše-ul$_4$-gal / maškim	Nanše-ulgal (war) Kommissär,
6	ki-Na-lu$_5$-ta	bei Nalu
7	ba-zi	wurden sie abgebucht,
8	šà-Uri$_5$^{ki}-ma	in Ur.
9	iti-ezem-^{d}Šul-gi	Monat: „Ezem-Šulgi“.
10	mu En-maḫ-gal-/an-na en-^{d}Nanna / ba-ḫuĝ	Jahr: „Enmaḫgal’ana, die en-Priesterin des Nanna, wurde inthronisiert“.

2: Zu gu$_4$-e-ús-sa „said of grain-fed animals, a quality grade“, vgl. Hilgert 2003, 400.

3: Hier handelt es sich um den „Thron“ des verstorbenen Königs als Opferstätte; vgl. dazu Sallaberger 1993, I 147 mit Anm. 696 und 698; vgl. im vorliegenden Zusammenhang auch Sallaberger 2003–2004, 49–51.

6: Zu Rolle und Funktion des Nalu im Rahmen der staatlichen Viehverwaltung in Puzriš-Dagān vgl. Hilgert 1998, 15f. (mit Literatur).

LAOS 1, 30 (SIL 103) (s. Tafel XVI)

37 x 35 x 14mm
Umma (ŠS 7/IX)

1	0.2.3 še-zì-da	2 (Barig), 3 (Ban) Gerste für Mehl,
2	kišib-Lú- ^{d}Šára / dumu-Lugal-KA-gi-/na	Siegel: Lu-Šara, Sohn des Lugal-inimgina,
3	é-kikken-sumun-ta	aus der „Alten Mühle“.
4	iti-^{d}Li$_9$-si$_4$	Monat: „Lisi“.
5	mu ma-da-Za-/ab-ša-li^{ki} / ba-ḫul	Jahr: „Das Land Zabšali wurde zerstört“.

LAOS 1, 31 (SIL 106) (s. Tafel XVII)

34 x 30 x 11mm
Umma (ŠS 9)

1	100.0.0 še gur	100 Gur Gerste,
2	lá-NI-su-ga	erstatteter Fehlbetrag,
3	ki-Ur-mes-ta	(hat) von Ur-mes
4	Ur-ĝar	Ur-ĝar
5	šu ba-ti	in Empfang genommen.
6	mu é-^{d}Šára / ba-dù	Jahr: „Der Tempel des Šara wurde gebaut“.

LAOS 1, 32 (SIL 107) (s. Tafel XVII)

22 x 22 x 8mm
Umma (ŠS 5/II/2)

1	3 sìla kaš 2 sìla ninda 3 gín sum / 3 gín ì 2 gín naĝa	
2	*I-ti-a*	

3	3 sìla kaš 2 sìla ninda 3 gín sum 3 gín ì / 2 gín naĝa	
4	*Ḫu-ḫu-ni*	
5	3 sìla kaš 2 sìla ninda 3 gín sum 3 gín ì / 2 gín naĝa	
6	*Ṭāb*(DU$_{10}$)-*ì-lí*	
7	šu-níĝin 9 sìla kaš-ĝen	Zusammen: 9 Sila Bier mittlerer Qualität,
8	šu-níĝin 6 sìla ninda	zusammen: 6 Sila Getreidebrei,
9	šu-níĝin 9 gín sum	zusammen: 9 Sekel Zwiebeln,
10	šu-níĝin 9 gín ì	zusammen: 9 Sekel Fett,
11	šu-⸢níĝin⸣ 6 gín naĝa	zusammen: 6 Sekel Soda.
12	u$_4$-2-kam	2. Tag,
13	iti-sig$_4$-^{ĝiš}ì-šub-ba-ĝá-ra	Monat: „Sig'išubaĝara".
14	mu-ús-sa bàd-Mar-/tu ba-dù	Jahr nach dem Jahr: „Die Martu-Mauer wurde gebaut".

Der Text gehört zur Gruppe der sog. Botentexte aus Umma und verzeichnet die Ausgabe von Bier (kaš), Getreidebrei (ninda), Zwiebeln (sum), Fett (ì) und Soda (naĝa) an drei namentlich genannte Personen. Zur Textgruppe vgl. zusammenfassend (mit weiterer Literatur) D'Agostino/Pomponio 2002, 11–18.

LAOS 1, 33 (SIL 108) (s. Tafel XVII)
37 x 37 x 14mm
Umma (AS 2)

1	gúrum-mar-sa	Werftinspektion,
2	mu ^{d}Amar-^{d}EN.ZU / lugal-e Ur-bí-/ lum^{ki} mu-/ḫul	Jahr: „Amar-Su'ena, der König, hat Urbilum zerstört",
3	ba-DU	wurde ... .

LAOS 1, 34 (SIL 110) (s. Tafel XVIII)
41 x 36 x 17mm
Umma (Š 41)

1	1 gú 12 / ma-na <siki>-4-kam-ús	1 Talent, 12 Minen viertklassige <Wolle>,
2	30 lá-3 ma-na / siki túg-nì-lám-4-kam-ús	27 Minen Wolle (für) viertklassige nilam-Stoffe;
3	12 ma-na / <túg>-nì-lám-ĝen	12 Minen (für) nilam-<Stoffe> mittlerer Qualität
4	ù túg-bar-dul$_5$-ĝen	und bardul-Stoffe mittlerer Qualität;
5	5 gú 23 2/3 <ma-na> / siki túg-guz-za-ĝen	5 Talente, 23 2/3 <Minen> Wolle (für) guzza-Stoffe mittlerer Qualität;
6	1 gú 20 lá-1 ma-na / siki saĝ-uš-bar	1 Talent, 19 Minen Wolle (für) saĝušbar-Stoffe.

7	šu-níĝin 8 gú 25 ma-/na	Zusammen: 8 Talente, 25 Minen;
8	šu-níĝin 8 ½ ma-na ḫal / É^{tum}	zusammen: 8 ½ Minen anteilig? (für) das „Haus“.
l. Rd.	siki mu-DU Lugal-á-zi-da /	Wolle, Einlieferung, Lugal-azida.
	šà-é-maš mu-ús-sa é-PUZUR$_4$$^{<iš>}$/	Im Emaš. Jahr nach dem Jahr:
	$^{<d>}$Da-gan mu-ús-sa-bi	„Das Haus von Puzriš-Dagān (wurde gebaut)“, Jahr danach.

6f.: Die Summe von 8 Talenten und 33 1/2 Minen stimmt nicht mit den Angaben im Text überein, die insgesamt Wollmengen von 8 Talenten und 33 2/3 Minen ergeben.

8: ḫal hier vielleicht im Sinne von „teilen, aushändigen, verteilen“ zu verstehen; vgl. Thomsen 1984, 307. ḫal für ^{gi}ḫal als Bezeichnung für einen Korb ist nicht ausgeschlossen, m. E. jedoch weniger wahrscheinlich. Zu É^{tum} = *bītum* „Haus, Behältnis“ vgl. die Argumentation bei Heimpel 1994, 280.

LAOS 1, 35 (SIL 115) (s. Tafel XVIII)
38 x 38 x 17mm
Ĝirsu? (ohne Datum)

1	121.1.3.5 sìla / še gur-lugal	121 Königsgur, 1 (Barig), 3 (Ban), 5 Sila Gerste,
2	še gána-gu$_4$-Ba-gi-na-/ta	Gerste von der Domäne des Bagina,
3	zi-zi-dam	ist abzubuchen;
4	9.3.0 gur	9 Gur, 3 (Barig),
5	še-apin-lá Ba-gi-na-/ta	Pachtgerste von (der Domäne des) Bagina,
6	zi-zi-dam	ist abzubuchen;
7	im-Lú-gi-na	Tontafel des Lu-gina;
8	Ba-{na}-gi-na-ta	von (der Domäne des) Bagina;
9	zi-zi-dam	es ist abzubuchen
10	mu	Jahr:

Das Fehlen des Jahresnamens nach dem geschriebenen mu könnte darauf hindeuten, dass es sich hier entweder um eine (vorläufige) Notiz oder um einen Übungstext handelt.

LAOS 1, 36 (SIL 306) (s. Tafel XIX)
70 x 51 x 30mm
Ĝirsu (Š 46/III–VI)

1	4 gu$_4$-niga 6 udu-dù 117 udu-niga	4 Mastochsen, 6 trächtige Schafe, 117 gemästete Schafe,
2	1 sila$_4$-niga 16 máš-niga	1 gemästetes Lamm, 16 gemästete Ziegen,
3	20 u$_8$-sila$_4$-nú-a 32 kir$_{11}$	20 unfruchtbare Mutterschafe, 32 Mutterlämmer,
4	298 udu-saĝ-sila$_4$ 30 sila$_4$-diri	298 „Haupt“-Schafe, 30 „Überschuss“-Lämmer,

5	30 udu 90 lá-1 ud$_5$-máš-nú-a	30 Schafe, 89 unfruchtbare Geißen,
6	67 ^{munus}áš-gàr 6 máš-gal /	67 Zicklein, 6 Ziegenböcke,
	354 máš-ĝiš-dù	354 Zuchtböcke,
7	ki-Si-dù-ta	von Sidu,
8	gu$_4$ udu bala-a ù maš-da-ri-a	Groß- (und) Kleinvieh (als) bala-Leistung und Mašdaria-Abgabe,
9	kišib-Lugal-nám-maḫ-dub-sar	Siegel: Lugal-nammaḫ, Schreiber.
10	iti-ezem-^{d}Li$_9$-si$_4$-ta	Vom Monat: „Ezem-Lisi“
11	iti-ezem-^{d}Dumu-zi-šè	bis zum Monat: „Ezem-Dumuzi“.
12	mu Ki-maš^{ki} ba-ḫul	Jahr: „Kimaš wurde zerstört“.

Siegel: Lugal-nám-maḫ	Lugal-nammaḫ,
dub-sar	Schreiber,
dumu-Da-da	Sohn des Dada

1: Zu dù in der Bedeutung „trächtig“ vgl. Heimpel 1993, 134.

3: Zu nú/nu in der Bedeutung „unfruchtbar“ vgl. die Bemerkungen bei Heimpel 1993, 133.

4: Zu saĝ im vorliegenden Zusammenhang s. vielleicht Oppenheim 1948, 90: „denoting a high quality of cattle“.

6: Zu ĝiš-dù im vorliegenden Zusammenhang vgl. Heimpel 1993, 130f.

7: Zu Sidu, kurušda „Mäster“ in der Provinz Lagaš, der „seems to have had the obligation to provide livestock for sacrifice in the capital“, vgl. Sharlach 2004, 151 mit Anm. 79f.

8: Zur maš-da-ri-a-Abgabe vgl. ausführlich Sallaberger 1993, I 160–170.

2. Schultexte

LAOS 1, 37 (SIL 99 – Personennamenliste) (s. Tafel XIX)

43 x 42 x 16mm

Vs. 1 ^{I}Ur-sukkal
2 ^{I}Šeš-kal-la
3 ^{I}Lugal-$^{\langle d\rangle}$Ištaran
4 ^{I}Lugal-iti-da
5 ^{I}Ù-dag-ga
6 ^{I}Ur-ki-kù
7 ^{I}Lú-diĝir-ra

Rs. 60+30+7.4.5.3 sìla und weitere Zeichenspuren.

LAOS 1, 38 (SIL 166) (s. Tafel XX)

55 x 32 x 17mm

1 ⸢7⸣ ĝuruš ki-sum$^{⸢\text{sar}⸣}$
2 20 um-mi RA
3 (Rasur) šu-sar-lá
4 3 ĝuruš ^{ĝiš}tukul ús-sa?
5 (Rasur) ĝuruš ba-úš/ug$_7$
6 1 ĝuruš lam-ma
7 1 zi nu-bànda
8 180 lá-1 šà-bi-ta
9 3 ba-ug$_7$
10 5 um-mi éren gibil?
11 6 um-mi eĝer
12 7 DI-sum
13 5 um-mi ba-ug$_7$
14 3 KU.KU
15 2 lú-lam

Die Kombination von Zahlzeichen mit Begriffen ist nur teilweise verständlich. Es scheint sich zumindest in einigen Fällen um Übungen aus dem Bereich der neusumerischen Verwaltungsterminologie zu handeln. So werden männliche Arbeitskräfte (ĝuruš) in unterschiedlichen Zusammenhängen notiert, die sich allerdings auch nur teilweise erschließen lassen.

1: Zu sum^{sar} als Bezeichnung für „Zwiebel“ oder „Knoblauch“ vgl. Waetzoldt 1987, 38.

2, 10, 11, 13: um-mi steht vielleicht für um-mi-a als Bezeichnung für den „Fachmann“ mit unterschiedlichen Tätigkeitsbereichen und Wirkungsfeldern; vgl. dazu die Diskussion bei Neumann ^{2}1993, 39f. Anm. 115 (mit Literatur).

4: „3 Arbeiter, die der Waffe folgen“.

5: „(x) Arbeiter verstorben“; vgl. auch Z. 9 und 13.

7: Nennt die Funktionsbezeichnung nu-bànda „Inspektor“.

8f.: Zu šà-bi-ta in der Kombination mit zi-ga in Abrechnungen als Bezeichnung für das „Haben“ vgl. Englund 1990, 32f. Hier „179 (ĝuruš), davon 3 verstorben“.

Bibliographie

Attinger P. 1993: Eléments de linguistique sumérienne. La construction de du_{11}/e/di «dire» (= OBO Sonderband).
Bauer J. 2007: Rezension zu J. J. A. van Dijk/M. J. Geller, Ur III Incantations from the Frau Professor Hilprecht-Collection, Jena (= TMH 6), BiOr 64, 175–180.
Brunke H. 2008: The *nakabtum*. An Administrative Superstructure for the Storage and Distribution of Agricultural Products, Kaskal 5, 111–126.
Capitani M. 2003: Girsu Messenger Texts in the British Museum, Nisaba 3, 181–235.
Cavigneaux A./Al-Rawi F. N. H. 1993: Textes magiques de Tell Hadddad (Textes de Tell Haddad II), ZA 83, 170–205.
D'Agostino F./Pomponio F. 2002: Umma Messenger Texts in the British Museum, Part I (= Nisaba 1).
Englund R. K. 1990: Organisation und Verwaltung der Ur III-Fischerei (= BBVO 10).
Friberg J. 2001: Bricks and Mud in Metro-Mathematical Cuneiform Texts, in: J. Høyrup/P. Damerow (ed.), Changing Views on Ancient Near Eastern Mathematics (= BBVO 19) 61–154.
Grégoire J.-P. 1970: Archives administratives sumériennes.
Heimpel W. 1972–1975: Hund A. Philologisch, RlA Bd. 4, 494–497.
—1987–1990: Maultier, RlA Bd. 7, 602–605.
—1993: Zu den Bezeichnungen von Schafen und Ziegen in den Drehem- und Ummatexten, BSA 7, 115–160.
—1994: Rezension zu A. Archi/F. Pomponio, Testi cuneiformi neo-sumerici da Drehem, n. 0001–0412, JAOS 114, 278–282.
Hilgert M. 1998: Drehem Administrative Documents from the Reign of Šulgi (= OIP 115).
—2002: Akkadisch in der Ur III-Zeit (= IMGULA 5).
—2003: Drehem Administrative Documents from the Reign of Amar-Suena (= OIP 121).
Janneau Ch.-G. 1911: Une dynastie chaldéenne. Les rois d'Ur.
Koslova N. 2000: Ur III-Texte der St. Petersburger Eremitage (= SANTAG 6).
—2008: Bezeichnungen der Arbeitskräfte in Umma der Ur III-Zeit, in: S. J. Garfinkle/J. C. Johnson (ed.), The Growth of an Early State in Mesopotamia: Studies in Ur III Administration (= BPOA 5) 149–206.
Lafont B. 1985: Documents administratifs sumériens provenant du site de Tello et conservés au Musée du Louvre.
Lambert W. G./Millard A. R. 1969: Atra-ḫasīs. The Babylonian Story of the Flood.
Limet H. 1968: L'Anthroponymie sumérienne dans les documents de la 3e dynastie d'Ur.
Maeda T. 1995: Šà-bal-a in Umma Tablets: Bal-duty of the ensí of Umma, ASJ 17, 145–174.
Michalowski P. 2008: Observations on "Elamites" and "Elam" in Ur III Times, in: P. Michalowski (ed.), On the Third Dynasty of Ur. Studies in Honor of Marcel Sigrist (= JCS Supplemental Series 1) 109–123.
Milano L. 1993–1997: Mehl, RlA Bd. 8, 22–31.
Monaco S. F. 1985 und 1986: Parametri e qualificatori nei testi economici della terza Dinastia di Ur, OrAnt. 24, 17–44 und 25, 1–20.
Neumann H. 1991: Zur geplanten Publikation von Keilschrifttexten aus kleineren Sammlungen, in: H. Klengel/W. Sundermann (ed.), Ägypten – Vorderasien – Turfan. Probleme der Edition und Bearbeitung altorientalischer Handschriften (= Schriften zur Geschichte und Kultur des Alten Orients 23) 66–72.
—^{2}1993: Handwerk in Mesopotamien. Untersuchungen zu seiner Organisation in der Zeit der III. Dynastie von Ur.

Neumann H. 1994: Beer as a Means of Compensation for Work in Mesopotamia during the Ur III Period, in: L. Milano (ed.), Drinking in Ancient Societies. History and Culture of Drinks in the Ancient Near East (= HANE/S VI) 321–331.
Notizia P. 2009: I testi dei messaggeri da Ĝirsu-Lagaš della Terza Dinastia di Ur (= Nisaba 22).
Oppenheim A. L. 1948: Catalogue of the Cuneiform Tablets of the Wilberforce Eames Babylonian Collection in The New York Public Library (= AOS 32).
Paoletti P./Spada G. 2005: Testi še-ur$_5$-ra da Girsu conservati al British Museum (= Nisaba 10).
Pettinato G. 1967: Untersuchungen zur neusumerischen Landwirtschaft, Bände 1–2.
—1969: Texte zur Verwaltung der Landwirtschaft in der Ur-III Zeit (= AnOr 45).
Powell M. A. 1982: Metrological Notes on the Esagila Tablet and Related Matters, ZA 72, 106–123.
—1987–1990: Maße und Gewichte, RlA Bd. 7, 457–517.
Römer, W. H. Ph. 1993: Mythen und Epen I (= TUAT III/3).
Sallaberger W. 1993: Der kultische Kalender der Ur III-Zeit (= UAVA 7).
—1999: Ur III-Zeit, in: W. Sallaberger/A. Westenholz, Annäherungen 3 (= OBO 160/3) 119–390.
—2000: Rezension zu W. Sommerfeld, Die Texte der Akkad-Zeit. 1. Das Dijala-Gebiet: Tutub (= IMGULA 3/1), BiOr 57, 112–118.
—2003–2004: Schlachtvieh aus Puzriš-Dagān. Zur Bedeutung dieses königlichen Archivs, JEOL 38, 45–62.
Santagati E. 2007: Girsu „Messenger Texts“ Kept in the British Museum, Kaskal 4, 65–82.
Selz G. J. 1993: *kaparru*(*m*), ein sumerisches Lehnwort im Akkadischen?, RA 87, 29–45.
—1997: The holy Drum, the Spear, and the Harp. Towards an understanding of the problems of deification in the third millennium Mesopotamia, in: I. L. Finkel/M. J. Geller (ed.), Sumerian Gods and their Representations (= CunMon. 7) 167–213.
Sharlach T. M. 2004: Provincial Taxation and the Ur III State (= CunMon. 26).
—2005: Diplomacy and the Rituals of Politics at the Ur III Court, JCS 57, 17–29.
Steinkeller P. 1987: The Foresters of Umma: Toward a Definition of Ur III Labor, in: M. A. Powell (ed.), Labor in the Ancient Near East (= AOS 68) 73–115.
—2002: Money-Lending Practices in Ur III Babylonia: The Issue of Economic Motivation, in: M. Hudson/M. Van De Mieroop (ed.), Debt and Economic Renewal in the Ancient Near East (= International Scholars Conference on Ancient Near Eastern Economics 3) 109–137.
Stol M. 1971: Zur altmesopotamischen Bierbereitung, BiOr 28, 167–171.
Thomsen M.-L. 1984: The Sumerian Language. An Introduction to Its History and Grammatical Structure (= Mesopotamia 10).
Waetzoldt H. 1972: Untersuchungen zur neusumerischen Textilindustrie (= Studi economici e technologici 1).
—1972–1975: Hirt A. Philologisch (neusumerisch), RlA Bd. 4, 421–425.
—1983: Die Jahresnamen für das 9. und das 36. Regierungsjahr Šulgi's, OrAnt. 22, 7–12.
—1987: Knoblauch und Zwiebeln nach den Texten des 3. Jt., BSA 3, 23–56.
Yoshikawa M. 1988: GABA-aš and GABA-ta in the Ur III Umma Texts, ASJ 10, 231–241.

Ein sumerischer Wirtschaftstext aus frühaltbabylonischer Zeit

Michael P. Streck[1]

LAOS 1, 39 ist ein sumerischer Wirtschaftstext. Er ist undatiert, gehört aber dem Duktus nach in die frühaltbabylonische Zeit. Der Inhalt lässt auf eine Herkunft aus Nippur schließen. Vermutlich gehört der Text in das weitgehend unveröffentlicht gebliebene Archiv des Enliltempels in Nippur (zu diesem s. Stol 2001 § 7; Richter 2004, 38). Der Text listet Sesamöl für die èš-èš-Feste am Neulichttag und am 15. Tag sowie für Klageriten(?) (ér sízkur) und Klagen für den König (ér lugal) auf.

LAOS 1, 39 (SIL 83) (s. Tafel XXI und XXII)
45 x 35 x 20mm

Vs.

1	4 sìla ì-giš	4 Liter Sesamöl,
2	gìri agrig	via den Verwalter.
3	šà-bi-ta	Davon
4	15 gín ì-giš-ta	je 15 Sekel Öl
5	^{d}En-líl ^{d}Nin-líl šà é 2-a-bi	(für) Enlil (und) Ninlil im Tempel, 2 mal,
6	ù abul maḫ	und (im) großen Tor,
7	èš-èš u_4-sakar-ra	(für das) Neulichtfest.
8	nu-ub-tuku u_4 7-⸢kam⸣	(Für den) 7. Tag: nicht erhalten.

Rs.

9	15 gín ⸢ì-giš⸣-ta	Je 15 Sekel Sesamöl
10	^{d}En-⸢líl⸣ [^{d}Nin-l]íl	(für) Enlil (und) [Nin]lil
11	⸢šà⸣ ⸢é⸣ ⸢2⸣-⸢a⸣-⸢bi⸣	im Tempel, 2 mal,
12	èš-⸢èš⸣ ⸢u_4⸣ ⸢15⸣-kam	(für das) Fest am 15. Tag.
13	1/3 ⸢sìla⸣ ⸢ì-giš⸣-[t]a	[J]e 1/3 [Liter] Sesamöl
14	ér ⸢sízkur?⸣ ⸢6?⸣-⸢a?⸣-⸢bi⸣	(für den) Klageritus(?), 6(?) mal.
15	11 gín igi ⸢4?⸣ ⸢ĝál⸣ ⸢ì-giš⸣-[ta?]	[Je(?)] 11 1/4 Sekel Sesamöl
16	ér lugal daḫ-ḫu 4-bi	(für den) Klageritus (für) den König, Zugabe, 4 mal.
	-----	-----

1 Ich danke M. Krebernik für die folgenden Lesungen: gìri Z. 2, ⸢-a?⸣-⸢bi⸣ Z. 14, ⸢4?⸣-⸢ĝál⸣ Z. 15, ki ⸢agrig⸣ Z. 19.

u. Rd.

17	4 sìla ì-giš	4 Liter Sesamöl
18	èš-èš ù é[r]	(für) ešeš-Feste und Klagerite[n],
19	é-ta è-a ki ⌜agrig⌝	aus dem Tempel herausgegeben, vom Verwalter.

l. Rd.

20	é ^{d}En-líl ^{d}Nin-líl-lá	Tempel von Enlil (und) Ninlil.

Angesichts des schlechten Erhaltungszustandes der Rückseite und der dürren Syntax des Textes lässt sich die Rechnung des Textes nur unter Vorbehalt wie folgt darstellen:

Z. 4f.:	2 x 15 Sekel für Enlil und Ninlil im Tempel:	1/2 sìla
Z. 6:	15 Sekel für Enlil und Ninlil im großen Tor:	1/4 sìla
Z. 9f.:	2 x 15 Sekel für Enlil und Ninlil im Tempel:	1/2 sìla
Z. 13f.:	6(?) x 1/3 sìla für den Klageritus(?):	2 sìla
Z. 15f.:	4 x 11 1/4(?) Sekel für die Klage für den König:	3/4 sìla
		---------
		4 sìla

5, 11: Oder „in den 2 Tempeln".

14: Vgl. Ur III-zeitliches ér sízkur(-ra) šà Nibru^{ki} „Klageriten in Nippur" Sallaberger 1993, 149, wofür die Database of Neo-Sumerian Texts (http://bdtns.filol.csic.es) drei Belege bietet.

19: Nach agrig ist kein -ta sichtbar.

Bibliographie

T. Richter ^{2}2004: Untersuchungen zu den lokalen Panthea Süd- und Mittelbabyloniens in altbabylonischer Zeit (= AOAT 257).

W. Sallaberger 1993: Der kultische Kalender der Ur III-Zeit (= UAVA 7).

M. Stol 2001: Nippur. A. II. Altbabylonisch, RlA Bd. 9, 539–544.

Altbabylonische Rechts- und Wirtschaftsurkunden

Carsten Tardi[1]

Das vorliegende Kapitel behandelt die altbabylonischen Rechts- und Wirtschaftsurkunden des Altorientalischen Institutes der Universität Leipzig mit Ausnahme von Text LAOS 1, 39 (SIL 83). Dabei handelt es sich um drei Rechtsurkunden (LAOS 1, 40. 41. 45) und drei Wirtschaftsurkunden (LAOS 1, 42–44).

LAOS 1, 40 (SIL 21) (s. Tafel XXIII)
52 x 39 x 21mm
Pachturkunde. Gesiegelt.
Datum: 4. Monat, 1. Tag, Samsu-iluna 19.
Herkunft: Dilbat.
Inhalt: Ilī-awīlum verpachtet dem Nidnuša ein Feld unbekannter Größe zum Anbau von Gerste und Sesam.

Vs.		Rs.	
1	a.šà *ma-la ma-ṣú-ú*	11	*ba-ma-at* a.šà-*im*
2	a.šà *Ì-lí-a-wi-lim*	12	*a-na* igi.4.ĝál.la.šè
3	⸢ki⸣ *Ì-lí-a-wi-lim*	13	igi *Ì-lí-tu-u-ra-am*
4	lugal.a.šà.ga.ke$_{4}$	14	dumu.nita *Li-ṭe*$_{4}$*-rum*
5	*Ni-id-nu-ša*	15	igi ^{d}*Na-bi-um-ma-lik*
6	*a-na* mu.1?.kam(Rasur)	16	dub.sar
7	*a-na* še-*e ù* še.ĝiš.ì	17	⸢itu⸣ ⸢šu⸣.numun.a u$_{4}$.1.kam
8	íb.ta.⸢è⸣		
u. Rd.		o. Rd.	
9	*ba-ma-at* a.šà-[*im*]	18	mu ^{ĝiš}gu.za [bára kù].sig$_{17}$
10	*a-na* igi.3.ĝál.la.š[è]	19	min.a.bi

Feld, soviel, wie da ist, das Feld des Ilī-awīlum, hat von Ilī-awīlum, dem Eigentümer des Feldes, Nidnuša für 1(?) Anbauperiode [x x] für Gerste und Sesam gepachtet. Die (eine) Hälfte des Feldes für Drittelpacht, die (andere) Hälfte für Viertelpacht. Vor Ilī-tūram, dem Erbsohn des Līṭerum, vor Nabium-mālik, dem Schreiber. 4. Monat, 1. Tag, Samsu-iluna 19.

1: *mala maṣû* „soviel, wie da ist" – mit dieser Wendung wird ausgedrückt, dass sich der Pächter und/oder der Verpächter die Aufwendungen für eine Landvermessung ersparen möchten.[2]

---

1 Dieses Kapitel beruht auf meiner im Jahr 2007 abgeschlossenen, von M. P. Streck betreuten Magisterarbeit.

2 Mauer 1980, 21.

6–7: In Zeile 6 ist die Pachtdauer angegeben, jedoch aufgrund einer Beschädigung der Tafel nicht richtig zu lesen. Mit Sicherheit ist ein senkrechter Keil zu erkennen, was bedeuten würde, dass die Pachtdauer nur ein Jahr bzw. eine Anbauperiode beträgt. Zwischen diš und kam und auch danach sind noch Reste von weiteren Keilen zu erkennen. Es handelt sich m. E. aber um eine Rasur.

9–13: Mit den Wendungen *ana* igi.3.ĝál.la.šè (Drittelpacht) bzw. *ana* igi.4.ĝál.la.šè (Viertelpacht) wird der Pachtzins angegeben. Es handelt sich um den sogenannten proportionalen Pachtzins.[3] Der Pächter hat für die jeweils unterschiedlich zu bebauenden Teilstücke einen zum Ertrag proportionalen Pachtzins zu entrichten. Da in der Angabe der Bewirtschaftung in Z. 7 Gerste als Erstes aufgeführt wird, ist anzunehmen, dass sich die erste Pachtzinsangabe auf das mit Gerste zu bewirtschaftende Feld bezieht. Die Begriffe Drittelpacht und Viertelpacht beziehen sich auf den Anteil des Gesamtertrages, der als Pachtzins zu entrichten ist. Somit ergibt sich für die mit Sesam bebaute Hälfte des Feldes ein Viertel des Gesamtertrages als Pachtzins.[4]

14–16: Als erster Zeuge wird Ilī-tūram genannt. Auffällig ist die Schreibung dieses Namens mit plene geschriebenem /ū/. Der Name erscheint sehr oft in Urkunden aus altbabylonischer Zeit, wird sonst jedoch ohne *-u-* geschrieben.[5]

Der Name Līṭerum begegnet auch in VS 7, 15: 20, einer Urkunde aus dem 41. Regierungsjahr des Ḫammu-rāpi.[6] Aus dieser Urkunde geht hervor, dass Līṭerum der Bruder des Nabium-mālik ist. Des Weiteren werden noch zwei andere Brüder genannt, ^{d}Sîn-rēmenni und Lipit-Ištar. Alle vier Personen werden in VS 7, 15 als Zeugen und als die Söhne des ^{d}Sîn-bēl-ilī aufgeführt (VS 7, 15: 19–21). Līṭerum ist der Vater des in unserer Urkunde zuerst genannten Zeugen Ilī-tūram. Sollte es sich in unserer Urkunde um dieselben Personen handeln wie in VS 7, 15, so könnte der zweite Zeuge der Onkel des Ilī-tūram sein. Ein weiteres Indiz dafür ist die explizite Nennung des Ilī-tūram als dumu.nita „Erbsohn" des Līṭerum. Dies bedeutet, dass Ilī-tūram der erstgeborene Sohn des Līṭerum ist. Die Geschäfte des Līṭerum wurden an den Sohn weitergegeben und Ilī-tūram nahm in LAOS 1, 40 die Stellung des Vaters als Zeuge ein. Wenn die Personen in SIL 21 mit denen in VS 7, 15 identisch sind, stammt LAOS 1, 40 wahrscheinlich wie VS 7, 15 aus Dilbat.[7]

18–19: Trotz Beschädigung der Jahresangabe ist es aufgrund der restlichen lesbaren Zeichen in Z. 18 und 19 möglich, das genaue Jahr festzustellen. ^{ĝiš}gu.za in Verbindung mit min.a.bi erscheint in den Jahresnamen der ersten Dynastie von Babylon nur im Jahr Samsuiluna 19.[8] Somit ist in Zeile 18 [bára kù] zu ergänzen.

Siegel: LAOS 1, 40 ist auf Vorder- und Rückseite und auf allen vier Rändern gesiegelt. Es wurde – soweit ersichtlich – dafür nur das eine Siegel verwendet (s. Tafel XXIII). Es ist eine stehende Figur mit angewinkelten Armen und Kappe zu erkennen. Daneben steht eine

3 Zum proportionalen Pachtzins vgl. Mauer 1980, 106–8; Stol 2004b, 848f.
4 Zur Drittelpacht s. a. Petschow 1984, 185 Anm. 6.
5 TIM 7, 93: 6; 106: 7; 191: 4; YOS 12, 162: 13; 201: 16; 258: 22; 352: 7, 9, 14; 383: 7; 560: 14; 560 seal; YOS 13, 489: 7; YOS 14, 11: 17; Ranke 1905, 102b u. v. m.
6 Siehe Anhang Text Nr. 1. Eine ältere Übersetzung findet sich in Ungnad 1909, 83 Nr. 315.
7 Zur Herkunft von VAT 6387 s. das Vorwort in VS 7.
8 Horsnell 1999 Bd. II 206f.

Inschrift, die jedoch nur teilweise zu lesen ist. Die Umschrift ist aus den verschiedenen Abrollungen des Siegels rekonstruiert:

1' AN.AN.M[AR.TU- ... dumu?]
2' ^{d}EN.ZU-*pí?-l*[*áḫ*?...]

Möglicherweise handelt es sich um den Namen des Besitzers des Siegels mit Filiationsangabe. Z. 2 ist schwierig zu lesen. Auf den ersten Blick sieht das Zeichen nach ^{d}EN.ZU einem DU_8 sehr ähnlich. DU_8 würde dann für *paṭārum* stehen (vgl. die PNN Sîn-ipṭuram, Sîn-pāṭer, Sîn-puṭram)[9], jedoch ist hierbei problematisch, dass es m. W. keine Belege für die Schreibung Sîn-DU_8 gibt. Es besteht jedoch auch die Möglichkeit, dass es sich um zwei Zeichen handelt. So könnte es sich um BI/PÍ und ein nicht vollständig zu lesendes LÁḪ handeln. Aus den erhaltenen Resten des Siegelabdruckes kann jedoch keine sichere Aussage zu diesem Namen gemacht werden.

LAOS 1, 41 (SIL 39) (s. Tafel XXIV)
65 x 39 x 24mm
Datum: 5. Monat, 20. Tag, Samsu-iluna 25.
Herkunft: Sippar.
Inhalt: Verpflichtungsschein.

Vs.		Rs.	
1	2 *i-ni-a-at e-re-ši-im*	8	*ú-*⸢*ul*⸣ ⸢*i-na*⸣*-ad-di-im-*⸢*ma*⸣
2	^{m}*Ib-ni-*^{d}⸢AMAR.UTU⸣	9	*i-ni-a*[*t*]⸢10? še? gur?⸣
3	*e-li* ^{m}*Ni-id-na-tum*	10	ì.áĝ.⸢e⸣
4	⸢*i-šu*⸣*-ú*		
5	i[ti du_6].kù u_4.2.kam	11	igi *Ri-iš-*^{d}AMAR.UTU
6	⸢2 *i*⸣*-ni-a-at e-re-ši-i*[*m*]	12	igi *Ku-un-nu*
		13	itu ne.ne.ĝa⸢r u_4⸣.20.kam
		14	[mu] *Sa-am-su-i-*⸢*lu-na*⸣
u. Rd.		o. Rd.	
7	*i-na-ad-di-in*	15	⸢a⸣lan ^{ĝiš}tukul sìg.ge

2 Rinder zum Pflügen hat Ibnī-Marduk bei Nidnatum gut. (Zum) 2. Tag des 7. Monats wird er (jene) 2 Rinder zum Pflügen (zurück-)geben. Gibt er (die Rinder) aber nicht (zurück), so wird er einen „Mietpreis“ von X darmessen. Vor Rīš-Marduk (und) vor Kunnu. 5. Monat, 20. Tag, Samsu-iluna 25.

Das Formular dieses Mietvertrages ist ungewöhnlich. Es lautet: 1. Mietobjekt 2. Vermieter 3. Mieter 4. Enddatum des Mietvertrages 5. Klausel 6. Zeugen 7. Datum.

1–4: In den ersten vier Zeilen werden das Mietobjekt (2 Rinder für das Saatpflügen)[10] und die Vertragspartner (Ibnī-Marduk/Vermieter und Nidnatum/Mieter) genannt. Die ver-

9 Siehe Stamm 1939, 128, 169, 191, 221, 368.
10 Siehe dazu Stol 1994, 232.

wendete Formel ist X PN_1 *elī* PN_2 *īšū* „PN_1 hat X bei PN_2 gut“[11]. Nidnatum ist im Besitz der Rinder, die in Zeile 1 genannt werden.

Über Ibnī-Marduk erfahren wir aus der Urkunde YOS 12, 466, dass er generell mit Rindern zu tun hat und speziell mit Rindern, die für das Pflügen von Feldern benutzt werden. Es handelt sich bei YOS 12, 466 um einen Personenmietvertrag, in dem sich Ibnī-Marduk (Z. 1) *ana kullizūtim* (Z. 4) an einen gewissen Kunna (Z. 3) vermietet. Dieser Kunna kann möglicherweise der in unserer Urkunde als Zeuge auftretende Kunnu sein. Des Weiteren erscheint dort Rīš-Marduk (Z. 13), der ebenfalls in unserer Urkunde als Zeuge in Erscheinung tritt. Zusätzlich sei noch erwähnt, dass die Urkunde wie LAOS 1, 41 in das Jahr Samsu-iluna 25 (5. Monat, 1. Tag) datiert. In der Urkunde YOS 12, 462, die ebenfalls aus dem Jahr Samsu-iluna 25 stammt, finden wir dann auch Nidnatum wieder. Dieser ist Zeuge eines Pachtvertrages, in dem Kunna als Verpächter auftritt.

Das gemeinsame Auftreten dieser vier Personen in verschiedenen Urkunden aus ein und demselben Jahr sowie dem Milieu, in dem uns z. B. Ibnī-Marduk begegnet (Rinder/Rindertreiber), macht es sehr wahrscheinlich, dass LAOS 1, 41, YOS 12, 466 und YOS 12, 462 zu einem Dossier gehören.

5–7: Hier wird das Ende des Mietverhältnisses angegeben. Nidnatum soll demnach am 2. Tag des 7. Monats die 2 Rinder an Ibnī-Marduk zurückgeben. Die Urkunde LAOS 1, 41 datiert in den 5. Monat. Somit hat Nidnatum die Rinder für fast die gesamte Aussaatzeit gemietet.[12]

8: Zur Assimilation des letzten Wurzelkonsonanten *n* an das folgende *m* vgl. GAG § 33h; weitere Belege: YOS 2, 9: 7 (*a-na-di-im-ma*), Boyer CHJ Nr. 143: 22 (*id-di-im-ma*), TCL 17, 21: 22 (*li-ša-ad-di-im-ma*), TIM 2, 93: 18 (*šu-ud-di-im-ma*).

8–10: In der Vertragsklausel wird festgelegt, dass der Mieter bei nicht fristgerechter Rückgabe der gemieteten Rinder einen bestimmten Mietpreis an den Vermieter zu zahlen hat.[13] Der genaue Mietpreis ist ebenso wie das Zahlungsmittel aufgrund einer Beschädigung der Tafel nicht zu ermitteln. Die Zeichenreste lassen aber vermuten, dass die Miete in Form von Gerste entrichtet werden soll. Bei *i-ni-at*[-...] Z. 9 handelt es sich wohl um *inītum*. Dieses beschreibt u.a. einen monatlich zu entrichtenden Mietpreis.[14]

11–12: Zu den Zeugen s. o. Kommentar zu Z. 1–4.

Siegel: Soweit zu erkennen ist, wurde die Tafel auf Seiten und Rändern gesiegelt. Die Darstellung auf dem Siegel ist nur schemenhaft zu erkennen: eine Figur mit angewinkeltem Arm (rechts). Deutlicher ist jedoch die Inschrift des Siegels (s. Tafel XXIV) zu lesen*:*

1 ^{d}EN.ZU[-*ša-mu-uḫ*]
2 DUMU *Ṣí-i*[*a-tum*]
3 ÌR ^{d}Nin.si$_{4}$.an.[na]

11 Zur Terminologie in Mietverträgen s. Stol 1993–7, 162bf.

12 Zum Saatpflug s. Hruška 2005, 511 § 2. Zu den Jahreszeiten und den damit zusammenfallenden landwirtschaftlichen Arbeiten siehe Landsberger 1949, 261ff.

13 Zur Bedeutung von *inītum* s. Stol 1994, S. 229f.

14 Stol 2007, 391b; Stol 1994, 229ff.

Die Inschrift konnte anhand der Siegelabrollungen auf den Tafeln YOS 12, 51 und YOS 12, 371 ergänzt werden, da es sich m. E. um das gleiche Siegel handelt.[15] Aus weiteren Texten geht zudem hervor, dass der auf dem Siegel genannte Sîn-šamuḫ der Vater von Nidnatum ist.[16]

LAOS 1, 42 (SIL 59) (s. Tafel XXV)

53 x 43 x 25mm
Datum: 2. Monat, 25. Tag, Samsu-iluna 5.
Herkunft: Sippar.
Inhalt: „Schuldschein" – Vermerk über Rückstand bei Dattelabgaben.

Vs.		Rs.	
1	17.3.0.0 gur zú.lum	7	mu i$_7$-*Sa-am-su-i-lu-na*
2	ĝiš.baneš *nam-ḫa-ar-tim*	8	*na-qá*(*-ab*)*-nu-ši-im*
3	lál ^{d}EN.ZU-*na-ap-še-ra-am*		
4	dumu Nanna-DU$_{10}$	9	itu gu$_4$.si u$_4$.25.kam
5	*iš-tu* še *ù* kù.babbar	10	mu gu.za nisaĝ.ĝá
6	*ša i-di-nu ḫa-ar-ṣú*	11	^{d}nanna

17.3.0.0 Kor Datteln (nach) ĝiš.baneš-Einnahme, Rückstand des Sîn-napšeram, Sohn des Nanna-DU$_{10}$, nachdem die Gerste und das Silber, das er gegeben hat, abgezogen sind, des Jahres Samsu-iluna 3. 2. Monat, 25. Tag, Samsu-iluna 5.

Bei LAOS 1, 42 handelt es sich offenbar um einen Schuldschein. Dieser bezieht sich auf eine Liste von Dattelabgaben, die in das Jahr Samsu-iluna 3 datiert ist und als YOS 12, 101 veröffentlicht wurde. Dort finden wir in Z. 14 einen Eintrag, in dem die Dattelabgaben des Sîn-napšeram für das Jahr Samsu-iluna 3 notiert sind.[17] Es werden unter Eingang (mu.DU) die im Jahr Si. 3 abgegebene Menge Datteln von 59.2.0.0 Kor und unter Rückstand (lál) 17.0.0.0 Kor Datteln angegeben. Laut LAOS 1, 42 besteht der Rückstand auch noch zwei Jahre später, da dieser Text, der die Menge und das Jahr nennt, aus dem der Rückstand stammt, in das Jahr Samsu-iluna 5 datiert. Zudem sind in YOS 12 noch weitere Rückstandsvermerke[18] sowie ein Eingangsvermerk[19] zu finden.

15 Colbow 1995, 154 1.1 und 157.
16 Siehe YOS 12, 387: 6–7, 470: 3 und 482: 3.
17 Siehe Anhang Text Nr. 7 und Tabelle 1.
18 YOS 12, 128, 131, 134, 159 und 174.
19 YOS 12, 150.

Tabelle 1: Einträge in YOS 12, 101 und die dazugehörigen Rückstands- bzw. Eingangsvermerke.

YOS 12, 101 (15.ii. Samsu-iluna 3)							
Zeile	mu.DU	lál	mu lú	mu.DU	lál	Text	Datum
6	5.1.2.0	24.3.5.0	Tarībum		24.3.4.0	YOS 12, 131	15.ii. Si 5
10	12.3.5.0	33.1.1.0	Šamaš-nāṣir		32.1.1.0	YOS 12, 128	4(?).ii. Si 5
14	**59.2.0.0**	**17.0.0.0**	**Sîn-napšeram**		**17.3.0.0**	**LAOS 1, 42**	**25.ii. Si 5**
16	18.4.3.0	27.0.0.0	Adad-bēl-ilī	18.4.3.0	26.3.0.0	YOS 12, 159	10.x. Si 5
26–28	26.4.4.0	16.0.0.0	Tarībum u Namram-šarūr	16.0.0.0		YOS 12, 150	10.viii. Si 5
29–30	21.2.3.0	15!.2.3.0[20]	Rabût-Sîn		15.2.3.0	YOS 12, 172	10. xi. Si 6
38	13.0.0.0	42.0.0.0	Ṣilli-Ištar		41.3.0.0	YOS 12, 134	25. ii. Si 5

Warum es in den Rückstandsvermerken YOS 12, 128, 131, 134 und 159 zu Abweichungen kommt, ist unklar. Es ist m. E. jedoch trotz der genannten Abweichungen in den angegebenen Mengen unstrittig, dass sich die o. g. Texte aus YOS 12 sowie LAOS 1, 42 aufeinander beziehen.

Siegel: Die Tafel ist auf allen Seiten mit zwei Siegeln gesiegelt (s. Tafel XXV). Die Inschrift des ersten Siegels lautet:

1 *Ìl-šu-ba-nu-um*
2 ìr ^{d}Nin.si$_4$.an[.na]

Hierbei handelt es sich wahrscheinlich um dasselbe Siegel, mit dem auch die Tafel YOS 12, 317 gesiegelt ist. Die Inschrift des zweiten Siegels lautet:

1 ^{d}EN.ZU-*na-ap-še*[*-ra*(*-am*)]
2 ìr ^{d}Nin.si$_4$.an[.na]

Dieses Siegel ist anscheinend auch auf der Tafel YOS 12, 300 wiederzufinden.

20 In YOS 12, 101: 29 erscheint der Betrag unter „Rückstand" als 6.2.3.0. Die Anzahl der Keile ist jedoch sowohl bei der Zahl 15 als auch bei der Zahl 6 dieselbe. Da in YOS 12, 172: 1 eindeutig eine 15 steht, gehe ich auch in YOS 12, 101: 29 von einer 15 aus.

LAOS 1, 43 (SIL 76) (s. Tafel XXVI)

35 x 42 x 19mm
Datum: Beginn Regierungszeit des Samsu-iluna.
Herkunft: Sippar.
Inhalt: Sesamölabrechnung.

1	ì.giš níg.kas$_7$ *Tu-ru-kum* gi.na			
2	98.3.3.0	10.1.3.0	88.2.0.0	*Ku-nu*
3	26.2.3.0	1.1.0.0	25.1.3.0	30-*pí-la*!-*aḫ*
4	16.1.0.0	1.0.0.0	15.1.0.0	*Nam-ra-am-ša-ru-ur*
5	30.0.0.0	0.2.3.0	29.2.3.0	*Nu-úr-*^{d}UTU

Sesamöl-Abrechnung – (Eingang von) Turukkum bestätigt:

98.3.3.0	10.1.3.0	88.2.0.0	Kunnu
26.2.3.0	1.1.0.0	25.1.3.0	Sîn-pilaḫ
16.1.0.0	1.0.0.0	15.1.0.0	Namram-šarūr
30.0.0.0	0.2.3.0	29.2.3.0	Nūr-Šamaš

Die Tafel ist in vier Kolumnen eingeteilt, wobei in der ersten Kolumne die (noch) abzugebene Gesamtmenge Sesamöl steht, die zweite Kolumne die im Moment abgegebene Teilmenge Öl und die dritte Kolumne die noch offene Restmenge des abzugebenden Öls darstellt. In der vierten Kolumne befindet sich der Name der Öl abgebenden Person. Die Tafel ist nur auf der Vorderseite und dem rechten Rand beschriftet.

1: Dass es sich um den Eingang von Öllieferungen handelt, ergibt sich aus den Rechnungen in den Zeilen 2–5.

Welche Aufgabe die in Zeile 1 genannten Turukkum hier innehaben, ist unklar. Jedoch erscheinen Turukkäer als Empfänger von Dattelabgaben[21] in der Zeit des Samsu-iluna. Es bleibt jedoch die Frage bestehen, ob es sich bei den in den Zeilen 2–5 genannten Personen um Turukkäer handelt.[22] Es könnte aber auch die Möglichkeit bestehen, dass es sich bei Turukkum um den Namen einer Person handelt.

2: Es ist relativ schwer zu erkennen, dass die Rechnung in dieser Zeile stimmt. Die auf den ersten Blick in der Zusammenrechnung in Kolumne iii fehlenden 2 bariga befinden sich bei genauem Hinsehen unter den letzten beiden übereinander stehenden Winkelhaken. Es scheint, als hätte der Schreiber von hinten angefangen zu rechnen und zuerst die bariga geschrieben. Dann hatte er aber beim Notieren der gur zu wenig Platz auf der Tafel und hat diese über die vorher notierten bariga hinweggeschrieben.

3–5: Sîn-pilaḫ, Namram-šarūr und Nūr-Šamaš finden sich gemeinsam auch in anderen Texten wieder (s. Tabelle 2).

---

21 YOS 12, 51: 7 und 55: 8.

22 Siehe Klengel 1985, 257: „Die Turukkäer, Einzelpersonen oder Gruppen, werden (...) als Teil der babylonischen Gesellschaft erwähnt und erscheinen als Feldbesitzer (...), als Empfänger von Datteln (...) oder Silber (...). Soweit ihre Namen erwähnt, sind diese gut babylonisch (...).“

Tabelle 2: Personen aus LAOS 1, 43 in den Tafeln YOS 12, 81, 101, 109, 118, 125, 151 und BIN 2, 103.[23]

Name	LAOS 1	YOS 12							BIN 2
	Nr. 43	Nr. 81	Nr. 101	Nr. 109	Nr. 112	Nr. 118	Nr. 125	Nr. 151	Nr. 103
	?	Si 3	Si 4	Si 4	Si 4	Si 4	Si 4	Si 5	Si 6
Sîn-pilaḫ	Z. 3	Z. 6	Z. 24–25	Z. 4	Z. 20	Z. 14	Z. 8	Z. 10	Z. 18
Namram-šarūr	Z. 4	Z. 5	Z. 27–28	Z. 7, 10–11	Z. 17	Z. 27	–	–	Z. 11
Nūr-Šamaš	Z. 5	–	–	–	Z. 10	–	–	–	Z. 17

Durch das häufige gemeinsame Auftreten dieser Personen kann man annehmen, dass LAOS 1, 43 aus dem gleichen Dossier stammt wie die genannten Tafeln aus YOS 12 und BIN 2.

Ungewöhnlich sind die großen Mengen Öl, die in unserer Tafel vorkommen. Bei ca. 300 Liter pro gur[24] steht in i 2 eine einzubringende Gesamtmenge Öl von 29610 Liter zu Buche. Die in Z. 3–5 angegeben Mengen sind jedoch erheblich geringer und ähneln den Mengen, die eine einzelne Person in der Regel abzugeben hat bzw. kann. Möglicherweise handelt es sich bei der relativ großen Menge Öl in i 2 um eine vorher von anderen Leuten eingesammelte Ölabgabe. Tabelle 3 zeigt, dass die häufigsten Abgabemengen 0.2.4.0. gur (10x) und 0.1.5.0. gur (4 x) sind.

Tabelle 3: Sesamöl-Abgaben[25]

Namen	LAOS 1, 43	Samsu-iluna 3.viii.20 (YOS 12, 81)	Samsu-iluna 5.viii.10 (YOS 12, 151)	Samsu-iluna 6.x.15 (YOS 12, 193)
Issu-kabit	–	0.4.4.0	0.3.0.0	–
Warad-Ištar	–	0.4.0.0	1.0.2.0	0.2.4.0
Menīḫum	–	0.2.4.0	–	–
Namram-šarūr	1.0.0.0	0.2.4.0	–	–
Sîn-pilaḫ	1.1.0.0	0.2.4.0	0.2.1.0	–
Ṣilli-Adad	–	0.2.4.0	0.3.0.0	0.2.4.0
Ištar-ēpirī	–	0.1.5.0	–	–
Šamaš-tappê	–	0.2.4.0	–	–
Sîn-iddinam	–	–	0.2.3.0	–
Ṣijatum	–	–	0.1.5.0	0.1.5.0
Tarībum (*ša* lugal)	–	–	0.2.4.0	–

23 Siehe Anhang Texte Nr. 3, 7, 8, 10, 11, 16 und 21.
24 Powell 1990, 97b.
25 Siehe Anhang Texte Nr. 3, 13, 20.

Namen	LAOS 1, 43	Samsu-iluna 3.viii.20 (YOS 12, 81)	Samsu-iluna 5.viii.10 (YOS 12, 151)	Samsu-iluna 6.x.15 (YOS 12, 193)
Šērum-ilī	–	–	0.2.5.7	–
Ippuqam	–	–	0.2.3.5	0.2.4.0
Ilī-šūma	–	–	0.2.4.0	–
Aḫuni	–	–	0.1.5.0	–
Warad-Šamaš	–	–	–	0.3.1.0
Kunnu	10.1.3.0	–	–	–
Nūr-Šamaš	0.2.3.0	––	––	–

Auch der Text LAOS 1, 43 stammt wahrscheinlich wie die Tafeln aus YOS 12 aus Sippar.[26] Durch die Verbindung von LAOS 1, 43 mit den oben genannten Tafeln ist eine ungefähre zeitliche Einordnung in den Beginn der Regierungszeit des Samsu-iluna möglich.

LAOS 1, 44 (SIL 79) (s. Tafel XXVII)

98 x 60 x 32mm
Datum: 25. II. Samsu-iluna 3/4.
Herkunft: Sippar.
Inhalt: Abrechnung über den Eingang von Gerste mit Vermerk über Rückstände.

Vs.

1	mu.DU	lál	
2	91.0.0.0		^{d}EN.ZU-*na-ap-šir*
3	28.3.3.0	20.3.0.0	^{d}UTU-TAB.BA
4	67.2.0.0	7.3.0.0	*Nu-úr-*^{d}UTU
5	62.2.0.0	12.3.0.0	^{d}MÚŠ-*e-pí-ri*
6	16.2.0.0	13.3.0.0	*Si-li-lu* tur!
7	55.0.0.0	15.0.0.0	*Ṣíl-lí-*^{d}IŠKUR
8	13.3.0.0	36.2.0.0	*I-din-*^{d}MAR.TU
9	17.3.0.0	22.2.0.0	*Še-rum-Ì-lí*
10	45.2.3.0	35.2.3.0	*Ka-am-ni-*⌜*ia*⌝
11			*ù I-pu-qá-am*
12	27.3.3.0	37.1.3.0	*Ì-lí-šu-ma*
13	30.0.0.0	15.0.0.0	*Á-su-ka-bi-it*
14	31.0.0.0	14.0.0.0	^{d}EN.ZU-*a-ḫi-i-din-*⌜*nam*⌝

u. Rd.

15	32.0.3.0	28.0.3.0	*Ṣí-ia-tum*
16			dumu *Ta-tu-ra-nu*

26 Zur Herkunft der Tafeln s. Charpin 1981, 519ff.

Rs.

17	23.3.3.0	32.1.3.0	GAL-*bu-ut*-^{d}EN!ZU!
18			*ù Mu-pí-iq Im-gur*-30
19	4.4.0.0	15.1.0.0	*Ì-lí*-TAB.BA
20	21.0.0.0	12.0.0.0	*Me-ni-ḫu-um*
21	32.4.0.0	30.4.3.0	*Tu-tu-ub-ma-gir*
22			GAL-*bu-ut*-{bi-x-(x)}(Rasur)-^{d}EN.<ZU> *ù*
		Mu-pí-iq	
23	12.0.0.0	21.3.2.0	*Si-li-lu* tur *Da-mi-qú*
24	34.0.0.0	26.0.0.0	*Ṣí-ia-tum*
25			*ù Ṣíl-lí*-^{d}MÚŠ

26 645.3.3.0 še gur mu.DU
27 437.1.2.0 gur lál
o. Rd.
28 itu gu$_{4}$.si.a u$_{4}$.25.kam
29 mu i$_{7}$-*Sa-am-s*[*u-i-lu-na*]

Vs.

1	Eingang:	Rückstand:	
2	91.0.0.0		Sîn-napšir,
3	23.3.3.0	20.3.0.0	Šamaš-tappê,
4	67.2.0.0	7.3.0.0	Nūr-Šamaš,
5	62.2.0.0	12.3.0.0	Ištar-ēpirī,
6	16.2.0.0	13.3.0.0	Sililu, der Diener,
7	55.0.0.0	15.0.0.0	Ṣillī-Adad,
8	13.3.0.0	36.2.0.0	Iddin-Amurru,
9	17.3.0.0	22.2.0.0	Šērum-ilī,
10	45.2.3.0	35.2.3.0	Kamnia
11			und Ippuqam,
12	27.3.3.0	37.1.3.0	Ilī-šūma,
13	30.0.0.0	15.0.0.0	Issu-kabit,
14	31.0.0.0	14.0.0.0	Sîn-aḫa-iddinam,
u. Rd.			
15	32.0.3.0	28.0.3.0	Ṣijatum,
16			der Sohn des Tatūrānu,
Rs.			
17	23.3.3.0	32.1.3.0	Rabût-Sîn
18			und Muppiq, Imgur-Sîn,
19	4.4.0.0	15.1.0.0	Ilī-tappê,
20	21.0.0.0	12.0.0.0	Meniḫum,
21	32.4.0.0	30.4.3.0	TUTUB-magir,
22			Rabût-Sîn und Muppiq,
23	12.0.0.0	21.3.2.0	Sililu, der Diener, Damiqu

24	34.0.0.0	26.0.0.0	Ṣijatum
25			und Ṣilli-Ištar

26 645.3.3.0 Gerste Eingang,
27 437.1.2.0 Gerste Rückstand.
o. Rd.
28 2. Monat, 25. Tag,
29 Samsu-iluna 3/4.

Die Tafel LAOS 1, 44 ist wie folgt gegliedert: 1. Kolumne: Eingang Gerste, 2. Kolumne: Rest Gerste, 3. Kolumne: Name. Daran schließt sich die Angabe der Gesamtsumme der eingegangenen Gerste und der noch offenen Gersteposten an. Die Abrechnung schließt mit dem Datum.

2: Den Namen Sîn-napšir finden wir möglicherweise in der geringfügig längeren Form Sîn-napšeram in den Texten YOS 12, 65: 19, 101: 14, 112: 9 und BIN 2, 103: 1[27] wieder. Es ist unklar, ob Sîn-napšir keinen Rückstand mehr hat oder der Schreiber vergessen hat, diesen zu notieren. Die in der Endabrechnung in Z. 27 fehlenden 41.1.3.0 Kor[28] könnten durchaus auch in Z. 2 fehlen.

5 und 25: Anscheinend wird nicht explizit zwischen MÚŠ (MÙŠ*gunû*) und MÙŠ differenziert. Somit ist eine Unterscheidung zwischen den theophoren Elementen Ištar und Tišpak schwierig. Die Namen in diesen Zeilen müssen trotz der Schreibung MÚŠ Ištar-ēpirī und Ṣillī-Ištar lauten, dies ergibt sich aus YOS 12, 134 und dem Siegel auf YOS 12, 134[29], da im Text MÚŠ und auf dem Siegel MÙŠ geschrieben ist: YOS 12, 134: 3 *Ṣil-lí-*^{d}MÚŠ aber YOS 12, 134 Siegel *Ṣil-lí-*^{d}MÙŠ.

Zudem zeigt sich in der Siegelinschrift Z. 2, dass der Vater des Ṣilli-Ištar ebenfalls Ištar (*Šu-mi-Iš*$_{8}$*-tár*) als theophores Element in seinem Namen trägt. Eine Weiterführung der Benutzung von Ištar als theophorer Bestandteil der Namen innerhalb einer Familie ist wahrscheinlicher als der Wechsel zu Tišpak.[30] Ein weiterer Hinweis, der auf Ištar schließen lässt, ist in YOS 12, 173[31] zu finden: Z. 3 ^{d}MÙŠ-*e-pí-ri* und Z. 6 ^{d}MÙŠ-*še-me-e*.

Aufgrund der eindeutigen Schreibung MÙŠ sollte auch in diesem Text eher von Ištar ausgegangen werden. Da die Tafeln YOS 12, 81, 82, 90, 101, 112, 118, 134 und 173, wie Charpin zeigt, aus den königlichen Dattelgärten der Provinz *Jaḫrurum šaplum* stammen[32] und nur einen Zeitraum von vier Jahren abdecken, scheint es sich bei Ištar-ēpirī in allen Texten um dieselbe Person zu handeln. Damit wäre auch die Emendation zu Tišpak-ēpirī durch Charpin hinfällig.[33]

27 Siehe Anhang Text Nr. 21.
28 Siehe unten Kommentar Z. 26–27.
29 Siehe Anhang Text Nr. 14.
30 Siehe Kalla 2002, 131–142 zu theophoren Elementen in Namen der Angehörigen einer Familie.
31 Siehe Anhang Text Nr. 19.
32 Archiv A, Charpin 1981, 519–21.
33 Charpin 1981, 543; sowie Ṣillī-Ištar zu Ṣillī-Tišpak, S. 520. S. a. YOS 12, 303:6. Der Monatsname wird itu kin ^{d}múš geschrieben. Tišpak wäre wohl an dieser Stelle sehr ungewöhnlich. Ferner Edzard 1998–2001, 111b § 6.2.

6 und 23: Sililu wird in LAOS 1, 44 ohne Mimation geschrieben. Er erscheint aber in den Tafeln YOS 12, 65: 5; 90: 1; 100: 5; 101: 8, 37; 112: 3, 15; 118: 7 und 173: 4 mit Mimation. In YOS 12, 65, 101[34] und 112: 3 und unserer Urkunde steht nach dem Namen ein weiteres Zeichen, das tur, akk. *ṣuḫārum*, zu lesen ist. Es wird sich wohl nicht um dumu handeln, da die Namensnennung in den hier vorgestellten Wirtschaftsurkunden ausschließlich ohne Filiationsangabe erfolgt.[35] Es sind zumeist Berufe oder Ämter angegeben, die zur Unterscheidung verschiedener Personen mit gleichem Namen dienten.[36]

10–11: Kamni/eja erscheint in YOS 12, 125 (Anhang Text 11): 5 zusammen mit Ippuqam, allein in BIN 2, 103 (Anhang Text Nr. 21): 15 und in YOS 2 (= AbB 9), 79: 3, einem Brief aus Larsa, zusammen mit Warad-Šamaš. Dieser wird wiederum in YOS 12, 193 (Anhang Text Nr. 20) zusammen mit Ippuqam, Ṣillī-Adad, Ṣijatum und Warad-Ištar genannt.[37] Jede dieser Personen kommt auch in LAOS 1, 44 vor.

Der Name in Z. 11 lautet Ippuqam, geschrieben *I-pu-qá-am*. In YOS 12, 101: 20; 112: 27; 125: 5; 151: 8 und 193: 2[38] wird er *Ip-pu-qá-am* geschrieben. Unklar ist, welches Verbum dieser Form zugrunde liegt. Die verschiedenen Möglichkeiten bieten keine zufriedenstellende Lösung:

1. *epēqum*, „umfassen, überwachsen“ ist ein Verb der *i*-Klasse und bildet somit Präs. *ippiq* und Prät. *īpiq* im G-Stamm. Wenn *epēqum* das für Ippuqam zugrunde liegende Verb wäre, müsste das einen unwahrscheinlichen Wechsel von der *i*-Klasse in die *u*-Klasse bedeuten. Ein solcher Wechsel der Vokalklassen ist jedoch nur für ursprünglich zur Ablautklasse gehörende Verben belegt.[39] Belege für Personennamen sind nur vom Nomen *ipqum* bekannt.

2. *abākum* „fortführen“ scheidet wohl schon aus orthografischen Gründen aus, da der Name mit *ga* geschrieben wird und der Lautwert *kà* für die altbabylonische Zeit ungewöhnlich ist. Es wäre keine Doppelkonsonanz zu erwarten. Zudem ist das Verb für die altbabylonische Zeit relativ ungebräuchlich und zusätzlich sind für *abākum* bisher keine Personennamen belegt.

3. *nab/pāk/qum* „herbeibringen“ wäre auf der formalen Ebene eine mögliche Variante (**ippuqam* 3.P.Sg. Prät. G-Stamm). Es sind aber nur sehr wenige Belege für dieses Verb bekannt und Personennamen befinden sich nicht darunter.

16: Da, wie oben erwähnt wurde, in den hier als Quellen herangezogenen Abrechnungen keine Filiationsangaben zu finden sind[40], würde ich auch in LAOS 1, 44 keine solche Angabe annehmen. Somit wäre auch in dieser Zeile ein Personenname anzunehmen. Es

34 In Z. 8 steht anscheinend gal, in Z. 37 sieht das Zeichen aber eher wie tur aus. Es könnte sich auch um zwei verschiedene Personen handeln, die Sililum, der Ältere/Große (gal) und Sililum, der Jüngere/Kleine (tur) heißen.

35 Siehe z. B. die Textetafeln im Anhang.

36 Siehe YOS 12, 118 (Anhang Text Nr. 10): 15, 25 und 29. Es sind drei verschiedene Personen mit dem Namen Tarībum aufgelistet.

37 In YOS 2 (= AbB 9), 79: 1 finden wir noch Apil-Šamaš wieder (siehe BIN 2, 103: 20, Anhang Text Nr. 22).

38 Siehe Anhang Texte Nr. 7, 9, 11, 16, 20.

39 Siehe GAG § 97u; ferner Aro 1964, 23 Anm. 1.

40 Ausnahmen dazu sind die Personenangabe in YOS 12, 101: 7 (dumu Ìr-^{d}Pa.làl) und 101: 18 (dumu ÌR-*di-ia*). Wahrscheinlich hat aus unbekannten Gründen der Sohn für den Vater die aufgelisteten Mengen abgegeben. Um jedoch Verwechslungen zu vermeiden, wurde der Name des Vaters angegeben.

handelt sich wohl um die gleiche Angabe wie in YOS 12, 101: 7 und 18. Somit ergibt sich der Name Tatūrānu. Dabei handelt es sich um ein Hypokoristikon *Tatūr* mit antretendem Suffix /ān/.[41] Das Prädikat könnte sich z. B. auf eine weibliche Gottheit beziehen.[42]

17 und 22: Hier finden wir eine Variante des Namens Rabût-Sîn. Der Name wird in YOS 12, 101 (Anhang Text Nr. 7): 29–30 und YOS 12, 112 (Anhang Text Nr. 9): 22 *Ra-bu-ut-Sîn* geschrieben.

23: Nach Sililu wird anscheinend noch eine zweite Person erwähnt. Dagegen spricht möglicherweise, dass bei der Nennung mehrerer Namen fast immer ein *ù* zwischen den Namen steht.[43]

26–27: Die Angabe der Gesamtmenge des Rückstandes weist eine erhebliche Abweichung auf. Rechnet man alle Posten der zweiten Kolumne zusammen, so ergibt sich eine Gesamtsumme 396.0.5.0 Kor Gerste. In der Zusammenfassung in Z. 27 sind aber 437.1.2.0 Kor Gerste aufgelistet. Daraus ergibt sich eine Abweichung von 41.1.3.0 Kor Gerste.

29: Eine Bestimmung des Jahresnamens ist allein mit dem auf der Tafel befindlichen Datum nicht möglich. Die beiden einzigen Jahresnamen, in denen i_7-*Samsu-iluna* erscheint, sind das 3. und 4. Regierungsjahr des Samsu-iluna.[44] Es gibt zwei Argumente, die für das Jahr Samsu-iluna 4 sprechen. Zum einen wäre in dem Bruch in der Zeile genügend Platz für ḫé.ĝál.la o. ä. Zum anderen ist die Auflistung der Namen in Tabelle 4 zu beachten. Es erscheinen in den Tafeln YOS 12, 101, 112 und 118[45] auffällig oft die gleichen Personen. Diese drei Tafeln datieren alle in das Jahr Samsu-iluna 4. Diese häufige Übereinstimmung könnte bedeuten, dass auch LAOS 1, 44 aus dem gleichen Jahr stammt wie die eben genannten Tafeln. In der folgenden Tabelle 4 soll die Verteilung der in der Abrechnung SIL 79 auftretenden Namen in den Urkunden aus YOS 12 und BIN 2 dargestellt werden. Vor allem in den Urkunden YOS 12, 101, 112 und 118 finden wir sehr viele Namen aus unserer Urkunde wieder, was zeigt, dass LAOS 1, 44 aus demselben Umfeld stammt wie die o. g. Tafeln.

41 Siehe Streck 2000, 341ff., speziell 345f.

42 Siehe CAD T 255b 2d: *Ta-tu-ra-am*-Ištar.

43 Bei der Nennung von 3 Namen wird nur ein *ù* geschrieben, zudem wechselt die Stellung des *ù*. S. LAOS 1, 44: 17–18 PN *ù* PN_2 PN_3 (ungewöhnlich!) und LAOS 1, 44: 21–22 PN PN_2 ù PN_3.

44 Vgl. Horsnell 1999, Bd. II, 179–83.

45 Siehe Anhang Texte Nr. 7, 9 und 10.

Tabelle 4: Verteilung der Namen aus SIL 79 in den Urkunden YOS 12 und BIN 2
(Die Zahlen in der Tabelle geben an, in welcher Zeile sich der Name auf der jeweiligen Tafel befindet.)

Namen	LAOS 1, 44	YOS 12													BIN 2
	79	65	81	82	90	100	101	109	112	118	125	151	173	193	103
	Si 3/4	Si 3/4	Si 3	Si 3	Si 3	Si4	Si 4	Si 4	Si 4	Si 4	Si 4	Si 5	Si 6	Si 6	Si 6
Sîn–napšir	2	19?	–	–	–	–	14?	–	9?	–	–	–	–	–	1?
Šamaš-tappê	3	–	–	–	2	–	11	–	13	4, 28	–	–	–	–	8
Nūr-Šamaš	4	–	–	–	–	–	–	–	10	–	–	–	–	–	17
Ištar-ēpiri	5	–	8	1	8	–	12	–	21	13	–	–	3	–	7
Sililu	6, 23	5	–	–	1	5	8, 37	–	3, 15	7	–	–	4	–	3
Ṣilli-Iškur	7	8	7	–	5	–	13	–	17	11	–	6	–	4	12
Iddin-Amurru	8	13	–	4	–	–	17	–	8	8, 24	1, 11	–	6	–	–
Šērum-ilī	9	16	–	3?	–	–	19	–	1	–	2	7	–	–	–
Kamnija	10	–	–	–	–	–	–	–	–	–	5	–	–	–	15
Ippuqam	11	–	–	–	–	–	20	–	27	–	5	8	–	2	–

Namen	**LAOS 1, 44**	**YOS 12**													**BIN 2**
	79	**65**	**81**	**82**	**90**	**100**	**101**	**109**	**112**	**118**	**125**	**151**	**173**	**193**	**103**
	Si 3/4	**Si 3/4**	**Si 3**	**Si 3**	**Si 3**	**Si4**	**Si 4**	**Si 4**	**Si 4**	**Si 4**	**Si 4**	**Si 5**	**Si 6**	**Si 6**	**Si 6**
Ilī-šūma	12	–	–	–	–	–	–	–	–	–	6	9	–	–	–
Issu-kabit	13	–	–	–	–	–	9	–	–	16	7	2	–	–	14
Sîn-aḫam-iddinam	14	–	–	–	7	–	15	–	19	26	9	3	5	–	5
Rabût-Sîn	17, 22	–	–	–	–	–	29–30	–	22	–	–	–	–	–	–
Muppiq	18, 22	–	–	–	–	–	–	–	26	–	–	–	–	–	–
Imgur-Sîn	18	–	–	–	–	4	–	–	30	–	–	–	–	–	–
Ilī-tappê	19	–	–	–	–	–	–	–	–	–	–	–	–	–	–
Meniḫum	20	–	4	–	6	2	22	1, 9	–	3	–	–	–	–	–
Tutub-magir	21	–	–	–	–	1	36	–	–	–	–	–	–	–	–
Damiqu	23	–	–	–	–	–	–	–	–	–	–	–	–	–	–
Silli–Ištar	25	–	–	–	–	3	38	–	–	5	–	–	–	–	–

LAOS 1, 45 (ÄMUL 1597) (s. Tafel XXVIII)

64 x 44 x 22mm

Datum: 1. Monat, 26. Tag, Apil-Sîn 15.

Herkunft: Ḫalḫalla.

Inhalt: Sîn-tajjar und Ubajatum beeiden den gegenseitigen Verzicht auf Klage bezüglich eines vormals bestandenen Lehensverhältnisses. Zu Beginn der Urkunde erscheint die Angabe des neu verteilten Lehens.

Vs.

1 8 iku a.šà *La-la-ka* ⸢dumu *Ši-*⸣*iq-la-nu*

2 5 iku a.šà *Be-el-ta-ni*

3 dumu.mí *Ra-ba-ba-nu-um*

4 13 iku a.šà éš.gàr íb⸢-ta?-⸣šúm

5 30-*ta-ia-ar*

6 *a-na* še-*im*! 13! iku^{Rasur} a.šà

7 *ša* é ^{d}Nanna *ša a-na Ú-ba-ia-tum*

8 *in-na-ad-nu* $^{m.d}$EN.ZU-*ta-ia-ar*! ⸢sipa⸣

9 *ù Ú-ba-ia-tum* lú *su-ḫu*

10 u_4.kúr.šè lú.lú.ra

u. Rd.

11. inim nu.gá.gá.a

12. mu ^{d}AMAR.UTU *ù* ⸢*A-pil-*^{d}EN!⸣[.ZU]

Rs.

13 in.pà.dè.meš

14 igi *Iš-*⸢*me-a-ra*⸣*-aḫ*

15 dumu ^{d}EN.ZU-*še-mì*

16 igi *I-din-*^{d}EN.ZU ugula

17 igi *A-pil-ì*[*-lí*]

18 dumu *Ša-ma-ia*[*-tum*]

19 igi *Še-le-bu-um*

20 dumu 30-*re-me-ni*

21 igi *Ta-ri-bu-um* dumu Ba.ba_6-DIN

22 igi ÌR-30

23 dumu *Ta-ri-bu-um*

o. Rd.

24. [i]gi 30-DIĜIR

25. [du]mu *Pu-um-ra-bi*

l. Rd.

26. [i]gi 30-*i-din-nam*

27. [dum]u *I-ku-ni-ia*

28. itu bár u_4.26.kam

29. mu gu.za ^{d}mùš

8 iku Feld (dem) Lalâka, Sohn des Šiqlānu, 5 iku Feld (der) Bēltani, Tochter des Rababānum, (insgesamt) 13 iku iškaru-Felder hat Sîn-tajjār (ihnen) überlassen. Dass wegen der Gerste der 13 iku Feld des Tempels des Nanna, die dem Ubajatum überlassen worden waren, Sîn-tajjār, der Schafhirte, und Ubajatum, der Suḫäer, in Zukunft gegeneinander keine Klage erheben werden, haben sie bei Marduk und ⸢Apil-Sîn⸣ geschworen. Vor Išmē-araḫ, dem Sohn des Sîn-šēmī, vor Iddin-Sîn, dem Aufseher, vor Abī-ilī, dem Sohn des Šamajatum, vor Šēlebum, dem Sohn des Sîn-rēmēni, vor Tarībum, dem Sohn des BA.BA_6-uballiṭ, vor Warad-Sîn, dem Sohn des Tarībum, vor Sîn-Ilum, dem Sohn des Pûm-rabī, vor Sîn-iddinam, dem Sohn des Ikūnija. 1. Monat, 26. Tag, Apil-Sîn 15.

Die Tafel LAOS 1, 45 stammt aus der Sammlung Steindorff des Ägyptischen Museums der Universität Leipzig und wurde laut den Unterlagen des Ägyptischen Museums im Jahre 1996 an das Altorientalische Institut abgegeben.

1–5: Zu Beginn der Urkunde werden zwei Lehensverhältnisse angegeben, die den Hintergrund des danach folgenden Klageverzichts bilden. Die Gesamtgröße des Lehens erfahren wir in Z. 4, wo sie mit 13 iku a.šà éš.gàr angegeben ist.[46] éš.gàr bestimmt hier das Feld als Lehen. Die 13 iku Lehen werden zu je 5 iku an Lalâka, den Sohn des Šiqlānu[47], und zu je 8 iku an Bēltani, die Nachkommin des Rababānum, gegeben. Bēltani soll hier ausdrücklich als „Nachkommin" bezeichnet werden, da es sich bei ihr wohl nicht um die Tochter (dumu.mí) des Rababānum handelt, sondern um dessen Enkeltochter. Dies geht aus einem undatierten Text (CT 6, 21c; Anhang Text Nr. 22) aus Ḫalḫalla hervor.[48] Dort wird in Z. 9–10 Bēltani als Tochter des Erṣetīja genannt, von dem wir wiederum aus Bu 91-5-9, 639:4–5[49] wissen, dass er der Sohn des Rababānum ist. Des Weiteren wird die Annahme, dass es sich bei unserer Bēltani und der aus CT 6, 21c: 9 um ein und dieselbe Person handelt, dadurch gestützt, dass zusätzlich zu Bēltani auch noch vier weitere Personen in CT 6, 21c genannt werden, die auch in unserer Tafel erscheinen.[50] Aus CT 6, 21c erfahren wir darüber hinaus, dass Bēltani eine *nadītum* „Nonne" des Šamaš ist und Adoptivschwester des Sîn-tajjār. Somit ist anzunehmen, dass LAOS 1, 45 wie die Tafel CT 6, 21c aus Ḫalḫalla stammt.[51] Für die Umgebung von Sippar[52] spricht zusätzlich auch der in der Eidesformel (Z. 12–13) genannte Gott Marduk.[53]

Sîn-tajjār ist das Subjekt des ersten Satzes, obwohl er erst in Z. 5 nach dem eigentlichen Ende des Satzes genannt wird. Dies geschah wohl aus Platzmangel. Der Name ist eingerückt, was die Zugehörigkeit zur darüberliegenden Zeile anzeigt. Er wird in Z. 8 zusätzlich als sipa „Schafhirt" bezeichnet. Die Annahme, dass Z. 5 schon zum darauffolgenden Satz gehört, verbietet sich, da die in Z. 8 verwendete Verbalform ein N-Stamm ist. Aus CT 6, 21c erfahren wir außerdem noch, dass Akšaja der Vater von Sîn-tajjār ist.

6: Dem Schreiber ist offenbar ein Fehler unterlaufen. Anstatt das Zeichen IM zu verwenden, hat er das Zeichen GI geschrieben. Anscheinend hat er das Zeichen (IM), das er ursprünglich schreiben wollte, verdreht und die Winkelhaken am Ende des Zeichens geschrieben, so dass jetzt GI zu lesen ist.

6–13: In Z. 6 beginnt die Verzichtsklausel als eigentlicher Gegenstand der Urkunde. Sîn-tajjār verzichtet auf jegliche Forderung an Gerste (Z. 6) und Ubajatum auf sämtliche Ansprüche bezüglich der 13 iku Feld und dessen Gerste. Nach der Verzichtsklausel folgt der Eid, den die Vertragsparteien bei Marduk und einem König leisten. Z. 8–13 folgen im Wortlaut der von San Nicolò als Fassung A bezeichneten Verzichtsklausel.[54]

14–27: In Z. 14–27 sind die Zeugen des Vertrages aufgelistet. Es treten 8 Personen als Zeugen auf, von denen sieben Zeugen mit Filiation angegeben werden. In Tabelle 5 befin-

46 a.šà éš.gàr in Verbindung mit Sîn, wie es auch in unserem Text vorkommt, erscheint auch in AbB 9, 103: 34.

47 Zu Šiqlānu siehe Ranke 1905, 151a; ferner Stamm 1939, 114 Anm. 2.

48 Zur Herkunft des Textes siehe Stol 1998, 417.

49 BDHP, 106, Tafel 55. Erṣetīja wird ebenfalls in MHET 2/5, 729: 5 als Sohn des Rababānum erwähnt.

50 Sîn-ilum LAOS 1, 45: 24 und CT 6, 21c: 5; Sîn-tajjār LAOS 1, 45: 5, 8 und CT 6, 21c: 11; Šamajatum LAOS 1, 45: 19 und CT 6, 21c: 19; Tarībum LAOS 1, 45: 21,23 und CT 6, 21c: 25.

51 Stol 1998, 417.

52 Ḫalḫalla in der Nähe von Sippar siehe Harris 1975, 24, 63, 111.

53 Wilcke 1975/6, 273f.

54 San Nicolò 1974, 44.

den sich alle Namen aus LAOS 1, 45, die auch in anderen Urkunden wiederkehren. Zusätzlich sind auch Namen von Personen in die Tabelle mit aufgenommen worden, die nur in den herangezogenen Vergleichstexten mehrfach auftreten. Es fallen drei Paare ins Auge: Išmē-araḫ, Sohn des Sîn-šēmī, Sîn-ilum, Sohn des Pûm-rabī, und Sîn-iddinam, Sohn des Ikūnija. Bemerkenswert ist, dass diese Paare ausschließlich in den Regierungszeiten von Apil-Sîn und Sîn-muballiṭ begegnen. In den Regierungszeiten der späteren Könige Ḫammu-rāpi und Samsu-iluna treten sie mit Ausnahme von Sîn-ilum und Pûm-rabi (CT 47, 68/68a Samsu-iluna) nicht mehr auf. Da sie unter Ḫammu-rāpi überhaupt nicht erscheinen, ist anzunehmen, dass unsere Urkunde aus der Regierungszeit des Apil-Sîn stammt. Anhand der Urkunde MHET 2/1, 81: 16 sind wir zusätzlich in der Lage, den in LAOS 1, 45 als ersten genannten Zeugen als *rabiānum* „Bürgermeister" zu identifizieren.

Tabelle 5: Verteilung ausgewählter Namen in den Texten LAOS 1, 45; BDHP 40 und 55; MHET II/1, 56, 81, 82, 83; MHET II/2, 163, 164, 189, 338; CT 6, 21c; CT 8, 31b; CT 47, 12 und 68[55] (s. S. 55–56).

28–29: Der Vertrag schließt mit einer Datumsangabe, aus der alleine nicht zu erschließen ist, in welchem Jahr bzw. unter welchem König der Vertrag abgeschlossen wurde. Thronstiftungen für die Göttin Ištar erscheinen zweimal in Jahresnamen der altbabylonischen Zeit – im Jahre Apil-Sîn 15 und im Jahre Ḫammu-rāpi 14.[56] Da, wie oben gezeigt wurde, die Urkunde aus der Regierungszeit des Apil-Sîn stammt, datiert LAOS 1, 45 in das 15. Regierungsjahr des Apil-Sîn.

55 In CT 47, 68a ist 30-diĝir dumu *Pu-um-ra-bi* in Z. 25 und in der Siegelinschrift von Siegel Nr. 8 zu finden.

56 Pientka 1998, 229 und Horsnell 1999, 86f. (Apil-Sîn), 121f. (Ḫammu-rāpi). Weitere Belege s. die Jahresnamen in den Urkunden MHET 2/2, 170–176.

Namen	LAOS 1	BDHP		MHET II				MHET II						CT			
				Part 1				Part 2						6	7	47	
	45	**55**	**40**	**56**	**81**	**82**	**83**	**163**	**164**	**189**	**191**	**338**		**21c**	**31b**	**13**	**68**
	AS(?)	**AS**	**Sm**	**AS**	**Sm**	**Sm**	**Sm**	**Ha**	**Ha**	**Ha**	**Ha**	**Ha**		**-**	**AS**	**Sm**	**Si**
Bēltani	2	-	-	-	-	-	-	-	-	-	-	-		9	-	-	-
Rababānum	3	5	-	-	-	-	-	-	-	-	-	-		-	-	-	-
Sîn-tajjar	5,7	-	-	-	-	-	-	12	17	-	-	3,6-7		11	-	-	-
Išme-araḫ	**13**	-	-	-	**16**	**11**	-	-	-	-	-	-		-	-	-	-
Sîn-šēmê	**14**	-	-	-	**16**	**11**	-	-	-	-	-	-		-	-	-	-
Iddin-Sîn	15	-	-	-	-	-	-	-	-	-	-	-		-	-	-	-
Apil-ilī/šu	16	-	-	-	20	-	-	-	-	-	-	-		-	-	-	-
Šamajatum	17	-	-	-	29	25	-	-	-	21	22	-		20	-	-	-
Šēlibum	18	-	-	-	-	-	-	-	-	12	-	-		-	-	-	-
Sîn-rēmeni	19	6	-	-	-	-	-	-	-	14	-	-		-	16	-	-
Tarībum	20, 22	-	-	-	-	-	-	-	-	23	-	-		25	-	-	23
Warad-Sîn	21	-	-	-	-	-	-	-	-	22	-	-		-	-	-	-

Namen	LAOS 1	BDHP		MHET II				MHET II					CT			
				Part 1				Part 2					6	7	47	
	45	55	40	56	81	82	83	163	164	189	191	338	21c	31b	13	68
	AS(?)	AS	Sm	AS	Sm	Sm	Sm	Ha	Ha	Ha	Ha	Ha	-	AS	Sm	Si
Sîn-ilum	**23**	**22, 19**	**19**	**5'**	**7'**	**16**	**18**	-	-	-	-	-	-	-	**23**	**20**
Pûm-rabi	**24**	**22**	**19**	**5'**	**7'**	-	**18**	-	-	-	-	-	-	**9**	**23**	**20**
Sîn-iddinam	**25**	-	-	-	**25**	**20**	-	-	-	-	-	-	-	-	-	-
Ikūnija	**26**	-	-	-	**25**	-	-	-	-	-	-	-	-	-	-	-
Warad-Amurru	-	21	18	-	-	-	-	-	28	-	-	-	22	-	-	20
Akšak-nāṣir	-	19	-	-	-	-	-	-	-	-	-	-	19	-	-	-
Bēlakum	-	-	-	-	28	-	19	-	-	-	-	-	3	-	-	-
Irra-nada	-	18	-	-	-	-	-	-	-	-	-	-	18	-	-	28
Nabi-Šamaš	-	-	-	-	21	-	22	-	-	-	-	-	21	-	-	-
Akšaja	-	6	-	-	-	-	5	13	18	-	-	3,6-7	6, 9	-	-	-

Anhang: Texte in Transliteration und Übersetzung

Nr. 1. VS 7, 15[57]

Vs.
1 1/3 sar é kislaḫ
2 da é ^{d}UTU-*we-dam-ú*[*-ṣur*]
3 ù da é ^{d}UTUu-*ga-mil*
4 sag̑.bi é ^{d}UTU-*ga-*⸢*mil*⸣ sag̑.bi é *Ša-at-*^{d}AMAR.UTU
5 é ^{d}EN.ZU-*šar-ma-tim* dumu ^{d}EN.ZU-*mu-ša-lim*
6 ki ^{d}EN.ZU-*šar-ma-tim* dumu ^{d}EN.ZU-*mu-ša-lim*
7 lugal.é.a.ke$_{4}$
8 ^{md}UTU-*we-dam-ú-ṣur*
9 dumu ^{d}UTU-*tu-kúl-ti*
10 in.ši.in.sa$_{10}$
11 šám.til.la.bi.šè
12 6 2/3 gín kù.babbar
13 in.na.an.lá
14 u$_{4}$.kúr.šè lú.lú.ra
u. Rd.
15 inim nu.g̑á.g̑á.ia
16 mu ^{d}AMAR.UTU *ù Ḫa-am-mu-ra-pí*
Rs.
17 in.pà.dè.e.meš
18 igi *Ri-iš-*^{d}UTU dumu *Ni-di-in-Iš*$_{8}$*-tár*
19 igi ^{d}EN.ZU-*re-me-ni* ^{d}*Na-bi-um-ma-lik*
20 igi *Li-pí-it-Iš*$_{8}$*-tár ù Li-ṭe*$_{4}$*-rum*
21 dumu.meš ^{d}EN.ZU-*be-el-ì*!*-lí*!
22 igi *A-bu-um-wa-qar* dumu ^{d}EN.ZU-*na-ṣir*
23 igi *Gur-ru-du-um* dumu ^{d}AMAR.UTU-*mu-ša-lim*
24 igi ^{d}EN.ZU-*i-din-nam* dumu ^{d}UTU-*ba-ri*
25 igi *I-bi-*^{d}Nin.šubur dumu ^{d}AMAR.UTU-*na-ṣir*
26 igi *I-di-šum* dumu *Tu-tu-*DÙ*-šu*[58]
27 igi ^{d}AMAR.UTU-*na-ṣi-rum* dumu *Nu-úr-*^{d}*Kab-ta*

28 itu[kin.]^{d}Mùš u$_{4}$.25.kam
29 mu [^{d}]*Taš-me-tum* inim ša$_{6}$.š[a$_{6}$...]

1/3 sar Haus (und) Tenne, neben dem Haus des Šamaš-wēdam-uṣur, neben dem Haus des Šamaš-gāmil, Stirnseite des Hauses des Šamaš-gāmil, (andere) Stirnseite des Hauses der Šāt-Marduk – das Haus des Sîn-šar-mātim, Sohn des Sîn-mušallim; von Sîn-šar-mātim, Sohn des Sîn-mušallim, dem Eigentümer des Hauses, hat Šamaš-wēdam-uṣur, der Sohn des Šamaš-tukultī, (es) gekauft. Als vollen Kaufpreis hat er 6 2/3 Sekel Silber bezahlt. Dass in

57 Vgl. Ungnad 1903 Nr. 315.
58 Lesung nach M. P. Streck. Weitere Vorkommen des Namens in Dekiere 1994, 289 (dort *-nīšu* gelesen).

Zukunft einer gegen den anderen keine Klage erheben wird, haben sie bei Marduk und Ḫammu-rāpi geschworen.

Vor Rīš-Šamaš, dem Sohn des Nidin-Ištar, vor Sîn-rēmenni, Nabium-Mālik, vor Lipit-Ištar und Līṭerum, den Söhnen des Sîn-bēl-īlī, vor Abu-waqar, dem Sohn des Sîn-nāṣir, vor Gurrudum, dem Sohn des Marduk-mušallim, vor Sîn-iddinam, dem Sohn des Šamaš-bārî, vor Ibbī-Ninšubur, dem Sohn des Marduk-nāṣir, vor Iddiššum, dem Sohn des Tutu-ibnīšu, vor Marduk-nāṣirum, dem Sohn des Nūr-Kabta.

6. Monat, 25. Tag, Ḫammu-rāpi 41.

Nr. 2. YOS 12, 65

Vs.		Vs.	
1–2	2 gín *A-pil-ku-bi ù Ì-lí-šu-a-bi*	1–2	2 Sekel von Apil-kūbi und Ilišu-abī,
3	1 gín ZÁLAG-*ì-lí-šu*	3	1 Sekel von Namram-ilišu,
4	1 gín ^{d}EN.ZU-*i-din-nam*	4	1 Sekel von Sîn-iddinam,
5	1/2 *Si-li-lum* tur!	5	1/2 Sekel von Sililum, dem Diener,
6	1 gín LÚ-*Iš$_8$-tár*	6	1 Sekel von Awīl-Ištar,
7	1/2 *I-bi-*^{d}Nin.šubur	7	1/2 Sekel von Ibbī-Ninšubur
8	1 gín *Ṣil-lí-*^{d}IŠKUR	8	1 Sekel von Ṣilli-Adad,
Rs.		Rs.	
9	1 gín ^{d}EN.ZU-NÍG.BA	9	1 Sekel Sîn-iqīšam,
10	5/6 *Gur-ru-rum*	10	5/6 Sekel von Gurrurum,
11	šu.niĝin 8 5/6 kù.babbar	11	Summe: 8 5/6 Sekel Silber
12	šu.ti.a 30-NÍG.BA éren	12	Erhalten von Sîn-iqīšam, dem Soldat,
13	5/6 *I-din-*^{d}MAR.TU	13	5/6 Sekel Iddin-Amurru,
14	1/2 *Ku-ub-bu-lum*	14	1/2 Sekel Kubbulum,
15	1 gín LAM-*am*-x-*a-ni*	15	1 Sekel LAM-am-x-ani,
16	1 gín *Še-rum-ì-lí ù* INIM-^{d}UTU	16	1 Sekel Šērum-ilī und Awāt-Šamaš,
17	1/2 Ìr-^{d}PA.LÀL	17	1/2 Sekel Warad-^{d}PA.LÀL[59],
o. Rd.		o. Rd.	
18	3 gín 5/6 kù.babbar	18	3 5/6 Sekel Silber
19	*ṣa-bi* 30-*na-ap-še-ra-am*	19	von der Truppe des Sîn-napšeram.
r. Rd.		r. Rd.	
20	itu sig$_4$.a	20	3. Monat,
21	mu i$_7$-*Sa-am-su-i-lu-na*	21	Samsu-iluna 3./4.

Nr. 3. YOS 12, 81

Vs.		Vs.	
1	0.4.4.0 gur še.ĝiš.ì	1	0.4.4.0 Kor Sesamöl
2	^{m}Á-*su-ka-bi-it*	2	von Issu-kabit,
3	0.4.0.0 ÌR-^{d}MÚŠ	3	0.4.0.0 Kor Warad-Ištar,
4	0.2.4.0 *Mé-ni-ḫu-um*	4	0.2.4.0 Kor Menīḫum,
5	0.2.4.0 *Nam-ra-am-ši-ru-ur*	5	0.2.4.0 Kor Namram-širūr,
6	0.2.4.0 30-*pí-làḫ*	6	0.2.4.0 Kor Sîn-pilaḫ,

59 Zu ^{d}PA.LÀL s. Krebernik 2004, 194b.

7 0.2.2.0 *Ṣil-lí-*^{d}IŠKUR	7 0.2.2.0 Kor Ṣilli-Adad,
Rs.	Rs.
8 0.1.5.0 ^{d}MÚŠ-*e-pí-ri*	8 0.1.5.0 Kor Ištar-ēpirī,
9 0.2.4.0 ^{d}UTU-TAB.BA-*pé-e*	9 0.2.4.0 Šamaš-tappê,
10 šu.niĝin 4.4.2.0 še.ĝiš.ì	10 Summe: 4.4.2.0 Kor Sesamöl.
11 itu apin.du$_8$.a u$_4$.20.kam	11 8. Monat, 20. Tag,
12–13 mu i$_7$-*Sa-am-su-i-lu-na* mu.ba.al.la	12–13 Samsu-iluna 3.

Nr. 4. YOS 12, 82

Vs.	„Vs.
1 1 gín kù.babbar ^{d}MÚŠ-*e-pí-ri*	1 1 Sekel Silber Ištar-ēpirī,
2 1 gín *A-pil-ku-bi*	2 1 Sekel Apil-kūbi,
3 1 gín *Ip-pu-qá-am*	3 1 Sekel Ippuqam,
4 1 gín *Še-rum-ì-lí*	4 1 Sekel Šērum-ilī,
5 1 ÌR-*di-ia*	5 1 Wardīja,
Rs.	Rs.
6 šu.niĝin 5 gín kù.babbar	6 Summe: 5 Sekel Silber.
7 itu apin.du$_8$.a u$_4$.20.kam	7 8. Monat, 20. Tag,
8 mu i$_7$-*Sa-am-su-i-lu-na*	8–9 Samsu-iluna 3.
9 *na-qá-ab nu-*<*úḫ*>*-ši-im*	

Nr. 5. YOS 12, 90

Vs.	Vs.
1 1.0.0.0 gur še *Si-li-lum*	1 1.0.0.0 Kor Gerste von Sililum,
2 0.2.3.0 ^{d}UTU-TAB.BA-*e*	2 0.2.3.0 von Šamaš-tappê,
3 0.2.2.0 ÌR-^{d}MÚŠ	3 0.2.2.0 von Warad-Ištar,
4 0.2.4.0 [*Šu*?-*x*]-*rum*	4 0.2.4.0 von Šu-x-rum,
5 0.3.2.0 *Ṣil-lí-*^{d}IŠKUR	5 0.3.2.0 von Ṣilli-Adad,
6 1.0.0.0 gur *Me-ni-ḫu-um*	6 1.0.0.0 Kor von Menīḫum,
7 0.1.0.0 30-*a-ḫa-am-i-dim-n*[*am*]	7 0.1.0.0 von Sîn-aḫam-iddinam,
8 0.1.4.0 ^{d}MÚŠ-*e-pí-ri*	8 0.1.4.0 von Ištar-ēpirī,
Rs.	Rs.
9 0.2.3.0 Á-*su-ka-bi-it*	9 0.2.3.0 von Issu-kabit,
10 0.1.0.0 *Ta-ri-bu-um*	10 0.1.0.0 von Tarībum,
11 0.2.3.0 *Nam-ra-am-ši-ru-ur*	11 0.2.3.0 von Namram-širūr,
12 šu.niĝin 5.4.4.0 gur	12 Summe: 5.4.4.0 Kor gemahlene ŠE.ḪAR.RA Gerste,
13 *ša I-pí-iq-*^{d}*É.a*	13 des Ipiq-Ea.
14 itu ab.è u$_4$.10.kam	14 10. Monat, 10. Tag
15 mu i$_7$-*Sa-am-su-i-lu-na*	15–16 Samsu-iluna 3.“
o. Rd.	
16 *na-qá-ab nu-úḫ-si-im*	

Nr. 6. YOS 12, 100

Vs.		Vs.	
1	14.1.0.0 gur zú.lum *Tu-tu-ma-gir*	1	14.1.0.0 Kor Datteln von Tutu-magir
2	20.2.0.0 *Me-ni-ḫu-um*	2	20.2.0.0 von Menīḫum
3	41.3.0.0 *Ṣil-lí-*^{d}MÙŠ	3	41.3.0.0 von Ṣilli-Ištar
4	12.3.0.0 *Im-gur-*^{d}EN.ZU	4	12.3.0.0 von Imgur-Sîn
5	19.2.3.0 *Si-li-lu-um*	5	19.2.3.0 von Sililum
Rs.		Rs.	
6	šu.niĝin 108.1.3.0 zú.lum lál	6	Summe: 108.1.3.0 Datteln Rückstand.
7	itu gu_4.si.a u_4.24.kam	7	2. Monat, 24. Tag,
8–9	mu i_7-*Sa-am-su-i-lu-na* ḫé.ĝál	8–9	Samsu-iluna 4.

Nr. 7. YOS 12, 101

Vs.				
1	mu.DU mu i_7-	kù.babbar	lál	mu lú
2	*Sa-am-su-i-lu-na*			
3	*na-qá-ab nu-úḫ-ši*			
4–5	24.0.0.0	3 1/2	75.2.3.0	*A-pil-ku-bi ù Ì-lí-ma-a-bi*
6	5.1.2.0	x	24.3.5.0	*Ta-ri-bu-um*
7	9.1.0.0	1	78.0.0.0	dumu ÌR-^{d}PA.LÀL
8	7.1.3.0	1	49.3.3.0	*Si-li-lum* tur!
9	20.4.0.0	1	21.1.0.0	Á-*su-ka-bi-it*
10	12.3.5.0		33.1.1.0	^{d}UTU-*na-ṣir*
11	22.3.0.0	1	49.2.0.0	^{d}UTU-*tap-pé-e*
12	15.2.0.0	1	56.3.0.0	^{d}MÚŠ-*e-pí-ri*
13	25.2.3.0	4	38.0.0.0	*Ṣil-lí-*^{d}IŠKUR
14	59.2.0.0	2	15.0.0.0	^{d}EN.ZU-*na-ap-še-ra-am*
15	26.0.0.0	1	16.0.0.0	^{d}EN.ZU-*a-ḫa-am-i-din-nam*
16	18.4.3.0	2	27.0.0.0	^{d}IŠKUR-*be-el-ì-lí*
17	6.4.3.0	1	50.0.0.0	*I-din-*^{d}MAR.TU
u. Rd.				
18	7.3.3.0	1	59.1.3.0	dumu ÌR-*di-ia*
19	15.0.0.0	1	21.1.0.0	^{d}*Še-rum-ì-lí*
20–21	17.4.0.0	1 5/6	47.2.3.0	*Ip-pu-qá-am ù A-ḫu-ni*
Rs.				
22	13.3.0.0	1	23.2.0.0	*Me-ni-ḫu-um*
23	12.3.3.0	2	20.0.0.0	ÌR-^{d}MÚŠ
24–25	14.0.0.0	3	25.1.0.0	^{d}EN.ZU-*pí-la-aḫ*
26–28	26.4.4.0	5 1/2	16.0.0.0	*Ta-ri-bu-um ù Nam-ra-am-ša-ru-ur*
29–30	21.2.3.0		6.2.3.0	*Ra-bu-ut-*^{d}EN.ZU
31	22.3.3.0		32.3.3.0	*I-din-*^{d}MAR.TU
32		lál mu.2.[kam] *ša* mu i_7-*Sa-am-su-i-lu-*[*na*]		

33–34		*na-qá-ab nu-ú*⸢*ḫ-ši*⸣*ù* mu i$_7$-*Sa-am-su-i-lu*[*-na*] ḫé.ĝál^{gal}		
35	21.3.0.0	2	5.2.0.0	DUMU-KI
36	11.4.0.0	2	15.4.0.0	*Tu-tu-ma-gir*
37	12.0.0.0	1 1/2	14.2.3.0	*Si-li-lum* tur
38	13.0.0.0	1 2/3	42.0.0.0	*Ṣil-li-*^{d}MÚŠ

39 šu.niĝin 2/3 *ma-na* 1 gín kù.babbar
40 itu gu$_4$.si.sá u$_4$.15.kam
o. Rd.
41 mu.DU mu i$_7$-*Sa-am-su-i-lu-na*
42 *na-qá-ab nu-úḫ-ši-im*

Vs.

1	Eingang des Jahres	Silber:	Rückstand:	Name:
2–3	*Samsuiluna* 3:			
4–5	24.0.0.0	3 1/2	75.2.3.0	Apil-kūbi und Ilīma-abī,
6	5.1.2.0	x	25.3.5.0	Tarībum,
7	9.1.0.0	1	78.0.0.0	Sohn des Warad-^{d}PA.LÀL,
8	7.1.3.0	1	49.3.3.0	Sililum, der Diener,
9	20.4.0.0	1	21.1.0.0	Issu-kabit,
10	12.3.5.0		33.1.1.0	Šamaš-nāṣir,
11	22.3.0.0	1	49.2.0.0	Šamaš-tappê,
12	15.2.0.0	1	56.3.0.0	Ištar-ēpirī,
13	25.2.3.0	4	28.0.0.0	Ṣilli-Adad,
14	59.2.0.0	2	15.0.0.0	Sîn-napšeram,
15	26.0.0.0	1	16.0.0.0	Sîn-aḫam-iddinam,
16	18.4.3.0	2	27.0.0.0	Adad-bēl-ilī,
17	6.4.3.0	1	50.0.0.0	Iddin-Amurru,
u. Rd				
18	7.3.3.0	1	59.1.3.0	Sohn des Wardīja,
19	15.0.0.0	1	21.1.0.0	Šērum-ilī,
20–21	17.4.0.0	1 5/6	47.2.3.0	Ippuqam und Aḫuni,
Rs.				
22	13.3.0.0	1	23.2.0.0	Menīḫum,
23	12.3.3.0	2	20.0.0.0	Warad-Ištar,
24–25	14.0.0.0	3	25.1.0.0	Sîn-pilaḫ,
26–28	26.4.4.0	5 1/2	16.0.0.0	Tarībum und Namram-šarūr,
29–30	21.2.3.0		6.2.3.0	Rabût-Sîn,
31	22.3.3.0		32.3.3.0	Iddin-Amurru,
32–34		Rückstand der 2 Jahre Samsu-iluna 3 und 4,		
35	21.3.0.0	2	5.2.0.0	Mār-erṣetim,
36	11.4.0.0	2	15.4.0.0	Tutu-māgir,
37	12.0.0.0	1 1/2	14.2.3.0	Sililum, dem Diener,
38	13.0.0.0	1 2/3	42.0.0.0	Ṣilli-Ištar,

39 Summe: 2/3 Minen 1 Sekel Silber.

o. Rd.
40 2. Monat, 15. Tag,
41–42 Eingang des Jahres Samsu-iluna 3.

Nr. 8. YOS 12, 109

Vs.		Vs.	
1	25.⸢3⸣.0.0 gur zú.lum sig$_5$ x-e-x?	1	25.⸢3⸣.0.0 Kor gute Datteln von X
2	4.2.3.0 gur sig$_5$ *Me-ni-ḫu-um*	2	4.2.3.0 Kor gute Datteln von Menīḫum
3	3.0.0.0 gur Ìr-^{d}Múš	3	3.0.0.0 Kor von Warad-Ištar
4	3.4.0.0 30-*pí-làḫ*	4	3.4.0.0 von Sîn-pilaḫ
5	6.0.3.0 DIĜIR-*šu-ib-ni-šu*	5	6.0.3.0 von Ilšu-ibnīšu
6	8.0.0.0 gur *Ta-ri-bu-um ša* lugal	6	8.0.0.0 Kor von Tarībum, dem königlichen Kommissar,
7	*ù Namra-am-ša-ru-ur*	7	und Namram-šarūr
8	šu.niĝin 52 gur zú.lum sig$_5$	8	Summe: 52 Kor gute Datteln
9	8.3.3.0 gur *gur-nu Me-ni-ḫu-um*	9	8.3.3.0 Kor *gurnu*-Datteln von Menīḫum
Rs.		Rs.	
10	31.2.0.0 *Ta-ri-bu-um ša* lugal *ù Nam-ra-am-*	10	31.2.0.0 von Tarībum, dem königlichen Kommissar, und Namram-
11	*-ši-ru-ur*	11	-širūr
12	9.3.3.0 ÌR-^{d}MÚŠ	12	9.3.3.0 von Warad-Ištar
13–14	šu.niĝin 50 gur zú.lum *gur-nu*	13–14	Summe: 50 Kor mittelmäßige Datteln
15	itu ne.ĝar u$_4$.4.kam	15	5. Monat, 4. Tag,
16–17	mu i$_7$-*Sa-am-su-i-lu-na* ḫé.ĝál^{gal}	16–17	Samsu-iluna 4.

Nr. 9. YOS 12, 112

Vs.		Vs.	
1	58.0.0.0 gur zú.lum ^{m}*Še-rum-ì-lí ù* INIM-^{d}UTU	1	58.0.0.0 Kor Datteln von Šērum-ilī und Awāt-Šamaš,
2	72.2.0.0 ÌR-*di-ia ù Im-gur-rum*	2	72.2.0.0 von Wardīja und Imgurum,
3	16.0.0.0 *Si-li-lum* tur	3	16.0.0.0 von Sililum, dem Diener,
4	17.2.0.0 Á-*su-ka-bi-it*	4	17.2.0.0 von Issu-kabit,
5	20.0.4.5 *Ša-bu-lum ša a-ki-a-tim*	5	20.0.4.5 von Šabulum, der des Festhauses,
6	61.4.0.0 *Ì-lí-ma-a-bi ù A-bi-šu-ra-bi*	6	61.4.0.0 von Ilīma-abī und Abišu-rabī,
7	6.1.1.0 ÌR-^{d}MÚŠ	7	6.1.1.0 von Warad-Ištar,
8	20.0.0.0 *I-din-*^{d}MAR.TU	8	20.0.0.0 von Iddin-Amurru,
9	17.0.0.0 30-*na-ap-še-ra-am ù* ^{d}IŠKUR-*šar-rum*	9	17.0.0.0 von Sîn-napšēram und Adad-šarrum,
10	78.2.0.0 *Nu-úr-*^{d}UTU	10	78.2.0.0 von Nūr-Šamaš,
11	21.4.0.0 *Ku-ub-bu-lum ša* má.laḫ$_5$ (DU.DU)	11	21.4.0.0 von Kubbulum, dem Schiffer,
12	27.1.0.0 *Ta-ri-bu-um* lú šu.i	12	27.1.0.0 von Tarībum, dem Barbier,
13	70.2.0.0 ^{d}UTU-*tap-pé-e ù* DUMU-KI	13	70.2.0.0 von Šamaš-tappê und Mār-erṣetim,
14	25.2.5.0 *Sú-ku-kum*	14	25.2.5.0 von Sukkukum,

15 24.3.0.0 *Si-li-lum ù Ib-na-tum*	15 24.3.0.0 von Sililum und Ibnatum,
16–17 16.3.0.0 *Ta-ri-bu-um ù Nam-ra-am-ša-ru-ur*	16 16.3.0.0 von Tarībum und Namram-šarūr,
18 36.3.0.0 *Ṣil-lí-*^{d}IŠKUR	18 36.3.0.0 von Ṣilli-Adad,
Rs.	Rs.
19 13.0.2.0 30-*a-ḫa-am-i*[*-din-nam*]	19 13.0.2.0 von Sîn-aḫam-iddinam,
20 0.2.3.0 30-*pí-l*[*àḫ*]	20 0.2.3.0 von Sîn-pilaḫ,
21 28.0.5.0 ^{d}MÚŠ-*e-pí-r*[*i*]	21 28.0.5.0 von Ištar-ēpirī,
22 11.4.5.0 *Ra-bu-ut*-30	22 11.4.5.0 von Rabût-Sîn,
23–24 18.0.5.0 *Ta-ri-bu-um* x x nam[ ]	23–24 18.0.5.0 von Tarībum x x(PN),
25 60.0.0.0 *I-tur?-a-lí ù* Ì[R-]	25 60.0.0.0 von Itūr-ālī und War[ad-],
26 26.3.2.0 *I-pí-iq ù* DUMU-KI	26 26.3.2.0 von Ipiq und Mār-erṣetim,
27 32.1.5.0 *Ip-pu-qá-am*	27 32.1.5.0 von Ippuqam,
28 67.2.3.0 ^{d}UTU-*na-ṣir*	28 67.2.3.0 von Šamaš-nāṣir,
29 26.3.0.0 *A-píl-*DIĜIR	29 26.3.0.0 von Apil-ilim,
30 4.2.3.0 *Im-gur*-30	30 4.2.3.0 von Imgur-Sîn,
31 880.2.2.0. gur zú.lum	31 880.2.2.0 Kor Datteln.
32 lál nu.kiri$_{6}$.meš *ša* mu ud.kib!.<nun>^{ki}	32 Rückstand der Dattelgärtner aus dem Jahre Samsu-iluna 0
33 *ù* mu nam.en.bi kur.kur.ra	33 und dem Jahre Samsu-iluna 1,
34 *ša A-ḫi-ša-gi-iš a-na* ^{d}UTU-*na-ṣir*	34 den Aḫī-šagiš dem Šamaš-nāṣir
35 *id-di-nu mu-ša-di-nam i-pa-al*(?)	35 gegeben hat, wird er dem Steuereintreiber rückerstatten.
o. Rd.	o. Rd.
36 itu ne.ne.ĝar u$_{4}$.16.kam	36 5. Monat, 16. Tag
37 mu i$_{7}$-*Sa-am-su-i-lu-na* ḫé-ĝál^{gal}	37 Samsu-iluna 4.

Nr. 10. YOS 12, 118

Vs.	Vs.
1 1 gín kù DUMU-*er-ṣe-tim*	1 1 Sekel Silber Mār-erṣētim,
2 1 *Tu-tu-ub-ma-gir*	2 1 Tutub-māgir,
3 1 *M*[*e-ni-*]*ḫu-um*	3 1 Menīḫum,
4 1 [^{d}UTU-]*tap-pé-e*	4 1 Šamaš-tappê,
5 1 [2/3] *Ṣil-lí-*^{d}MÚŠ	5 1 2/3 Ṣilli-Ištar,
6 1 *Ṣí-ia-tum*	6 1 Ṣijatum
7 1/2 *Si-li-lum*	7 1/2 Sililum,
8 1 [1/2] *I-din-*^{d}MAR.TU	8 1 1/2 Iddin-Amurru,
9 1 [ ]-*ì-lí*	9 1 [ ]-ilī,
10 1 [-]^{d}UTU	10 1 [ ]-Šamaš,
11 1 *Ṣil-lí-*^{d}Im	11 1 Ṣilli-Adad,
12 1 ÌR-^{d}MÚŠ	12 1 Warad-Ištar,
13 1 ^{d}MÚŠ-*e-pí-ri*	13 1 Ištar-ēpirī,
14 1 ^{d}EN.ZU-*pí-la-aḫ*	14 1 Sîn-pilaḫ,
15 1 *Ta-ri-bu-um ša* lugal	15 1 Tarībum, königlicher Kommissar,
16 1 Á-*su-ka-bi-it*	16 1 Issu-kabit,

o. Rd.		o. Rd.	
17	1 *A-píl-ku-bi*	17	1 Apil-kūbi,
18	1/2 *Ì-lí-ma-a-bi*	18	1/2 Ilīma-abī,
19	1 1/3 *A-ḫu-wa-qar*	19	1 1/3 Aḫu-waqar,
Rs.		Rs.	
20	1/2 dumu ÌR-^{d}PA.LÀL	20	1/2 für den Sohn des Warad-^{d}PA.LÀL,
21	8 gín kù éren *ša li-ib-bi ma-tim*	21	8 Sekel Silber der Truppe aus dem Landesinneren,
22	šu.niĝin 27 1/2 gín kù	22	Summe: 27 1/2 Sekel Silber.
23	*I-din-*^{d}IŠKUR	23	Iddin-Adad,
24	*I-din-*^{d}MAR.TU	24	Iddin-Amurru,
25	*Ta-ri-bu-um na-gi-rum*	25	Tarībum, der Herold,
26	^{d}EN.ZU-*a-ḫa-am-i-din-nam*	26	Sîn-aḫam-iddinam,
27	*Nam-ra-am-ša-ru-ur*	27	Namram-šarūr,
28	^{d}UTU-*tap-pé-e*	28	Šamaš-tappê,
29	*Ta-ri-bu-um* ^{lú}šu.i	29	Tarībum, der Barbier,
30	^{d}UTU-*na-ṣir*	30	Šamaš-nāṣir,
31	^{d}EN.ZU-*i-qí-ša-am*	31	Sîn-iqīšam,
32	itu ab.è u$_{4}$.10.kam	32	10. Monat, 10. Tag,
33	mu i$_{7}$-*Sa-am-su-i-lu-na* ḫé.ĝál^{gal}	33	Samsu-iluna 4.

Nr. 11. YOS 12, 125

Vs.		Vs.	
1	13.3.0.0 gur zú.lum *I-din-*^{d}MAR.TU	1	13.3.0.0 Kor Datteln von Iddin-Amurru
2	22.1.0.0 ^{d}*Še-rum-ì-lí*	2	22.1.0.0 von Šērum-ilī
3	24.2.3.0 *A-ḫu-ni* NE	3	24.2.3.0 von Aḫuni ...
4	12.3.3.0 *A-ḫu-ni* x x x	4	12.3.3.0 von Aḫuni ...
5	20.0.0.0 *Kam-ne-ia*[60] *ù Ip-pu-qá-am*	5	20.0.0.0 von Kamneja und Ippuqam
6	27.4.3.0 *Ì-lí-šu-ma*	6	27.4.3.0 von Ilī-šūma
7	30.0.0.0 Á-*su-ka-bi-it*	7	30.0.0.0 von Issu-kabit
8	20.2.3.0 ^{d}EN.ZU-*pí-la-ah*	8	20.2.3.0 von Sîn-pilaḫ
9	20.4.0.0 ^{d}EN.ZU-*a-ḫa-am-i-din-nam*	9	20.4.0.0 von Sîn-aḫam-iddinam
Rs.		Rs.	
10	32.0.3.0 *Ṣí-ia-tum*	10	32.0.3.0 von Ṣijatum
11	2.1.3.0 nu *I-din-*^{d}MAR.TU	11	2.1.3.0 nicht(?) von Iddin-Amurru
12	3.2.3.0 nu *Ì-lí-šu-ma-am*	12	3.2.3.0 nicht(?) von Ilī-šumam
13	8.0.3.0 *A-pil-ku-bi*	13	8.0.3.0 Apil-kūbi
14	šu.niĝin 238.1.0.0.	14	Summe: 238.1.0.0
15	gur zú.lum	15	Kor Datteln
16	*nam-ḫa-ar*	16	Einnahme des
17	^{m}*A-lu-um ù* ^{d}UTU-*ma-gir*	17	Ālum und des Šamaš-magir

60 Lesung nach M. P. Streck: Vgl. das Paar *Ka-am-ni-ia u Ippuqam* LAOS 1, 44: 10f. und *Kam-ni-ia* BIN 2, 103 (Anhang Text Nr. 21): 15.

o. Rd.	o. Rd.
18 itu še.gur$_{10}$.ku$_{5}$ u$_{4}$.7.kam	18 12. Monat, 7. Tag,
19 mu i$_{7}$-*Sa-am-su-i-lu-na* ḫé.ĝál^{gal}	19 Samsu-iluna 4.“

Nr. 12. YOS 12, 128

Vs.	Vs.
1 32.1.1.0 gur zú.lum	1 32.1.1.0 Kor Datteln
2 ĝis.baneš *nam-ḫa-ar-tim*	2 (nach) ĝiš.baneš-Einnahme[61],
3 lál ^{d}UTU-*na-ṣir*	3 Rückstand des Šamaš-nāṣir,
4 *sa* mu i$_{7}$-*Sa-am-su-i-lu-na*	4 des Jahres Samsu-iluna
u.Rd.	u.Rd.
5 *na-qá-ab nu-uḫ-ši*	5 3,
Rs.	Rs.
6 *iš-tu* še	6 nachdem die Gerste
7 *ù* kù.babbar *ša id-*	7 und das Silber, das er ge-
8 *di-nu ḫar-sú*	8 geben hat, abgezogen sind.
9 itu gú.si$_{4}$ u$_{4}$.4$^{?}$.kam	9 2. Monat, 4.$^{?}$ Tag,
10 mu gu.za nisaĝ ^{d}nanna	10 Samsu-iluna 5.

Nr. 13. YOS 12, 131

Vs.	Vs.
1 24.3.4.0 gur zú.lum	1 24.3.4.0 Kor Datteln
2 ĝiš.baneš *nam-ḫa-ar-tim*	2 (nach) ĝiš.baneš-Abgabe
3 lál *Ta-ri-bu-um* ^{lú}šu.i	3 Rückstand des Tarībum, des Barbiers,
4 *iš-tu* še *ù* kù.babbar	4 nachdem die Gerste und das Silber,
5 *ša id-di-nu ḫar-ṣú*	5 das er gegeben hat, abgezogen sind,
Rs.	Rs.
6 *ša* mu i$_{7}$-*Sa-am-su-*[ ]	6 des Jahres Samsu-[iluna]
7 *na-qá-ab-nu-uḫ*[ ]	7 3.
8 itu gú.si$_{4}$.a u$_{4}$.15.kam	8 2. Monat, 15. Tag,
9 mu ^{gis}gu.za nisaĝ ^{d}nanna	9 Samsu-iluna 5.

Nr. 14. YOS 12, 134

Vs.	Vs.
1 41.3.0.0 gur zú.lum	1 41.3.0.0 Kor Datteln
2 ĝiš.baneš *nam-ḫa-ar-tim*	2 (nach) ĝiš.baneš-Einnahme,
3 lál *Ṣil-lí-*^{d}MÚŠ	3 Rückstand des Ṣilli-Ištar,
4 *iš-tu* še-*um ù* kù.babbar	4 nachdem die Gerste und das Silber,
5 *ša id-di-nu ḫa-ar-ṣú*	5 das er gegeben hat, abgezogen sind,
Rs.	Rs.
6 *ša* mu i$_{7}$-*Sa-am-su-i-lu-na*	6 des Jahres Samsu-iluna
7 *na-qá-ab-nu-úḫ-ši-im*	7 3.
8 itu gu$_{4}$.si u$_{4}$.25.kam	8 2. Monat, 25. Tag,

61 Einnahme mit einem 3 ban-Messgefäß.

9	mu ^{ĝiš}gu.za nisaĝ.ĝá	9–10	Samsu-iluna 5.
10	^{d}Nanna saĝ.du		
Siegel:			
1	*Ṣil-lí-*^{d}MÙŠ	1	Ṣilli-Ištar,
2	dumu *Šu-mi-Iš*$_{8}$*-tár*	2	Sohn des Šumi-Ištar,
3	Ìr ^{d}nè.eri$_{11}$.gal	3	Diener des Nergal.

Nr. 15. YOS 12, 150

Vs.		Vs.	
1	16.0.0.0 gur zú.lum	1	16.0.0.0 Kor Datteln
2	ĝiš.baneš *nam-ḫa-ar-tim*	2	(nach) ĝiš.baneš-Abgabe.
3	mu.DU *Ta-ri-bu-um*	3	Eingang des Tarībum
4	*ù Nam-ra-am-ša-ru-ur*	4	und des Namram-šarur
Rs.		Rs.	
5	*a-na* é.gal.ši	5	an den Palast.
6	itu apin.du$_{8}$ u$_{4}$.10?.kam	6	8. Monat, 10.(?) Tag
7	mu gu.za nisaĝ ^{d}nanna	7	Samsu-iluna 5.

Nr. 16. YOS 12, 151 (=YBC 4429)

Vs.		Vs.	
1	1.0.2.0 gur še.ĝiš.ì ÌR-^{d}MÚŠ	1	1.0.2.0 Kor Sesamöl von Warad-Ištar
2	0.3.0.0 *Á-su-ka-<bi->it*	2	0.3.0.0 von Issu-kabit
3	0.2.3.0 ^{d}EN.ZU*-i-din-nam*	3	0.2.3.0 von Sîn-iddinam
4	0.1.5.0 *Ṣí-ia-tum*	4	0.1.5.0 von Ṣijatum
5	0.2.4.0 *Ta-ri-bu-um ša* lugal	5	0.2.4.0 von Tarībum, dem (Beamten) des Königs,
6	0.3.0.0 *Ṣil-lí-*^{d}IŠKUR	6	0.3.0.0 von Ṣilli-Adad
Rs.		Rs.	
7	0.2.5.7 ^{d}*Še-rum-ì-lí*	7	0.2.5.7 von Šērum-ilī
8	0.2.3.5 *Ip-pu-qá-am*	8	0.2.3.5 von Ippuqam
9	0.2.4.0 *Ì-lí-šu-ma*	9	0.2.4.0 Ilī-šūma
10	0.2.1.0 ^{d}EN.ZU*-pí-làḫ*	10	0.2.1.0 Sîn-pilaḫ
11	0.1.5.0 *A-ḫu-ni*	11	0.1.5.0 Aḫuni
12	šu.niĝin 6.0.2.2	12	Summe: 6.0.2.2
13	še.ĝiš.ì	13	Sesamöl
14	itu apin.du$_{8}$.a u$_{4}$.10.kam	14	8. Monat, 10. Tag,
15	mu gu.za nisaĝ.ĝá ^{d}nanna	15	Samsu-iluna 5.

Nr. 17. YOS 12, 159

Vs.		Vs.	
1	18.4.3.0 gur zú.lum	1	18.4.3.0 Kor Datteln
2	mu.DU	2	Eingang
3	5/6! gín kù.babbar	3	5/6 Sekel Silber
4	*ši-ša-at* lál	4	1/6 des Rückstandes

Rs.		Rs.	
5	26.3.0.0 lál	5	26.3.0.0 Rückstand
6	^{md}IŠKUR-*be-el-ì-lí*	6	des Adad-bēl-ilī
7	itu ab.è.a u$_{4}$.10.kam	7	10. Monat, 10. Tag,
8	mu ^{ĝiš}gu.za nisaĝ.ĝá	8	Samsu-iluna
o. Rd.		o. Rd.	
9	^{d}Nanna	9	5.

Nr. 18. YOS 12, 172

Vs.		Vs.	
1	15.2.3.0 gur zú.lum	1	15.2.3.0 Kor Datteln
2	ĝiš.baneš *nam-ḫa-ar-tim*	2	(nach) ĝiš.baneš-Abgabe
3	lál *Ra-bu-ut-*^{d}EN.ZU	3	Rückstand des Rabût-Sîn
4	*ša* mu i$_{7}$-*Sa-am-su-i-lu-na*	4	des Jahres Samsu-iluna
5	*na-qá-ab-nu-uḫ!-ši*	5	3,
6	*iš-tu* še *ù* kù.babbar	6	nachdem die Gerste und das Silber,
Rs.		Rs.	
7	*ša id-di-nu*	7	das er gegeben hat,
8	*ḫa-ar-*{ras}*-ṣú*	8	abgezogen sind
9	itu zíz.a u$_{4}$.10.kam	9	11. Monat, 10. Tag,
10	mu alan sud.dé	10–11	Samsu-iluna 6.
11	^{d}lamma kù.sig$_{17}$		

Nr. 19. YOS 12, 173

Vs.		Vs.	
1	1/2 gín kù.babbar *Ù-ku-la-tum*	1	1/2 Sekel Silber Ù-ku-la-tum,
2	1/2 gín *Nu-úr-ì-lí-šu*	2	1/2 Sekel Nūr-ilišu,
3	1 ^{d}MÙŠ-*e-pí-ri*	3	1 Ištar-ēpirī,
4	1 *Si-li-lum*	4	1 Sililum,
5	1/3 ^{d}EN.ZU-*a-ḫa-am-i-din-nam*	5	1/3 Sîn-aḫam-iddinam,
6	1 ^{d}MÙŠ-*še-me-e*	6	1 von Ištar-šēmê
7	1 *I-din-*^{d}MAR.TU	7	1 von Iddin-Amurru,
Rs.		Rs.	
8	1 *Ip-pu-qá-am*	8	1 von Ippuqam,
9	1 *Ṣí-ia-tum*	9	1 von Ṣijatum,
10	2/3 *Ta-ri-bu-um*	10	2/3 von Tarību m,
11	1 ^{d}UTU-*na-ṣir*	11	1 von Šamaš-nāṣir,
12	9 gín! kù.babbar *la šu-du-nu*	12	9 Sekel Silber, die nicht eingetrieben sind,
13	ša mu gu.za nisaĝ.ĝá	13	des Jahres Samsu-iluna 5.
14	itu sig$_{4}$.a u$_{4}$.10.kam	14	3. Monat, 10. Tag,
15	mu alan šùd.dè ^{d}lamma kù[.sig$_{17}$]	15	Samsu-iluna 6.

Nr. 20. YOS 12, 193

Vs.		Vs.	
1	0.3.1.0 še.ĝiš.ì ÌR-^{d}UTU	1	0.3.1.0 (Kor) Sesamöl von Warad-Šamaš
2	0.2.4.0 *Ip-pu-qá-am*	2	0.2.4.0 von Ippuqam
3	0.2.4.0 ÌR-^{d}MÚŠ	3	0.2.4.0 von Warad-Ištar
4	0.2.4.0 *Ṣil-lí-*^{d}IŠKUR	4	0.2.4.0 von Ṣilli-Adad
Rs.		Rs.	
5	0.1.5.0. *Ṣí-ia-tum*	5	0.1.5.0 von Ṣijatum
6	šu.niĝin 2.3.0.0 še.ĝiš.ì	6	Summe: 2.3.0.0 (Kor) Sesamöl
7	itu ab.è.a u$_{4}$.15.<kam>	7	10. Monat, 15. Tag,
8	mu alan šùd.<dè> ^{d}lamma kù.si$_{22}$	8	Samsu-iluna 6.

Nr. 21. BIN 2, 103[62]

Vs.		Vs.	
1	0.0.2.0 ^{d}EN.ZU-*na-ap-še-ra-am*	1	0.0.2.0 Sîn-napšeram,
2	0.0.2.0 *Ta-ri-bu-um* <*ša*> lugal	2	0.0.2.0 Tarībum, (Beamter des) Königs,
3	0.0.2.0 *Si-li-lum*	3	0.0.2.0 Sililum,
4	0.0.2.0 *Ṣí-ia-tum*	4	0.0.2.0 Ṣijatum,
5	0.0.3.0 ^{d}EN.ZU-*a-ḫa-am-i-din-nam*	5	0.0.3.0 Sîn-aḫam-iddinam,
6	0.0.2.0 ÌR-^{d}MÚŠ	6	0.0.2.0 Warad-Ištar,
7	0.0.2.0 ^{d}MÚŠ-*e-pí-ri*	7	0.0.2.0 Ištar-ēpirī,
8	0.0.2.0 ^{d}UTU-*tap-pé-e*	8	0.0.2.0 Šamaš-tappê,
9	0.0.2.0 *Ib-ni-*^{d}IŠKUR	9	0.0.2.0 Ibnī-Adad,
10	0.0.2.0 *Ša-al-lu-rum*	10	0.0.2.0 Šallūrum,
11	0.0.2.0 *Nam-ra-am-ša-ru-ur*	11	0.0.2.0 Namram-šarūr,
Rs.		Rs.	
12	0.0.3.0 Ṣil-lí-^{d}IŠKUR	12	0.0.2.0 Ṣilli-Adad,
13	0.0.2.0 ^{d}MÚŠ-*še-mi-i*	13	0.0.2.0 Ištar-šemî,
14	0.0.2.0 Á-*su-ka-bi-it*	14	0.0.2.0 Issu-kabit,
15	0.0.2.0 *Kam-ni-ia*[63]	15	0.0.2.0 Kamnija,
16	0.0.3.0 LÚ-^{d}IŠKUR	16	0.0.3.0 Awīl-Adad,
17	0.0.5.0 *Nu-úr-*^{d}UTU	17	0.0.5.0 Nūr-Šamaš,
18	0.0.2.0 ^{d}EN.ZU-*pí-làḫ*	18	0.0.2.0 Sîn-pilaḫ,
19	0.0.4.0 KÁ.DIĜIR.RA^{ki}	19	0.0.4.0 Babilāju[64]
20	0.0.1.0 *A-píl-*^{d}UTU	20	0.0.1.0 Apil-Šamaš,
21	itu ab.è.a u$_{4}$.26.kam	21	10. Monat, 26. Tag,
22	mu alan šùd!-dè ^{d}lamma kù.sig$_{17}$	22	Samsu-iluna 6.

62 Vgl. Ungnad 1906 Nr. 1951.

63 Lesung M. P. Streck: Im Index BIN 2 S. 65 *Din-ni-ia* gelesen. Vgl. jedoch *Ka-am-ni-ia* LAOS 1, 44: 10 und *Kam-ne-ia* in YOS 12, 125 (Anhang Text Nr. 11): 5.

64 Lesung M. P. Streck.

Nr. 22. CT 6, 21c[65]

Vs.

1 5 iku a.šà *i-na Iš-ka-r*[*i-im*]

2 *i-ta* a.šà *Áš-ḫu-um*

3 *ù i-ta Be-la-kum*

4 3 iku a.šà *i-na Ša-lu-ta-*[*nu*]*m*

5 *i-ta* a.šà dumu^{meš} 30-diĝir

6 *ù i-ta* a.šà ÚḪ^{ki}*-ia*

7 7 U_8!<UDU>$^{\text{ḫi.a}}$[66] 1/2 sar 5 gín é *ša Ḫal-ḫal-la*^{ki}

8 *mi-im-ma an-ni-im*

9 ^{m}ÚK^{ki}*-ia a-na Be-el-ta-ni* lukur-^{d}UTU

10 dumu.mí *Er-ṣe-ti-ia i-di-in*

11 ^{m}*Ri-iš-*^{d}UTU *ù* 30*-ta-ia-ar*

12 *a-ḫu-ša ú-ul a-ḫu-ia*

13 *at-tu-nu i-qa-ab-bi-ma*

u. Rd.

14 *mi-im-ma an-ni-im*

15 *ú-ul i-na-di-ši-im*

Rs.

16 igi ^{d}*I-ku-num*

17 igi ^{d}UTU-DIĜIR *ra-bi-*<*a*>*-num*

18 igi *Ìr-ra-na-da*

19 igi ÚḪ*-na-ṣir*

20 igi *Ša-ma-ia-tum*

21 igi *Na-bi-*^{d}UTU

22 igi ÌR-^{d}MAR.TU

23 igi *I-din-*^{d}MAR.TU

24 igi 30*-la-šur*

25 igi *Ta-ri-bi-um*

26 i[gi ...]

5 iku Feld in Iškar[um], neben dem Feld des Ašḫum und neben Belakum, 3 iku Feld in Šalutā[nu]m, neben dem Feld der Söhne des Sîn-ilum und neben dem Feld des Akšāja, 7 Stück Kleinvieh, 1/2 sar (und) 5 gín Haus(grundstück) in Ḫalḫalla – dies alles hat Akšāja der Bēltani, nadītum des Šamaš, Tochter des Erṣetīja, gegeben. Sagt sie (jedoch): Rīš-Šamaš und Sîn-tajjār, ihre Brüder, ‚sind nicht meine Brüder!', dann wird er ihr dies alles nicht geben.

Vor Ikūnum, vor Šamaš-ilum-rabīum, vor Irra-nādā, vor Akšak-nāṣir, vor Šamajatum, vor Nabī-Šamaš, vor Warad-Amurru, vor Iddin-Amurru, vor Sîn-lašur, vor Tarībum, v[or ...].

65 Vgl. Ungnad 1903 Nr. 488 und Schorr 1913 Nr. 218.

66 Lesung nach M. P. Streck. S. bereits Schorr 1913, 301 mit Lesung *ṣēnum* „Schafe". Stol 1998, 439 „Schafe". Goddeeris 2002, 65 „goats" (Lesung ÙZ?).

Bibliographie

Aro J. 1964: Die Vokalisierung des Grundstammes im semitischen Verbum (= StOr. 31).

Charpin D. 1981: La Babylonie de Samsu-iluna à la lumière de nouveaux documents, BiOr. 38, 517–47.

Colbow G. 1995: Samsuiluna-Zeitliche Abrollungen aus nordbabylonischen Archiven außerhalb Sippars, RA 89, 149–189.

Dekiere L. 1994: Old Babylonian Real Estate Documents from Sippar in the Britih Museum, Part 2: Documents from the Reign of Hammurabi (= MHET 2/2).

Edzard D. O. 1998–2001: Name, Namengebung. B. Akkadisch, RlA Bd. 9, 103–116.

Goddeeris A. 2002: Economy and Society in Northern Babylonia in the Early Old Babylonian Period (ca. 2000-1800 BC.) (= OLA 109).

Harris R. 1975: Ancient Sippar. A Demographic Study of an Old-Babylonian City (1894–1595).

Horsnell M. J. A. 1999: The year-names of the first dynasty of Babylon, Bd. I–II.

Hruška B. 2005: Pflug. B. In Mesopotamien, RlA Bd. 10, 510–514.

Kalla G. 2002: Namengebung und verwandtschaftliche Beziehungen in der altbabylonischen Zeit, in: M. P. Streck – S. Weninger (ed.), Altorientalische und semitische Onomastik (= AOAT 296) 123–69.

Klengel H. 1985: Nochmals zu den Turukkäern und ihrem Auftreten in Mesopotamien, AoF 12, 252–258.

Krebernik M. 2004: ^{d}PA.LÀL, RlA Bd. 10, 194.

Landsberger B. 1949: Jahreszeiten im Sumerisch-Akkadischen, JNES 8, 248–97.

Mauer G. 1980: Das Formular der altbabylonischen Bodenpachtverträge.

—1981: Ein Prozess um einen Kreditkauf in Nuzi, Fs. E. R. Lacheman (= SCCNH 1) 443–54.

Petschow H. P. H. 1984: Die §§ 45 und 46 des Codex Ḫammurapi. En Beitrag zum altbabylonischen Bodenpachtrecht und zum Problem: Was war der Codex Ḫammurapi?, ZA 74, 179–87.

Pientka R. 1998: Die spätaltbabylonische Zeit: Abiesuḫ bis Samsuditana – Quellen, Jahresdaten, Geschichte, Teil I–II (= Imgula 2).

Powell M. A. 1987–1990: Maße und Gewichte, RlA Bd. 7, 457–517.

Ranke H. 1905: Early Babylonian Personal Names from the published tablets of the so-called Ḫammurabi Dynasty (B.C. 2000) (= BE D 3).

Renger J. 1966: Götternamen in der Altbabylonischen Zeit, Fs. A. Falkenstein, 137–71.

San Nicolò M. ^{2}1974: Die Schlußklauseln der altbabylonischen Kauf- und Tauschverträge. Ein Beitrag zur Geschichte des Barkaufes.

Schorr M. 1913: Urkunden des Altbabylonischen Zivil- und Prozessrechts (= VAB 5).

Stamm J. J. 1939: Die Akkadische Namensgebung (= MVAeG 44).

Stol M. 1993–97: Miete. B. I. Altbabylonisch, RlA Bd. 8, 162–74.

—1994: Constant factors in Old-Babylonian texts on ploughing with the *inītum*, Fs. L. De Meyer (= MHEO 2) 229–235.

—1998: Die altbabylonische Stadt Ḫalḫalla (= AOAT 253) 415–445.

—2004a: Pacht. B. Altbabylonisch, RlA Bd. 10, 170–172.

—2004b: Wirtschaft und Gesellschaft in altbabylonischer Zeit, in: D. Charpin – D. O. Edzard – M. Stol (ed.), Annäherungen 4 (= OBO 160/4) 643–975.

Streck M. P. 2000: Das amurritische Onomastikon der altbabylonischen Zeit (= AOAT 271/1).

Ungnad A. 1909, 1923: Hammurabi`s Gesetz (= HG 3, HG 6).

Wilcke C. 1975/6: Zu den spät-altbabylonischen Kaufverträgen aus Nordbabylonien, WO 8, 254–285.

Altbabylonische Briefe

Walther Sallaberger

Die fünf altbabylonischen Briefe, die unter den Siglen SIL 33 bis 37 geführt werden, hat erstmals Fritz Rudolf Kraus, selbst ein Leipziger Schüler Benno Landsbergers, für sein Corpus der altbabylonischen Briefe vorläufig bearbeitet. Hans-Siegfried Schuster hatte sie ihm in Fotos seiner Frau zur Verfügung gestellt, wie Schuster in dem Brief vom 10.1.1977 an Manfred Müller berichtete, in dem er die Geschichte der Sammlung rekonstruierte.[1] Die Fotos sandte Schuster am 27.4.1961 an Kraus, der mit ihrer Hilfe sofort Umschriften erstellte; diese sind auf den 4.5.–6.5.1961 datiert. In einem weiteren Brief vom 23.12.1961 erläuterte Schuster, dass zur Sammlung einst noch ein weiterer, zwischenzeitlich verlorener Brief mit der Nummer SIL 32 gehört hatte.

Die Briefe und die Umschriften von Kraus werden heute in der Assyriologie an der Universität Leiden aufbewahrt.[2] Kraus selbst hatte nach AbB 10 (= Kraus 1985) einen weiteren Band der Reihe aus kleineren Sammlungen vorgesehen, in dem die Leipziger Briefe hätten publiziert werden sollen. Dieser Band wurde nicht mehr realisiert, doch hat Kraus zumindest bis 1974 seine Umschriften weiter korrigiert; allein auf Grundlage von Fotos mussten aber doch einige Unklarheiten bestehen bleiben. Einige wenige Stellen der altbabylonischen Briefe haben weitere Gelehrte aus der Leipziger Schule unter dem Sigel SIL zitiert, Wolfram von Soden im Akkadischen Handwörterbuch und Johann Jakob Stamm in Die akkadische Namengebung (= Stamm 1939) (s. unten in den Kommentaren zu den Briefen). Nach dem Foto fertigte Kraus auch eine Kopie von SIL 36 (LAOS 1, 49) an, die er im Herbst 1974 Theo Krispijn zur Prüfung vorlegte.

Die folgende Bearbeitung der Leipziger Briefe bietet nicht nur wie üblich Kopie, Transliteration, Übersetzung und einen knappen philologischen und inhaltlichen Kommentar, sondern auch eine Transkription des Akkadischen. Damit kann der Bearbeiter zum einen seine Analyse des Textes deutlicher als in der manchmal etwas freieren Übersetzung andeuten. Zum anderen sollte aber Akkadisch prinzipiell nicht nur in Transliteration vorgestellt werden, die vorrangig die Verschriftung des Textes widerspiegelt und so den Blick auf die Sprache verstellt. Die hier angewandten Regeln der Transkription sind dieselben wie in Sallaberger 1999, xii erläutert: Vokal- und Konsonantenlängen folgen dem Werk W. von Sodens (AHw., GAG), *-ma* wird als Enklitikon gekennzeichnet ohne Längung des vorangehenden Vokals (außer bei Verben tertiae infirmae), Interpunktion nach deutschem Muster.

1 Manfred Müller stellte mir eine Kopie dieses Briefes zur Verfügung. Unvergessen sind seine Schilderungen von Schusters Bemühungen um die Leipziger Tontafelsammlung.

2 Klaas R. Veenhof erlaubte mir im Herbst 1997, die Unterlagen der Leipziger Briefe zu studieren, und verzichtete großzügig auf eine eigene Publikation der Briefe aus dem wissenschaftlichen Nachlass von Kraus, wofür ich ihm zu Dank verpflichtet bin.

LAOS 1, 46 (SIL 33) (s. Tafel XXIX)
80 x 48 x 20mm
Inhalt: Mannum-kīma-ilīja an Kuzallu und Sîn-itūram

Der Brief stammt nach der Orthographie und nach Z. 11 aus dem Gebiet von Larsa und ist deshalb und wegen der Grußformel in die Zeit von den späten Jahren Hammurapis bis Samsuiluna 11 zu datieren. Der sehr knapp formulierte Brief setzt bei den Empfängern Vertrautheit mit der Situation voraus und ist deshalb für uns kaum verständlich. Ein Mann wurde festgehalten, seine Gattin und Bruder intervenierten. Der Absender möchte sich für ihn beim „Vater“ in Larsa einsetzen, wenn die Adressaten ihm den entsprechenden Bedarf melden.

Vs. 1 *a-na Ku-za-lu*
2 *ù* ^{d}EN.ZU–*i-tu-ra-am*
3 *qí-bí-ma*
4 *um-ma Ma-an-nu-um–ki-ma–ì-lí-ia* (sic)
5 ^{d}UTU *ù* ^{d}INANA *<aš>-šum-mi-ia*
6 *li-ba-al-li-ṭù-ku-nu-ti*
7 *an-ni-it-ku-nu*
8 *la an-ni-it-ku-nu*
9 *šu-up-ra-ni*
10 *šum-ma la li-sú-nu*
11 *a-na ba-bi* URU UD.UNUG^{KI}
12 *lu-li-ik-ma*
13 *a-ba-am lu-di*
14 *a-ša-sú*
15 *ù a-ḫu-šu*
16 *um-ma šu-nu-ma*
17 *ú-še-er-šu*
Rs. 18 *šu-ma iq-ta-ni*

(1–3) *ana Kuzallu u Sîn-itūram qibī-ma* (4) *umma Mannum-kīma-ilīja*
(5–6) *Šamaš u Ištar aššumīja liballiṭūkunūti!*
(7–9) *annītkunu lā annītkunu šuprāni!* (10–13) *šumma lā līssunu, ana bābī āl Larsam lullik-ma abam luddi.* (14–18) *ašassu u aḫūšu, umma šunu-ma: „uššeršu!“ šū-ma iqtani.*

(1–4) Zu Kuzallu und Sîn-itūram sprich! Folgendermaßen Mannum-kīma-ilīja:
(5–6) Šamaš und Ištar mögen euch um meinetwillen am Leben erhalten!
(7–9) Schreibt mir, ob es bei euch so oder so steht! (10–13) Wenn es nicht ihr Machtbereich ist, dann will ich zu den Toren der Stadt Larsa gehen und (dort) den Vater bekannt machen! (14–18) Seine Gattin und sein Bruder, die (sagen) folgendermaßen: „Lass ihn frei!“ Aber er hat (ihn) für sich behalten.

Der Brief schreibt kaum Konsonantenlängen, Mimation erscheint nicht regelmäßig.

1: Die Wbb. führen die Berufsbezeichnung *kuzallu* „Hirte“ nicht als altbab. Personennamen.

3: *qí-* über radiertem *um-* (Flüchtigkeits- oder Kopierfehler?).

4: Sic! (ohne *-ma*).

7: Diese Stelle ist zitiert bei von Soden 1931, 198 und AHw. 53 re. s. v. *annû* 3.b zu *annītam lā annītam* „dieses, nicht dieses = so od[er] so“. Der Brief bezieht sich aufgrund seiner knappen Formulierungen auf einen Sachverhalt, der den beiden Briefpartnern wohl vertraut ist und daher nicht genauer beschrieben werden muss; *annītkunu lā annītkunu* dürfte sich deshalb schon auf die Ergebnisse der Adressaten im Bemühen um die Freilassung des unbekannten Dritten (Z. 14–18) beziehen.

10: Zu *lītum* „Distrikt“ vgl. van Soldt 1994, 8 Anm. Ü a; aufgrund des unsicheren Kontexts wird hier die neutralere Übersetzung „Machtbereich“ gewählt. Auf wen sich das Possessiv-Suffix der 3. Pl. *-šunu* bezieht, muss unklar bleiben.

13: *a-ba-am* über Rasur. *lu-di* ist epigraphisch kaum zu bezweifeln. Der Prek. 1. Sg. von *edûm* muss aber *lū īde* lauten: *lu-ú i-de-e* (CT 6, 34a = AbB 2, 115: 34). Deshalb ist der D-Stamm *wuddûm* anzusetzen, obwohl altbabylonisch in der Regel starke Formen von *wuddûm* gebildet werden (GAG § 106 q; dort immerhin der Hinweis „schwach [flektiert] ... vereinzelt aB in der Dichtung“ mit einem Beleg: VS 10, 214 iii 17, Agušaja: *ú-du-ši-im*); doch ist in unserem Brief auf die fehlende *w*-Schreibung auch in Z. 17 zu verweisen (*uššer* für *wuššer*). *luddi*, geschrieben *lu-di*, ist zudem in CT 43 = AbB 1, 81: 24 belegt (nicht in den Wörterbüchern): (22) *ù a-na ṣe-ri-ia* (23) *al-ka-ni-im-ma* (24) *ṭe-mi lu-di-ku-nu-ši* „Dann kommt zu mir und ich will euch meinen Beschluss mitteilen!“ (Übersetzung Kraus l. c.).

In unserem Brief versucht der Briefschreiber offensichtlich, den „Vater“ des Festgehaltenen, für den sich seine Frau und sein Sohn einsetzen, öffentlich bekannt zu machen, um ihn an seine Verantwortung und Fürsorgepflicht zu erinnern. Eine öffentliche Aufmerksamkeit erreicht der Schreiber, indem er den Vater an den „Toren“ (*bābī*) von Larsa bekannt macht. Hier ist also derselbe Sachverhalt wie in der verwandten Wendung *abullātim šūdûm* „die Stadttore jemanden kennen lassen“, das heißt „ihn öffentlich identifizieren, anzeigen“ ausgedrückt. Der solchermaßen Gekennzeichnete kann damit gehindert werden, sich der Stadt zu entziehen, was in den freien Übersetzungen der Wörterbücher ausgedrückt wird: CAD I 34 „to confine within a city“, AHw. 188 re. *abullam šūdûm* „das Stadttor k[ennen] l[assen], in der Stadt festhalten“.

17: Imp. *uššer* statt *wuššer* altbabylonisch etwa auch AbB 3, 75: 6 *uš-še-ra-aš* „lass es (das Boot) frei!“ (gegen Edition Imperativ).

18: *qanûm* nach AHw. 898 „für sich behalten“; vgl. CAD Q 91 *qanû* v. 1. „to keep(?)“; dies ist nicht nur im in den Wörterbüchern zitierten AbB 2, 177: 19, sondern auch in AbB 13, 24: 12 belegt und bezieht sich dort wohl ebenfalls auf Personen.

LAOS 1, 47 (SIL 34) (s. Tafel XXX)
80 x 48 x 20mm
Inhalt: Qurdīša an Bēlšunu

Der in flüchtiger Handschrift gehaltene Brief zeigt viele Rasuren. Er lässt sich an die Briefe an Bēlšunu von Qurdūša (AbB 14, 81–82) bzw. Qurdi-Ištar (AbB 8, 66 und

3, 79) anschließen, die in die Gegend von Kiš verweisen und etwa in die Zeit von Samsu-iluna gehören dürften. Bēlšunu wird aufgefordert, das Land mit Sesam zu bestellen.

Vs.	1	*a-na Be-el-šu-nu*
	2	*qí-bí-ma*
	3	*um-ma Qúr-di-ša-ma*
	4	^{d}UTU *li-ba-al-li-iṭ-ka*
	5	*ki-a-am ta-aš-pu-ra-am*
	6	*um-ma at-ta-ma*
	7	1.1.0^{gána}A.ŠÀ *ma-aṣ-ṣa-ri*
	8	*am-ta-ḫa-aṣ*
	9	*iš-tu* GUD.ḪI.A *ta-ak-lu-ku*
	10	1.1.0^{gána}A.ŠÀ *ma-aṣ-ṣa-ri*
	11	*ta-am-ḫa-aṣ*
	12	*ša-at-tu-um*
	13	*ú-ul it-ta-la-ak-ma*!
	14	*ki-ma te-iš-mu-ú*
	15	⸢*ša*⸣*-at-tam* ° *še-am*
u. Rd.	16	*ú-ul el-qé-e*
	17	A.ŠÀ *ša* ^{d}UTU–*li-ṣí*
	18	*i+na me-e na-di-in*
Rs.	19	*t*[*a-aš*]*-ni* A.ŠÀ *ša-tu*
	20	ŠE.GIŠ.Ì *e-pu-uš*
	21	ŠE.GIŠ.Ì *ša te-pu-šu* °
	22	*lu ḫa-ar-pu* °
	23	*ni-di a-ḫi-im*
	24	⸢*la*⸣ *ta-ra-ši-ma*
	25	[x (x)]-*a?-ka la ip-pa-ša-ar*

(1–3) *ana Bēlšunu qibī-ma umma Qurdīša-ma:* (4) *Šamaš liballiṭka!* (5–8) *kīam tašpuram, umma attāma: „1.1.0 eqel maṣṣārī amtaḫaṣ."* *(9–11) ištu alpū taklūku, 1.1.0 eqel maṣṣārī tamḫaṣ?* (12–16) *šattum ul ittalak-ma, kīma tešmû, šattam še'am ul elqe.*
(17–18) *eqlum ša Šamaš-līṣi ina mê nadin.* (19–20) *t*[*aš*]*ni eqlam šâtu šamaššammī epuš!* (21–22) *samaššammū, ša tēpušu, lū ḫarpū!* (23–25) *nidi aḫim lā taraššī-ma* [...]*-ka lā ippaššar!*

(1–3) Zu Bēlšunu sprich! Folgendermaßen Qurdīša:
(4) Šamaš möge dich am Leben erhalten!
(5–8) So hast du geschrieben, folgendermaßen: „24 Morgen (= 8,64 ha) Feld von den Wächtern habe ich nun umgebrochen." (9–11) Seit dir Rinder anvertraut sind, hast du (nur) 24 Morgen Feld von den Wächtern umgebrochen?
(12–16) Das Jahr ist noch nicht vergangen und ich habe, wie du gehört hast, dieses Jahr noch kein Getreide erhalten. Das Feld von Šamaš-līṣi ist in das Wasser weggegeben.

(19–20) Bestelle zum zweiten Mal dieses Feld mit Sesam! Der Sesam, den du (dann) angebaut hast, sei früh! (23–25) Sei nicht untätig, so dass dein [...] nicht veräußert wird!

7 und 10: Zahl 1.1.0 über Rasur.
13: *-ma* über *ka*-x, Rasur.
18: Erwartet wäre *ana mê nadin*.
21: Zum „frühen Sesam“, der schon etwa Mitte März angebaut wird (akkadisch *epēšum*), vgl. Stol 1985, 119.
23: *nidi aḫim lā taraššī!*, ab Samsu-iluna in Nordbabylonien als Routineformel in Aufforderungen üblich, entspricht funktional dem früheren südbabylonischen *abbūtum* („*apputtum*“); s. Sallaberger 1999, 162.

Wie so viele altbabylonische Briefe datiert auch dieses Schreiben in die hektische Zeit um die Erntezeit am Ende des babylonischen Jahres. Der Absender Qurdīša, der die Anweisungen zur Bestellung der Felder gibt, lässt „frühen“ Sesam anbauen, was etwa im xi.-xii. Monat geschehen muss (Z. 21 mit Kommentar). Deshalb hat er wohl noch kein Getreide erhalten (Z. 16), denn die Ernte beginnt verstärkt erst im i. Monat. Es ist die Zeit der beginnenden Hochflut (vgl. Z. 18).

Dieser Brief lässt sich mit vier weiteren Briefen an Bēlšunu verbinden, wobei der Name des Emittenten dort entweder Qurdūša (AbB 14, 81 und 82) oder – in seiner vollen Form – Qurdi-Ištar (AbB 3, 79 und 9, 66) geschrieben wird. Alle fünf Briefe weisen den Standardgruß allein bei Šamaš auf; AbB 3, 79 und AbB 14, 82 zusätzlich *lū balṭāta*, AbB 9, 66 *lū šalmāta lū balṭāta* „du mögest heil, lebendig sein!“.

Inhaltlich steht unserem Schreiben insbesondere AbB 14, 82 (= TCL 17, 28) sehr nahe, dessen Anfang sich in Kenntnis von LAOS 1, 47 wie folgt übersetzen lässt: (6–15) „Wie du mir gesagt hast: ‚9 Morgen (= 3,24 Hektar) Land habe ich mit Sesam bestellt!‘ Wie du weißt, habe ich dieses Jahr (noch) kein Getreide erhalten. Doch sei beim Bestellen des Feldes mit Sesam nicht untätig!“[3] Des Weiteren fordert Qurdūša die Lieferung der Gerste ein und verweist mit Nachdruck auf Sorgfalt gegenüber den Rindern. Der fehlerhaft und mit zahlreichen Rasuren geschriebene Brief AbB 14, 82 gebraucht insgesamt viermal die in LAOS 1, 47 auftretende Routineformel *nidi aḫim lā taraššī!*

Mit AbB 14, 82 ist AbB 14, 81 nicht nur über die Namen der Adressaten, sondern zusätzlich über die Person des Warad-šigarim verbunden, auch wenn die Thematik wechselt: die Feinde sind im Land, über den sicheren Transport der Tiere sind Omina einzuholen; die Tiere und das gesamte Getreide seien nach Kiš einzubringen. Kiš ist ebenfalls Ziel für die Gerste in AbB 3 = TLB 4, 79, wo Qurdi-Ištar zunächst die Klagen Bēlšunus beschwichtigt. Thema ist auch hier die Bestellung der Felder mit Gerste und Sesam sowie die Versorgung der dafür erforderlichen Rinder. In diesen Kontext gehört schließlich AbB 9 = YOS 2, 66 mit der Aufforderung, die Ernte des Getreides zu beenden und die Rinder nicht zu vernachlässigen.

3 LAOS 1, 47 zeigt die Verteilung der Aufgaben zwischen Bēlšunu und Qurdīša, so dass sich die Interpretation von K. R. Veenhof, AbB 14, 82, präzisieren lässt (*epuš vs. ēpuš*).

LAOS 1, 48 (SIL 35) (s. Tafel XXXI)

60 x 46 x 25mm

Inhalt: Šēp-Sîn an Sîn-uselli

Der Brief stammt aus Larsa wohl aus den späten Jahren Hammurapis (s. unten). Der vorliegende Brief behandelt die Bewirtschaftung von Abgaben. Zunächst soll Sîn-uselli entscheiden, ob bei Šēp-Sîn eingegangene Wolle in Gerste umzutauschen oder direkt an ihn zu senden sei. Sîn-uselli wird zudem aufgefordert, zwei Posten von Gerste einzutreiben.

Vs.	1	*a-na* ^{d}EN.ZU–*ú-s*[*é-li*]
	2	*qí-bí-ma*
	3	*um-ma Še-ep*–^{d}EN.Z[U-*ma*]
	4	^{d}UTU *li-ba-al-l*[*i-iṭ-ka*]
	5	*aš-šum* SÍG.ḪI.A SÍG.Ḫ[I.A]
	6	*am-ta-ḫa-ar*
	7	*šum-ma di-gi-il-*[*ka*]
	8	*šu-up-ra-am-ma*
	9	*a-na še-im li-tu-*⸢*ra*⸣
Rs.	10	*šum-ma di-gi-il-*⸢*ka*⸣
	11	*šu-up-ra-am-ma*
	12	*li-it-ba-lu-ni-i*[*m*]
	13	2.0.0 GUR ŠE ^{d}EN.ZU–⸢x⸣[...]
	14	*šu-ud-di-in*
	15	0.2.3 *a-wi-il-tam* [(x)]
	16	*A-qúl-mi-*[x]
	17	*šu-ud-di-i*[*n*]
	18	*ab-bu-tum* [(o)]
o. Rd.	19	*un-ne-du-u*[*k-ka-*(*ka*)]
	20	⸢*šu*⸣*-bi-lam*

(1–3) *ana Sîn-us*[*elli*] *qibī-ma umma Šēp-Sî*[*n-ma:*]
(4) *Šamaš liballiṭka!*
(5–6) *aššum šīpātim: šīpātim amtaḫar.* (7–9) *šumma digil*[*ka*], *šupram-ma ana šeʾim litūrā!*
(10–12) *šumma digilka, šupram-ma litbalūnim!*
(13–14) 2.0.0 *kur šeʾam Sîn-*[...] *šuddin!* (15–17) 0.2.3 *awīltam Aqūl-mi*[...] *šuddin!*
(18–20) *abbūtum! unnedu*[*kkaka*] *šūbilam!*

(1–3) Zu Sîn-uselli sprich! Folgendermaßen Šēp-Sîn:
(4) Šamaš möge dich am Leben erhalten!
(5–6) Betreffs der Wolle: die Wolle habe ich erhalten. (7–9) Schreibe, ob sie deiner Ansicht nach in Gerste umgesetzt werden soll! (10–12) Oder schreibe, ob man sie deiner Ansicht nach zu dir wegtragen soll!
(13–14) 2 Kor (= 600 Liter) Gerste treibe bei Sîn-[...] ein! (15–17) 2 Scheffel 3 Seah (= 150 Liter) treibe bei der Frau [von(?)] Aqūl-mi[...] ein!

(18–20) Dringend! Schicke mir deinen Brief!

7–12: Wörtlich: „Wenn es deine Ansicht ist, schreibe und sie möge ‚zu Gerste werden'! Wenn es deine Ansicht ist, schreibe und man soll sie zu dir wegtragen!" Bisher nicht belegt ist die Verdoppelung von *šumma digilka* (vgl. AbB 6, 194: 13; 10, 64: 11f.; 11, 133: 21; 13, 120: 14; *kīma diglīka* 9, 150: 10), womit rhetorisch dem Adressaten Freiheit zur Entscheidung angeboten wird (vgl. Sallaberger 1999, 179f.).

12: Der Ventiv ist im Anschluss an Kouwenberg 2002, 210–213 mit „zu dir" übersetzt.

16: Diese Zeile muss leider unklar bleiben. Kraus hatte *ḫa*(?)-*ra-mi* x x (?) gesehen, doch entsprechen dem die Zeichen nicht. Ein *a-u-um*! für *ajjum* widerspräche altbabylonischer Orthographie. Die vorgeschlagene Lesung *A-qúl-mi-*[entspricht den Zeichen, beruht auf altbabylonischen Lautwerten und ergibt die in Personennamen bezeugte Wurzel **qūl*, ohne dass genau diese Namensform bei Stamm 1939 oder in den Wörterbüchern nachgewiesen wäre.

18: Zur Form *abbūtum* statt *apputtum*, zur Bedeutung „es ist Sintflut" und zum Gebrauch („dringend!" als allgemeine Verstärkung der Aufforderung) s. Sallaberger 1999, 159–163.

Der Absender kann wohl als Šēp-Sîn, Obmann der Kaufleute von Larsa in den späten Jahren Hammurapis, identifiziert werden. Schon das Wort für „Brief", *unnedukkum* (Z. 19), verweist in den Süden Babyloniens. Beim Adressaten würde man zuerst wohl an Sîn-uselli, Sohn des Dādāja, denken, der gemeinsam mit seinem Vater mehrfach Briefe von Šēp-Sîn erhalten hat. Diese Briefe behandeln allerdings vor allem die Handelstätigkeit im Osten Mesopotamiens.[4] Šēp-Sîn ist zudem im Umsatz der Güter (auch) im sogenannten Palastgeschäft unter Hammurapi bekannt und der Brief LAOS 1, 48 gehört zu den internen ökonomischen Aktivitäten Šēp-Sîns.[5] Diese beiden Bereiche verbindet unter anderem AbB 11, 187, den Sîn-uselli an „meinen Vater" richtet, der Standardgruß erfolgt bei Šamaš und der Ištar von Zabalam; Sîn-uselli kann selbst nicht reisen (vgl. AbB 9, 134 von Šēp-Sîn), doch bittet er um die Bereitstellung von Getreide. Im Umkreis von Šēp-Sîn, Dādāja und Sîn-uselli war ein zweiter Sîn-uselli tätig; denn der Brief AbB 9, 55 von Dādāja an Sîn-uselli scheint in Z. 9 einen [Sîn]-uselli zu erwähnen, den Dādāja als „meinen Bruder" bezeichnet; in AUCT 4, 41: 3 wird Sîn-uselli als „Sohn von Šēp-Sîn" bezeichnet. Dieser Sîn-uselli, der auch AbB 11, 187 an seinen „Vater", also Šēp-Sîn richtete, ist wohl mit dem Adressaten unseres Briefes von Šēp-Sîn zu identifizieren. Der Gebrauch der Wendungen *abbūtum* (Z. 25)[6] und *unnedukkaka šūbilam* (Z. 30f.) verbindet AbB 11, 187 in der Idiomatik unmittelbar mit LAOS 1, 48. Der Brief behandelt unter anderem Gersteabgaben. An Sîn-uselli sind zudem AbB 1, 64; 8, 36 gerichtet.

---

4 AbB 9, 112. 134; 12, 78; vgl. auch AUCT 4, 70, s. Charpin 2005, 411. Knappe Zusammenfassung mit Literaturhinweisen bei Stol 2004, 878f.

5 Vgl. Stol 2004, 920–922; zu den Darlehen s. Charpin 2000, 187–190 mit den Nachträgen in Charpin 2005, 411f.

6 *abbūtum* auch im fragmentarischen AbB 8, 36 von Sîn-šamuḫ an Sîn-uselli. *abbūtum*, in den späten Jahren Hammurapis schon im Rückgang begriffen, begegnet in der genannten Šēp-Sîn-Korrespondenz sonst nicht.

LAOS 1, 49 (SIL 36) (s. Tafel XXXII)
70 x 47 x 25mm
Inhalt: Ikšud-appašu an Erīb-Sîn

Der Brief, wohl aus Nordbabylonien aus der Zeit Hammurapis bis Samsuilunas, ist Reaktion auf eine Schätzung des Ertrags von Dattelpalmen, die Erīb-Sîn unbefugter Weise im Dattelgarten von Bali-Adad vorgenommen hat. Ikšud-appašu bittet darum, diese Schätzung nicht an den Palast weiterzuleiten.

Vs.	1	*a-na E-ri-ib–*^{d}EN.ZU
	2	*qí-bí-ma*
	3	*um-ma Ik-šu-ud–ap-pa-šu-ma*
	4	^{d}UTU *ù* ^{d}AMAR.UTU *li-ba-al-<li>-ṭú-ka*
	5	*am-ša-li at-ta ù a-na-ku ni-id-bu-um-ma*
	6	$^{I\,d}$EN.ZU*–be-el–ì-lí it-ti-ka*
	7	*aṭ-ru-ud-* ° *ma*
	8	^{giš}KIRI$_{6}$ *tu-bi-ra*
	9	*a-mi-nim la si-ka-at-ka*
	10	40 ^{giš}GIŠIMMAR.ḪI.A *ša* ^{I}*Ba-li–*^{d}IŠKUR
u. Rd.	11	*[a-n]a šu-ku-un-ni-im*
	12	*ta-aš-ku-un*
Rs.	13	⸢*ri*⸣*-ig-ma-am*
	14	*i-na* KÁ É.GAL
	15	*la ta-ša-ka-an*
	16	DUB-*pa-am a-na ku-si-ia*
	17	*šu-bi-lam-ma*
	18	^{giš}GIŠIMMAR.ḪI.A *la ub-ta-ru-ú*
	19	*li-te-ru*
	20	*me-ḫe-er* DUB-*pí-ia*
	21	*šu-bi-lam*
	22	*a-wi-lum* ^{I}*Ba-li–*^{d}IŠKUR
	23	*a-bu-um ia-ši-im*
o. Rd.	24	*li-ib-ba-šu i-ma-ra-ṣa-am*

(1–3) *ana Erīb-Sîn qibī-ma umma Ikšud-appašu-ma:* (4) *Šamaš u Marduk libal<li>ṭūka!* (5–8) *amšāli attā u anāku nidbum-ma Sîn-bēl-ilī ittīka aṭrud-ma kiriam tubirrā.* (9–12) *ammīnim lā sikkatka 40 gišimmarī ša Bali-Adad [an]a šukunnim taškun?* (13–15) *rigmam ina bāb ekallim lā tašakkan!* (16–18) *tuppam ana Kusija šūbilam-ma gišimmarū lā ubtarrū!* (19) *litterrū!* (20–21) *meḫer tuppīja šūbilam!* (22–24) *awīlum Bali-Adad abum jâšim. libbašu imarraṣam.*

(1–3) Zu Erīb-Sîn sprich! Folgendermaßen Ikšud-appašu: (4) Šamaš und Marduk mögen dich am Leben erhalten! (5–8) Gestern haben wir, du und ich, uns gesprochen und den Sîn-bēl-ilī habe ich mit dir weggeschickt und ihr habt den (zu erwartenden Ertrag im)

Obstgarten taxiert. (9–12) Warum hast du das, was nicht dein abgegrenzter Bereich ist, die 40 Dattelpalmen von Bali-Adad der Ernteschätzung unterzogen? (13–15) Erhebe keine Klage im Palasttor! (16–18) Schicke eine Tafel an Kusija, dass die Dattelpalmen nicht taxiert werden sollen! Sie sollen zurückgegeben werden! (20–21) Schicke mir eine Antwort auf meine Tafel! (22–23) Der Herr Bali-Adad ist ein Vater für mich. (24) Sein Gemütszustand bekümmert mich.

Konsonantenlängen werden häufig nicht geschrieben.

3: Der Name ist mit dieser Stelle zitiert bei Stamm 1939, 127: „Seine Nase ist da!" (belegt auch AbB 10, 83 = OECT 13, 27 aus Kiš).

5: Die unserem heutigen Empfinden angemessene Abfolge *attā u anāku* „du und ich" bildet in einem altbabylonischen Brief eine auffällige Ausnahme gegenüber dem dort üblichen *anāku u attā* „ich und du".[7]

9–12: Diese Zeilen sind zitiert nach Ms. Kraus bei Cocquerillat 1967, 208 Anm. 3 (mit Ergänzung [*la*] in Z. 12) als Kommentar zu TCL 1 = AbB 14, 30: 29f. und folgender Übersetzung: „Pourquoi, sans ton piquest, n'as-tu pas cédé à estimation forfaitaire les 40 palmiers de Bali-Adad?". Der gesamte Brieftext zeigt, dass Erīb-Sîn die 40 Bäume nicht hätte schätzen sollen, so dass kein [*la*] zu ergänzen ist.

9: *sikkatum* bezeichnet hier das durch einen Grenzpflock bezeichnete Gebiet; s. CAD S 249 *sikkatu* A 1.c, AHw. 1041 *sikkatu(m)* I 4.c.

19: Oder *literrū* „Man soll (sie) zurückgeben!"

24: Wörtlich „Sein Herz macht mir Sorgen."

LAOS 1, 49 bildet ein Musterbeispiel eines altbabylonischen Briefs. Er ist eingebettet in eine ständige Kommunikation der beiden Briefpartner: nach einem persönlichen Gespräch am Vortag (Z. 5) ist dieser Brief erforderlich, um ein Missverständnis zu beseitigen, zudem wird um ein Antwortschreiben gebeten (Z. 20f.). Nach dem einleitenden Informationsteil, in dem der Hintergrund skizziert wird (Z. 5–8), folgt das Anliegen des Adressaten. Mit der charakteristischen Stilfigur der rhetorischen Frage wird dabei der direkte Vorwurf vermieden (Z. 9–12). Die nun schon vorgenommene Ernteschätzung muss durch ein Schreiben an einen Kusija rückgängig gemacht werden. Obwohl das Anliegen sachlich dadurch begründet ist, dass der Adressat nicht für die Dattelpalmen Bali-Adads zuständig ist (Z. 9), wird es abschließend durch zusätzliche Argumente gestützt: der Betroffene Bali-Adad sei wie ein Vater für den Absender (Z. 22f.) und die persönliche nahe Beziehung verpflichtet zu Hilfe: der Absender nimmt sich seiner Sorgen an (Z. 24).

LAOS 1, 50 (SIL 37) (s. Tafel XXXI)

63 x 47 x 18mm

Inhalt: Jādaḫ-Lîm an Aḫātāni

Hintergrund des Schreibens, das wohl ebenfalls aus Nordbabylonien etwa aus der Zeit Hammurapis stammen dürfte, ist eine vorangegangene Bitte von Frau Aḫātāni, Jādaḫ-Lîm

7 Sallaberger 1999, 67 mit Verweis auf Westenholz 1971, 8–19.

möge Gerste und Silber für sie besorgen. Obwohl Jādaḫ-Lîm es bei einem Gönner auftreiben konnte, hat Aḫātāni die ihr zugedachten Güter nicht in Empfang genommen.

Vs. 1 *a-na A-ḫa-ta-ni*
2 *qí-bí-ma*
3 *um-ma Ia-daḫ–li-*[*im*]*-ma*
4 ^{d}UTU *ù* ^{d}AMAR.UTU
5 *li-ba-al-li-ṭú-ki*
6 *a-na ṣí-bu-ti-ki*
7 *a-ni-im-mi-tim*
8 *a-wi-lam ra-i-*⸢*mi*⸣
u. Rd. 9 *e-ri-iš-ma*
Rs. 10 *še-a-am ù* KÙ.BABBAR
11 *ú-ul ik-la-am*
12 *ú-*⸢*ul ta*⸣*-al-li-ki-im-ma*
13 *ú-ul te-el-qé-e*
14 *ù* <*ṭe*$_4$>*-em-ki-ma*
15 *ú-ul ta-aš-pu-ri-im*
16 *me-ḫe-er* DUB-*pí-ia*
17 *ṭe*$_4$*-em-ki šu-up-ri-im*

(1–3) *ana Aḫātāni qibī-ma umma Jādaḫ-Lîm-ma:*
(4–5) *Šamaš u Marduk liballiṭūki!*
(6–11) *ana ṣibûtīki annimmītim awīlam rā᾿imī ēriš-ma še᾿am u kaspam ul iklâm.* (12–13) *ul tallikīm-ma ul telqê.* (14–15) *u ṭēmki-ma ul tašpurīm.* (16–17) *meḫer tuppīja ṭēmki šuprīm!*

(1–3) Zu Aḫātāni sprich! Folgendermaßen Jādaḫ-Lîm:
(4–5) Šamaš und Marduk mögen dich am Leben erhalten!
(6–11) Auf deinen diesmaligen Wunsch hin habe ich den mir wohlgewogenen Herrn gebeten und er hat mir Getreide und Silber nicht vorenthalten. (12–13) Du bist (aber) nicht gekommen und hast es nicht in Empfang genommen. (14–15) Außerdem hast du gar keine Nachricht von dir geschickt. Schicke als Antwort auf meinen Brief eine Nachricht von dir!

3: < amurrit. Yaydaʿ-Lîm.

7: Stelle zitiert bei von Soden 1931, 198, und AHw. 52 re. s. v. *annimmû*(*m*) „hiesig(er)"; s. GAG § 45d.

Bibliographie

Charpin D. 2000: Les prêteurs et le palais: Les édits de *mîšarum* des rois de Babylone et leurs traces dans les archives privées, in: A. C. V. M. Bongenaar (ed.), Interdependency of Institutions and Private Entrepreneurs (= MOS St. 2 = PIHANS 87) 185–211.
—2005: Données nouvelles sur la vie économique et sociale de l'époque paléobabylonienne, Or. 74, 409–421.
Coquillerat D. 1967: Aperçus sur la phéniciculture en Babylonie à l'époque de la Ière dynastie de Babylone, JESHO 10, 161–223.
Kouwenberg N. J. C. 2002: Ventive, Dative and Allative in Old Babylonian, ZA 92, 200–240.
Kraus F. R. 1985: Briefe aus kleineren westeuropäischen Sammlungen (= AbB 10).
Sallaberger W. 1999: „Wenn Du mein Bruder bist, ...". Interaktion und Textgestaltung in altbabylonischen Alltagsbriefen (= CunMon. 16).
Soden W. von 1931: Der hymnisch-epische Dialekt des Akkadischen, ZA 40, 163–227.
Soldt W. H. van 1994: Letters in the British Museum. Part 2: Transliterated and translated (= AbB 13).
Stamm J. J. 1939: Die akkadische Namengebung (= MVAeG 44).
Stol M. 1985: Remarks on the cultivation of sesame and the extraction of its oil, BSA 2, 119–126.
Stol, M. 2004: Wirtschaft und Gesellschaft in Altbabylonischer Zeit, in: D. Charpin/D. O. Edzard/M. Stol, Annäherungen 4 (= OBO 160/4) 673–975.
Westenholz J. G. 1971: Some Aspects of Old Babylonian Syntax as Found in the Letters of the Period (Ph. D. Diss. University of Chicago).

Ein altbabylonischer Omentext[1]

Takayoshi Oshima

LAOS 1, 51 (s. Tafel XXXIII)
56 x 90 x 25mm

LAOS 1, 51 ist die rechte untere Ecke einer schlecht erhaltenen Tontafel mit altbabylonischer Beschriftung. Weder ihre Herkunft noch die ursprüngliche Größe sind bekannt. Nach dem Erhaltenen zu urteilen, handelt es sich um einen Omentext. Während auf der Vorderseite die Apodosen von elf Omina erhalten sind, ist die Rückseite, abgesehen von Zeile 7', die das letzte Wort einer Protasis enthält, fast vollständig erodiert und nur einige Zeichenspuren sind sichtbar. Daher legen wir nur eine Kopie der Vorderseite vor.

Wie der untenstehenden Liste zu entnehmen, entsprechen einzelne Zeilen unseres Textes einigen Sammlungen von Omina, die sich auf Befunde beziehen, die an Tierorganen zu finden sind (wie Leber, Eingeweide, Lunge):

LAOS 1, 51	Parallelen
Z. 4'	YOS 10, 41: 31–32 (*ṭulīmu*); Nougayrol 1971 S. 71: 18' (*qerbu*)
Z. 5'	YOS 10, 41: 30 (*ṭulīmu*)
Z. 6'	Šumma Izbu XI: 1(?); Šumma Izbu XIX: 12'(?)
Z. 8'	YOS 10, 17: 59/ 18 (*naplastum*); Nougayrol 1971 S. 74: 69' (*ḫašû*)
Z. 10'	YOS 10, 39: r. 3 (*ubān ḫašî*)
Z. 11'	YOS 10, 20: 16 (*padānu*); YOS 10, 41: 36; 62 (*ṭulīmu*) Nougayrol 1973 S. 44: 54'

Dies legt nahe, dass unser Text ebenfalls eine Sammlung von Omina ist, die auf Beobachtungen tierischer Organe basieren. Trotzdem können wir nicht sicher sein, welcher Omensammlung der Text angehört, da keine Protasis erhalten ist und dieselben Apodosen für verschiedene Befunde innerer Organe belegt sind.

1 Ich danke N. Heeßel für Kommentare und Anmerkungen.

Nachstehend finden sich die Transliteration und Übersetzung der Vorderseite. Parallelen sind im Kommentar aufgeführt. Wir bieten keine Bearbeitung der Rückseite, da auf ihr nur noch Zeichenspuren erhalten sind.

1' [*šumma …ú*]-*ša-ak-lu-š*[*i*?-*na*?]
2' [*šumma* …] *x da-an-na-t*[*u*]*m* [*i-s*]*a-aḫ*?-⸢*ḫur*?⸣^{ur}?
3' [*šumma* …] xx ⸢*PI*⸣ [*I*]*N* ⸢*LU*⸣ *šar*-⸢*ru*? (text SI)⸣-*um la* x x x *ma*-⸢*tam*?⸣ [*i*]*k*?-*ka-al*
4' [*šumma* …] *ša-ga-ša-tum i-na ma-tim ib-ba-aš+ši*-⸢*i*⸣
5' [*šumma* …] x *ma*-⸢*ar*⸣ *al-ma-at-tim* ^{giš}GU.ZA *iṣ-ṣa-ab-ba-at*
6' [*šumma* …É].GAL-*lum is-sà-ap-pa-aḫ*
7' [*šumma* …] x x *ip-pá-at-te* ^{d}*Nè-ere*$_{11}$*-gal ma-tam ik*-⸢*ka*⸣-*al*
8' [*šumma … mi-lum i-la-ka-am-ma b*]*i-ib-lum ma-tam ub-ba-al*
9' [*šumma* …] ⸢É⸣.GAL-*lum in-na-an-di*[-x?]
10' [*šumma … ma-ru-ú*] ⸢*a*⸣-*ba*-⸢*šu*⸣ *i-da-ak-ma* ^{giš}GU.ZA [*iṣ-ṣa-ab-ba-at*]
11' [*šumma* …] ⸢*i*⸣-*l*[*um*] *i-ik-kal*^{al}

1' [Wenn …], werden [sie...s]ie zurückhalten lassen.
2' [Wenn …], wird sich die Not abwenden.
3' [Wenn …] ..., der König(?), … nicht … [wi]rd das Lan[d] verzehren.
4' [Wenn …], wird es Mord im Land geben.
5' [Wenn …], wird der Sohn einer Witwe (unrechtmäßig) den Thron an sich reißen.
6' [Wenn …], wird der [P]alast aufgelöst werden.
7' [Wenn …] ..., wird geöffnet werden. Nergal wird das Land verzehren.
8' [Wenn …, wird Flut kommen und H]ochwasser wird das Land wegtragen.
9' [Wenn …, w]ird der Palast zerfallen.
10' [Wenn …], wird [der Sohn] seinen Vater töten und (unrechtmäßig) den Thron an sich reißen.
11' [Wenn…,] wird der G[ott …] verzehren.

4': Vgl. YOS 10, 41: 31–32: ⸢DIŠ *ṭú*⸣-*li-mu-um ki-ma e-ri-im ka-ap-pi ša-ki-in ša-ga-ša-tum i-na ma-tim* [*i*]*b*-[*b*]*a-aš-ši-i* „Wenn die Milz wie die Flügel eines Adlers erscheint, wird es Mord im Land geben.“ Nougayrol 1971, S. 71: 18': DIŠ *qer-bu ri-it-ku-bu ša-ga-ša-tum i-na* KUR-*ti ib-ba-aš-ša-a* „Wenn die Gedärme miteinander verschränkt sind, wird es Mord im Land geben.“

5': Vgl. gleiche Apodosis für [DIŠ *ṭ*]*ú-li-mu-um ša-ar-ta-am la-ḫi-im* „Wenn die Milz mit struppigem Haar behaart ist“ YOS 10, 41: 30.

6': Es stellt sich die Frage, ob es sich um eine frühere Version der folgenden beiden Omina aus *šumma izbu* handelt: BE *iz-bu* GEŠTU 15-*šú* NU GÁL BAL LUGAL TIL É.GAL-*šú* BIR … „Wenn eine Missgeburt kein rechtes Ohr hat, wird die Herrschaft des Königs enden, sein Palast wird aufgelöst werden...” Šumma Izbu XI: 1. [BE ÁB Ù].TU-*ma* 2 EME.MEŠ-*šú* ^{giš}GU.ZA NIŠ-*ni* É.GAL NUN BIR… „[Wenn eine Kuh g]ebiert und (das Kalb) hat zwei Zungen, wird der Thron wechseln, der Palast des Fürsten wird aufgelöst werden…“ Šumma Izbu XIX: 12'.

7': Eine ähnliche Apodosis befindet sich auf einem Lebermodell aus Hazor: *Eš-tár ma-tam i-ka-al* „Ištar wird das Land verschlingen." Horowitz/Oshima 2006 S. 68 Hazor 3: 1–2.

8': Diese Omenapodosis oder nur die zweite Hälfte davon findet man andernorts in diversen Omentexten, z. B. YOS 10, 17: 59 und Nougayrol 1971 S. 74: 69'. Für weitere Literaturhinweise s. CAD B 222 *biblu* B 1a.

9': Möglicherweise ist dies eine andere Version der Omenapodosis aus Z. 6'. Vgl. É BI ŠUB-*di*: BIR-*aḫ* „dieses Haus wird zerfallen: wird aufgelöst werden." CT 38, Taf. 12: 75b und 77b (*šumma ālu* Tafel V).

10': Die gleiche Omenapodosis ist aus YOS 10, 39: rev. 3 bekannt: DIŠ ŠU.SI *ḫa-ši* MURUB$_4$ *a-na i-mi-tim iš-ḫi-ṭa-ma ù re-sa pa-nam* NI [...] *ma-ru-um a-ba-šu i-da-ak-ma* ^{giš}GU.ZA *i-ṣa-*$^{\text{Rasur.}}$*-ba-at* „Wenn der mittlere Lungenfinger nach rechts zuckt und seine Spitze die Vorderseite .[..], wird der Sohn seinen Vater töten und seinen Thron an sich nehmen."

11': Da die Passage beschädigt ist, ist nicht sicher, was das direkte Objekt zu *ikkal* ist. Parallelen lassen an *būlu* „Rinderherde" (YOS 10, 20: 11), *būru* „Kalb" (YOS 10, 41: 35–36) usw. denken. Vgl. auch YOS 10, 41: 64: DIŠ *wa-ar-ka-at ṭú-li-mi-im ú-ṣú-ur-tum i-lu-um i-ka-al* „Wenn die Rückseite der Milz eine Zeichnung ist, wird der Gott verzehren."

Bibliographie

Horowitz W./Oshima T. 2006: Cuneiform in Canaan. Cuneiform Sources from the Land of Israel in Ancient Times.

Nougayrol J. 1971: Nouveaux textes sur le *ziḫḫu* (II), RA 65, 67–84.

—1973: Trois nouveaux recueils d'haruspicine ancienne, RA 67, 41–56.

Spätbabylonische Rechtsurkunden

Vincent Walter

Der vorliegende Artikel stellt die Ergebnisse meiner Magisterarbeit dar, die ich im Mai 2008 an der Universität Leipzig eingereicht habe. Sie hatte die Edition der fünf spätbabylonischen Rechtsurkunden der Sammlung des Altorientalischen Instituts der Universität Leipzig zum Thema.[1] Von diesen fünf Urkunden ist eine – LAOS 1, 53 (SIL 6), ein Lehrvertrag aus der Zeit des Nabonid – bereits in Transliteration und Übersetzung publiziert; zu dieser Urkunde wird nur die bisher fehlende Kopie (s. Tafel XXXV) nachgeliefert. Zu den anderen vier Tafeln, die bisher unbearbeitet waren,[2] werden zusätzlich zur Kopie (s. Tafeln XXXVI – XLIII) jeweils eine Transliteration, eine Übersetzung und ein philologischer Kommentar geboten.

Die Filiationsangaben sind im Kommentar nach dem Schema PN/VN/AN wiedergegeben, bei Fehlen eines Elements respektive PN/VN oder PN//AN. Bezüglich der Lesungen der Personennamen habe ich mich am Index der Edition des Nappāḫu-Archivs von H. D. Baker orientiert.[3] Die Lesungen der Namen sind dabei als konventionelle Lesungen zu verstehen und müssen im Einzelfall nicht vollständig der jeweiligen Graphie entsprechen. Aussagen zur Prosopographie beziehen sich auf die allgemein zugänglichen Personennamen-Register für diese Zeit und Region.[4]

Einordnung der Texte

Die fünf spätbabylonischen Tafeln der Leipziger Sammlung lassen sich optisch in zwei „Gruppen“ einteilen. Einerseits vier Tafeln im Querformat,[5] die ungefähr die gleiche Größe haben, und andererseits eine deutlich kleinere Tafel.[6] Bezüglich ihres Erhaltungszustandes können nur zwei der Tafeln (LAOS 1, 53–54) als gut bezeichnet werden, die anderen Ta-

1 An dieser Stelle möchte ich mich bei Prof. M. P. Streck (Uni Leipzig), dem Betreuer meiner Magisterarbeit, sowie Prof. Michael Jursa (Uni Wien), dem Zweitkorrektor der Arbeit, für ihre wertvollen Hilfestellungen und Ratschläge sowohl im Verlauf der Magisterarbeit als auch bei der Publikationsvorbereitung bedanken.

2 Es existieren aber ein paar handschriftliche Notizen von K. F. Müller in den Unterlagen des Instituts. Größeren Umfangs ist dabei nur eine fast vollständige Umschrift von LAOS 1, 54.

3 Baker 2004, 311–376.

4 In erster Linie ist dies immer noch Tallqvist 1905. Außerdem die Indizes in den Editionen der größeren Privatarchive aus Babylon: Baker 2004, 311–376; Wunsch 1993, Bd. 1, 141–154; Wunsch 2000, Bd. 2, 273–349; Abraham 2004, 473–522; Joannès 1980, 163–169.

5 LAOS 1, 54–57.

6 LAOS 1, 53.

feln weisen jeweils großflächige Beschädigungen auf oder sind stellenweise stark abgerieben.

Die vier Tafeln einheitlichen Formats bilden auch inhaltlich eine Gruppe und sind in das Privatarchiv (Ea-)Eppeš-ilī B[7] aus Babylon einzuordnen,[8] von dem bisher 18 Tafeln bekannt waren.[9] Die vier Leipziger Tafeln dieses Archivs sind Dokumente der dritten Generation des archivhaltenden Zweigs der Familie Eppeš-ilī[10] und datieren – soweit die jeweiligen Daten erhalten sind – in die Jahre 7–16 der Regierungszeit von Dareios I. Sie stammen aus Babylon, auch wenn die Angabe des Herkunftsorts nur auf drei der vier Tafeln erhalten ist.[11]

Hauptprotagonisten seitens der Eppeš-ilī sind in den Leipziger Tafeln die Brüder Itti-Nabû-balāṭu, Nabû-rēmanni und Lâbâši-Marduk. Da der Großteil des Archivs dieser dritten Generation zuzuschreiben ist, ist nicht verwunderlich, dass in mehr als der Hälfte der bisher bekannten Texte jeweils mindestens eine der drei genannten Personen in Erscheinung tritt.[12] Auffällig ist dabei, dass Lâbâši-Marduk bisher ausschließlich zusammen mit Nabû-rēmanni aufgetreten ist. Außerhalb des Archivs ist von diesen drei Brüdern bisher nur Nabû-rēmanni als Zeuge in einer anderen Urkunde belegt.[13]

LAOS 1, 54 (SIL 18) (s. Tafel XXXVI und XXXVII)

71 x 54 x 25mm

Vs. 1 $^{\ulcorner\text{im}\urcorner}$dub *šá* 3 gi^{meš} é *ép-šú ù ḫu-uṣ-ṣu*
2 k[i-*ti*]*m* ⸢*šu-an*⸣-*na*^{ki} *šá qé-reb* ká.dingir.ra^{ki}
3 ⸢uš an.ta ^{im}si.sá⸣ da é $^{\text{md+}}$en-tin-*iṭ* dumu
4 *šá* $^{\text{md+}}$en-šeš^{meš}-mu a ^{m}*e*-⸢*gi-bi* uš ki.ta ^{im}u$_{18}$-lu⸣
5 da sil *rap-šú* sag an.ta $^{\text{im!}}$mar.tu da é
6 ^{m}*ni-din-tu*$_{4}$-$^{\text{d+}}$en dumu *šá* ^{m}*ni-qu*-⸢*du*⸣ dumu ^{md}iškur-mu-kám
7 [sag k]i.ta ^{im}kur.ra da é $^{\text{md+}}$en-tin-*iṭ* dumu
8 [*šá* $^{\text{md+}}$en-š]eš^{meš}-mu dumu ^{m}*e-gi-bi šá ina* ^{iti}zíz u$_{4}$ 2-kám

7 Jursa 2005, 64f.

8 Auf LAOS 1, 56 ist der Familienname nicht vollständig erhalten, die Einordnung ist allerdings anhand der erhaltenen Namensbestandteile und diverser Parallelen zu LAOS 1, 55 problemlos möglich. Näheres s. u. im Kommentar zur Tafel.

9 Es handelt sich um 13 Texte, ediert in Joannès 1980 (davon 12 aus Strasbourg: DCS 130–141 und ein Text aus Paris: AO 20336 – die Kopie ist publiziert in TBÉR, Taf. 76), dazu VS 3, 129; VS 4, 89; VS 4, 114; CT 51, 57 und CT 51, 62. Zur Zuordnung der beiden letztgenannten Texte zum Archiv siehe van Driel 1989, 114.

10 Zu den verschiedenen Generationen siehe Joannès 1980, 157 (mit Stammbaum) und Jursa 2005, 64 (bezieht auch CT 51, 57 und CT 51, 62 ein).

11 In LAOS 1, 56 ist die Herkunftsangabe nicht erhalten, aber aufgrund der engen Beziehungen zu LAOS 1, 55 ist wohl ebenfalls eine Herkunft aus Babylon anzunehmen.

12 Itti-Nabû-balāṭu: DCS 132 (= Joannès 1980, Nr. 3): 3, 10, AO 20336 (= Joannès 1980, Nr. 9): 4, VS 4, 89 (= NRV 316): 12, VS 4, 114 (= NRV 359): 10, VS 3, 129 (= NRV 444): 2, CT 51 62: 2'. Nabû-rēmanni: DCS 134 (= Joannès 1980, Nr. 5): 2, DCS 136 (= Joannès 1980, Nr. 7): 1, 12, AO 20336: 2, DCS 138 (= Joannès 1980, Nr. 10): 2, VS 4, 114: 5. Lâbâši-Marduk: DCS 134: 3, DCS 138: 3, AO 20336: 2, VS 4, 114: 5.

13 VS 3, 97 (= NRV 427): 14.

9 [mu x-kám] ^{m}*da-ri-ia-'-muš* lugal tin.tir^{ki} lugal kur.kur

10 [^{m}*la-a-ba-š*]*i*-^{d}amar.utu dumu *šá* ^{m}[$^{d+}$ag-kar-zi]^{meš} a ^{md}*é-a*-dù-*eš*-⸢dingir⸣

11 [*ina* šu^{II} ^{m}ki]-$^{d+}$ag-tin dumu *šá* $^{md+}$ag-kar-*ir* [a] ^{m}*bu-ú-ṣu*

12 [*a-na* 3 m]a.na 15 gín kù.babbar ki.lam *e-pu-uš*

Rs. 13 [x g]i^{meš} 3 *a-ḫi* ḫa.la *šá* $^{md+}$ag-*re-man*-⸢*ni* a-*šú šá*⸣

14 [$^{md+}$a]g-⸢kar-zi⸣^{meš} a ^{m}dù-*eš*-dingir kù.babbar *'a* 1 1/2 ma.na! 7 1/2 gín

15 [šá]m *a-ḫi* gi^{meš} ^{m}*la-a-ba-ši*-^{d}amar.utu a-*šú šá*

16 $^{md+}$ag-kar-zi^{meš} a ^{m}dù-*eš*-dingir *ina* šu^{II} $^{md+}$ag-*re-man*-⸢*ni*⸣

17 ⸢a-*šú šá* $^{md+}$ag-kar-zi⸣^{meš} a ^{m}dù-*eš*-dingir *e-ṭi-ir*

18 [^{lú}*m*]*u-kin-nu* ^{m}šúm.na-*a* a-*šú šá* $^{md+}$en-*ke-šìr* a ^{lú}a.zu

19 ^{m}*eri-ba*-^{d}amar.utu a-*šú šá* $^{md+}$ag-a-mu a ^{lú}gal.dù

20 ^{m}gi-^{d}amar.utu a-*šú šá* ^{m}*šu-zu-bu* a ^{m}⸢*ka-ník*-ká⸣

21 ^{m}⸢x x x x a-*šú šá* ^{m}x x x a ^{m}*e*⸣-*gi-bi*

22 [^{l}]^{ú}umbisag ^{m}*mu-še-zib*-$^{d+}$en a-*šú šá* ^{m}abgal a ^{lú}azlag

23 ⸢tin.tir⸣^{ki} ^{iti}sig$_4$ u$_4$ 20-kám mu 7-kám

o.Rd. 24 [^{m}*da-r*]*i-'-muš* lugal tin.tir^{ki} lugal kur.kur

[1]Tafel bezüglich (einer Fläche von) 3 Rohr, bebautes Grundstück und (Rohr-)Hütte, [2](im) Bezirk Šuanna, inmitten von Babylon, [3]die obere Langseite im Norden angrenzend an das Haus des Bēl-uballiṭ, Sohn [4]des Bēl-aḫḫē-iddin, Nachkomme von Egibi, die untere Langseite im Süden [5]angrenzend an die Hauptstraße,[14] die obere Querseite im Westen angrenzend an das Haus [6]des Nidinti-Bēl, Sohn des Niqūdu, Nachkomme von Adad-šum-ēreš, [7]die unt[ere Querseite] im Osten angrenzend an das Haus des Bēl-uballiṭ, Sohn [8][des Bēl-a]ḫḫē-iddin, Nachkomme von Egibi, das im Schebat (XI. Monat) am zweiten Tag [9][im Jahr (6-x) des] Dareios, des Königs von Babylon, des Königs aller Länder, [10][Lâbâš]i-Marduk, Sohn des [Nabû-ēṭir-napš]āti, Nachkomme von Ea-eppeš-ilī, [11][aus der Hand des Itti]-Nabû-balāṭu, Sohn des Nabû-ēṭir, [Nachkomme von] Būṣu, [12][für 3 Min]en und 15 Šekel Silber gekauft hat.

[13][Von der Fläche von] 3 Rohr ist die Hälfte der Anteil des Nabû-rēmanni, Sohn [14][des Na]bû-ēṭir-napšāti, Nachkomme von Eppeš-ilī. (Mit) dem betreffenden Silber, (nämlich) 1 1/2 Minen und 7 1/2 Šekel, [15][dem Pre]is der Hälfte der „Fläche",[15] ist Lâbâši-Marduk, Sohn des [16]Nabû-ēṭir-napšāti, Nachkomme von Eppeš-ilī, aus der Hand des Nabû-rēmanni, [17]Sohn des Nabû-ēṭir-napšāti, Nachkomme von Eppeš-ilī, bezahlt (worden).

[18][Ze]ugen: Iddinaja, Sohn des Bēl-kēšir, ⸢Nachkomme von Asû⸣, [19]Erība-Marduk, Sohn des Nabû-aplu-iddin, Nachkomme von Rab-banê, [20]Mušallim-Marduk, Sohn des Šūzubu, Nachkomme von ⸢Kānik-bābi⸣, [21]⸢..., Sohn des...⸣, Nachkomme von Egibi. [22]Schreiber: Mušēzib-Bēl, Sohn des Apkallu, Nachkomme von Ašlāku. [23]Babylon, Monat Siman (iii. Monat), 20. Tag, 7. Jahr [24][des Dar]eios, König von Babylon, König aller Länder.

Die Tafel LAOS 1, 54 ist im Querformat beschriftet und – wie für dieses Format üblich – ungesiegelt.[16] Auf dem unteren Rand sind parallel drei Wellenlinien eingeritzt, die Funktion

14 Wörtl: „breite Straße".

15 Wörtl.: „der Rohre".

16 Siehe Baker 2003, 244.

solcher Linien ist allerdings nicht vollständig klar.[17] Der Erhaltungszustand der Tafel ist relativ gut, die geklebte Bruchkante, die quer über die Tafel verläuft, und die weggebrochene untere linke Ecke der Vorderseite sind die einzigen Beschädigungen. Von Abrieb ist die Tafel zum Großteil verschont geblieben.

Inhalt der Urkunde ist ein Hauskauf, den Lâbâši-Marduk einige Zeit vor Ausstellung der Urkunde vorgenommen hatte. Offensichtlich handelte es sich bei diesem Erwerb eines Stadtgrundstücks um eine gemeinschaftliche Aktion mit seinem Bruder Nabû-rēmanni, für die Lâbâši-Marduk allerdings die komplette Kaufsumme vorgestreckt hatte. Das eigentliche Anliegen der Urkunde ist daher nicht der Kauf an sich, sondern eine Quittung darüber, dass Nabû-rēmanni seinem Bruder den halben Kaufpreis, seinen eigenen Anteil, erstattet hat.

Bezüglich der Orthographie ist die Variabilität der gebrauchten Logogramme in den Filiationsangaben dieser Urkunde auffällig. Es treten dabei – ohne erkennbare Systematik – drei verschieden Varianten nebeneinander auf: PN dumu *šá* VN a AN,[18] PN dumu *šá* VN dumu AN[19] und die üblichste Version[20] PN a-*šú šá* VN a AN.[21] Dabei kann sogar derselbe Name mit verschiedenen Varianten der Filiationsangabe auftreten.[22]

1: Der Begriff *ṭuppu* (^{im}dub), der das Dokument als eine Art Überschrift spezifiziert, ist der generische Ausdruck für „Tontafel" (und damit in speziellerem Sinne auch für Rechtsdokumente jeglicher Art[23]) und lässt keine Rückschlüsse auf den Inhalt der Tafel zu. Die – anhand des Zeichens ebenfalls denkbare – Lesung *kunukku* (^{im}kišib)[24] „gesiegelte Tafel" ist mangels einer Siegelung auszuschließen.[25]

Die Fläche von 3 *qanû* (gi^{meš}), die für das betreffende Grundstück angegeben ist, ist nach dem in neubabylonischer Zeit üblichen Flächenmaßsystem bemessen und entspricht einer Fläche von ca. 36,75 m^2.[26] Zur Klassifizierung des Grundstücks als *bītu epšu u ḫuṣṣu* „bebautes Grundstück[27] und (Rohr-)Hütte" kann keine nähere Aussage getroffen werden, da umfassendere Untersuchungen zu diesem Thema bisher noch ausstehen.[28] In BM 77513 (= Baker 2004, Nr. 80): 1 scheint aber die gleiche Art der Bebauung belegt zu sein.[29]

---

17 Baker 2003, 245 und Anm. 19. Plausibel scheint der Ansatz von Jursa, der derartige Phänomene als Absicherung gegen das spätere Hinzufügen von Text erklärt, siehe Zawadzki/Jursa 2001, 358.

18 So z. B. Z. 3f.: Bēl-uballiṭ/Bēl-aḫḫē-iddin/Egibi oder Z. 10: Lâbâši-Marduk/Nabû-ēṭir-napšāti/Ea-eppeš-ilī.

19 So. z. B. Z. 6: Nidinti-Bēl/Niqūdu/Adad-šum-ēreš oder Z. 7f.: Bēl-uballiṭ/Bēl-aḫḫē-iddin/Egibi.

20 Jursa 2005, 7 Anm. 35.

21 So z. B. Z. 13f.: Nabû-rēmanni/Nabû-ēṭer-napšāti/Eppeš-ilī oder die komplette Zeugenliste.

22 Bēl-uballiṭ/Bēl-aḫḫē-iddin/Egibi wird in Z. 3f. als PN dumu *šá* VN a AN, in Z. 7f. hingegen als PN dumu *šá* VN dumu AN wiedergegeben. Bei Lâbâši-Marduk/Nabû-ēṭer-napšāti/Eppeš-ilī wird in Z. 10 PN dumu *šá* VN a AN und in Z. 15f. PN a-*šú šá* VN a AN geschrieben.

23 CAD Ṭ 129ff.

24 Die Zeichen DUB und KIŠIB sind neubabylonisch kaum auseinanderzuhalten, siehe dazu Owen/Watanabe 1983, 46f.

25 Zur neu- und spätbabylonischen Siegelpraxis im Allgemeinen siehe Oelsner 1978.

26 Powell 1987–1990, 482f.

27 Siehe zu dieser Interpretation von *bītu epšu* die Übersetzung „built plot" bei Baker 2004, 57 Anm. 360.

28 Für einen vorläufigen Überblick der Thematik siehe Baker 2004, 57–62.

29 Siehe dazu auch den zugehörigen Kommentar: Baker 2004, 163.

2: Der Bezirk Šuanna, in dem sich das Grundstück befand, war im Zentrum von Babylon am Ostufer des Euphrats zwischen dem Uraš-Tor und dem Tempelbezirk Eridu gelegen.[30]

3–4: Bēl-uballiṭ/Bēl-aḫḫē-iddin/Egibi, der Nachbar, dessen Grundstück im Norden angrenzt, ist anderweitig bisher unbekannt. Ein Bēl-uballiṭ//Egibi ist aber in einigen Urkunden belegt[31] und ein Bēl-aḫḫē-iddin//Egibi ist in einem Seitenzweig der Familie Egibi als Vater des Bēl-udammiq (= Dummuqu), der durch seine Ehe mit ᶠQibî-dumqī-ilat/Nabû-aḫḫē-iddin/Egibi mit dem bekannten Hauptzweig der Familie verbunden ist,[32] belegt.[33]

5: Mit dem Begriff *sūqu rapšu* wurden üblicherweise die Haupt-/Prozessionsstraßen im Unterschied zu anderen öffentlichen Straßen und kleinen Sackgassen bezeichnet.[34] Durch den Bezirk Šuanna verlief laut der topographischen Texte die Prozessionsstraße des Nabû *Nabû-dajjān-nišīšu* auf einer groben Nord-Süd-Achse zwischen Uraš-Tor und Esagil.[35] Dabei dürfte es sich also um die im Text nicht näher spezifizierte *sūqu rapšu* handeln, an der sich auch der Zugang zum Haus befunden haben müsste.[36] Dass die Straße im Süden an das Grundstück angrenzte, stützt dabei die Annahme, dass auch die Hauptstraßen – im Gegensatz zu früheren Theorien – nicht wie am Reißbrett entworfen gerade verliefen.[37] Denn bei einem geraden Verlauf wäre nur ein Angrenzen im Osten oder Westen denkbar.

6: Der westliche Nachbar Nidinti-Bēl/Niqūdu/Adad-šum-ēreš ist aus zwei anderen Texten bereits bekannt, unter anderem auch in der Funktion des Schreibers.[38]

7–8: Die Tatsache, dass für Nord- und Ostseite derselbe Nachbar verzeichnet wird, deutet darauf hin, dass eines dieser beiden Grundstücke eine unregelmäßige Form gehabt haben muss.

30 George 1992, 24f. mit fig. 4.
31 Als Vater des Nabû-nādin-aḫi: Dar 463 (= Baker 2004, Nr. 56): 15, Dar 496 (= Baker 2004, Nr. 17): [16]. Als Vater des Iddin-Marduk: Nbk 161: 4. Eine Identifikation mit dem Letztgenannten ist aber aufgrund der zeitlichen Distanz eher unwahrscheinlich.
32 Wunsch 2000, Bd. 1, 13.
33 Camb 2 (= Wunsch 2000, Nr. 41): 5, Nbn 760 (= Wunsch 2000, Nr. 39): 4, 15, Cyr 337 (= Wunsch 2000, Nr. 167): 20, BM 31444 (= Wunsch 2000, Nr. 170): Rs. 6', BM 32016 (= Wunsch 2000, Nr. 42): 6', Cyr 275: 2, Cyr 303: 11, Cyr 338: 17, Camb 38 (lt. Strassmaiers Kopie allerdings steht dort aber Nabû, nicht Bēl): 8, Camb 285: 9, Peek 16: 17, Cyr 64: 15, Cyr 129: 10, Cyr 130: 17, Cyr 362: 5.
34 Baker 2007, 67. Siehe auch die Übersetzung „main street" in CAD S 404.
35 George 1992, 25.
36 Baker 2007, 70.
37 Baker 2007, 67f. Zu der älteren Theorie siehe z. B. Gates 2003, 181.
38 Als Protagonist: VS 5, 70 = VS 5, 71 (= NRV 75 = Baker 2004, Nr. 188): 1. Als Schreiber: VS 4, 133 (= NRV 77 = Baker 2004, Nr. 190): 16.

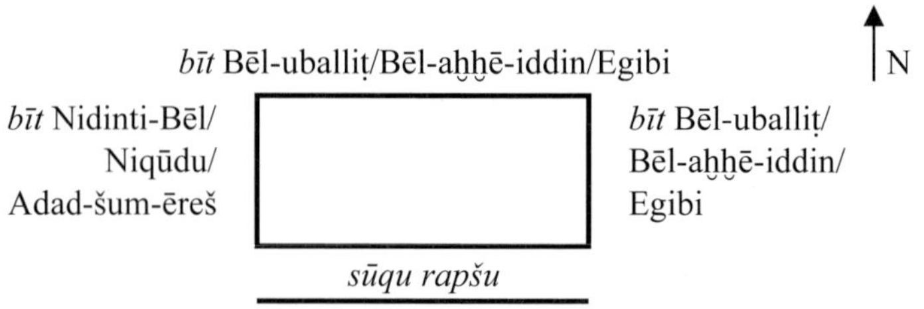

Abb. 1: Grundstücksskizze gemäß den Angaben des Textes

9: Die nicht sicher rekonstruierbare Angabe des Jahres lässt sich auf den Zeitraum von Regierungsbeginn an bis zum sechsten Regierungsjahr eingrenzen, da die Urkunde in den iii. Monat (Siman) des siebten Regierungsjahrs datiert ist und somit die hier im xi. Monat (Schebat) angesetzte Transaktion spätestens im sechsten Regierungsjahr stattgefunden haben kann. Auffällig ist auch die außergewöhnliche Schreibung des Königsnamens Dareios in dieser Datumsangabe, die – wenn nicht vollkommen neu – so doch zumindest ausgesprochen selten ist.[39]

10: Die notwendigen Ergänzungen bei den Namen in dieser Zeile lassen sich anhand des Vergleichs mit den Zeilen 15 und 16 sicher vornehmen. Denn inhaltlich wird klar, dass hier nur von Lâbâši-Marduk/Nabû-ēṭir-napšāti/Eppeš-ilī die Rede sein kann, allerdings ließen die Zeichenreste in diesem Archivkontext auch kaum eine andere Interpretation zu. Zu erwähnen ist auch die ausführliche Schreibung des Familiennamens als Ea-eppeš-ilī. Dies ist die ursprünglichere, allgemein aber ungebräuchlichere Form des Namens. Dabei fällt auf, dass dies innerhalb dieser Urkunde die einzige derart ausführliche Schreibung ist.

11: Die Ergänzung [*ina* šu^{II}] am Zeilenanfang ergibt sich aus der Tatsache, dass der Verkäufer bei der Wendung *maḫīru epēšu*, dem *terminus technicus* für den Vorgang des „Erwerbens",[40] üblicherweise durch *ina qāti*^{II} eingeführt wird.[41]

Neben der schon genannten Ergänzung ist noch Platz für ein Zeichen, von dem allerdings keinerlei Reste vorhanden sind. Daher ist der Name des Vorbesitzers des Grundstücks meiner Meinung nach zu Itti-Nabû-balāṭu zu ergänzen. Dafür spricht auch, dass der ebenfalls denkbare Name Nabû-uballiṭ üblicherweise konsequent mit phonetischem Komplement, also $^{\mathrm{md+}}$ag-tin-*iṭ*, geschrieben wird.[42] Ein Itti-Nabû-balāṭu/Nabû-ēṭir/Būṣu ist bisher nicht belegt, dies würde aber gleichermaßen für einen Nabû-uballiṭ mit dieser Filiation

39 Zumindest verzeichnet Tallqvist 1905, 53f. für die 700 dort untersuchten Urkunden aus der Zeit des Dareios keine derartige Schreibung. Vergleiche aber AO 9087 (= TÉBR Nr. 66): 14. Dort transliteriert Joannès [^{m}*da-ri-ia*]-*'a-wuš*. Aufgrund der Beschädigung ist allerdings nicht zu verifizieren, ob es sich um die gleiche Schreibung wie in der vorliegenden Urkunde handelt.

40 Allerdings nicht in Kaufverträgen, dort wird die Wendung *maḫīru nabû* gebraucht. Zum Formular des Immobiliar-Kaufvertrags siehe Petschow 1939, 7ff.

41 Zu *maḫīru epēšu* siehe Ungnad 1937, 25 und CAD M/1, 97. Es wäre auch eine Konstruktion mit *itti* möglich, aber bei Fällen, die mit dem vorliegenden vergleichbar sind, wird *ina qāti*^{II} gebraucht, so z. B. VS 5, 20 (= NRV 49): 2 und VS 5, 113 (= NRV 38): 3.

42 Siehe dazu Tallqvist 1905, 149 (oder zum vergleichbaren Namen Bēl-uballiṭ: Tallqvist 1905, 44). Auch die Personennamen-Indizes der Editionen des Egibi- und des Nappāḫu-Archivs verzeichnen keine Belege für andere Schreibungen.

gelten, so dass eine endgültige Identifikation des Personennamens momentan unmöglich ist.

12: Am Anfang dieser Zeile sind zur Vervollständigung des Kaufpreises 3 Minen zu einem Gesamtpreis von 3 Minen 15 Šekel zu ergänzen. Dies geht zweifelsfrei aus Zeile 14 hervor, in der die Hälfte des Kaufpreises als 1,5 Minen 7,5 Šekel angegeben wird. Vor dem Zahlzeichen 3 ist noch die Präposition *ana* zu ergänzen, die bei der Konstruktion mit *maḫīru epēšu* den Kaufpreis einführt.[43]

13: Aus dem Inhalt dieser und der folgenden Zeilen ergibt sich, dass am Anfang dieser Zeile eine Präposition, z. B. *ina*, oder das Determinativpronomen *ša* als Anzeiger des vorangestellten Genitivs zu ergänzen ist. Die genaue Konstruktion bleibt allerdings unklar. Da die betreffende Fläche schon vorher im Text genannt wurde und hier wieder aufgegriffen wird, ist die Zahl dem Gezählten nachgestellt,[44] auch wenn an dieser Stelle das Gezählte nicht explizit durch ein Demonstrativum *ā* oder *šū* determiniert ist.[45]

14: Bei der Silbermenge ist das gleiche Phänomen zu beobachten wie in Zeile 13 (dort in Bezug auf die Fläche). In diesem Fall ist das Gezählte auch explizit mit dem Demonstrativum *ā* determiniert.

18–22: Iddinaja/Bēl-kēšir/Asû ist bisher mit voller Filiation nicht belegt, allerdings tritt in Dar 387: 10 ein Iddinaja/[...]/Asû als Zeuge auf. Eine mögliche Identifikation dieser beiden Personen könnte eventuell durch eine Kollation der Tafel bestätigt werden, die von Strassmaier kopierten Zeichenreste am Anfang des Namens sprechen zumindest nicht gegen eine Lesung ⌈$^{d+}$en⌉.

Erība-Marduk/Nabû-aplu-iddin/Rab-banê ist aus drei Urkunden des Nappāḫu-Archivs als Protagonist, Zeuge und auch Schreiber bekannt[46] und auch Mušallim-Marduk/Šūzubu/Kānik-bābi ist in einer Vielzahl von Texten des Nappāḫu-Archivs als Zeuge und Schreiber belegt.[47] Der letzte Name der Zeugenliste ist nicht vollständig zu rekonstruieren, da die Zeile fast komplett von einem Bruch durchzogen ist. Einzig der Familienname Egibi ist lesbar, die erkennbaren Zeichenreste des Namens und des Vatersnamens deuten allerdings darauf hin, dass es sich bei diesem Zeugen nicht um den schon im Dokument genannten Nachbarn Bēl-uballiṭ/Bēl-aḫḫē-iddin/Egibi handelt. Der Schreiber Mušēzib-Bēl/Apkallu/Ašlāku ist bereits aus drei weiteren Urkunden bekannt.[48]

---

43 Siehe CAD M/1, 97b mit dem vergleichbaren Beispiel Cyr 161: 31f. Als weiteres Beispiel könnte BV 121 (= Baker 2004, Nr. 14): 18 angeführt werden.

44 Streck 1995, 54f.

45 Diese Demonstrativa müssten nämlich ebenfalls nach dem Gezählten stehen. Siehe dazu GAG §45h.

46 Als Protagonist: VS 5, 99 (= Baker 2004, Nr. 112): 2. Als Zeuge: VS 5, 73 (= Baker 2004, Nr. 189): 19. Als Schreiber: VS 3, 147+222 (= Baker 2004, Nr. 174): 16'.

47 Als Zeuge: VS 4, 82 (= Baker 2004, Nr. 214): 10, VS 4, 86 (= Baker 2004, Nr. 94): 10, VS 4, 120 (= Baker 2004, Nr. 223): 12, VS 4, 121+122 (= Baker 2004, Nr. 195): 11, VS 5, 73 (= Baker 2004, Nr. 189): 13, Dar 37: 33, BV 117 (= BM 84.2-11,254): 34, BM 77513 (= Baker 2004, Nr. 80): 34, BM 92796 (= Baker 2004, Nr. 92): 33, CTMMA 3, 97 (= Baker 2004, Nr. 114): 20, MM 1089 (= Baker 2004, Nr. 135): Rs 5'. Als Schreiber: VS 4, 117 (= Baker 2004, Nr. 217): 13, VS 4, 129 (= Baker 2004, Nr. 117): 14, VS 4, 186 (= Baker 2004, Nr. 95): [11], VS 4, 197 (= Baker 2004, Nr. 81): 14.

48 Als Protagonist: Dar 289: 4. Als Zeuge: Dar 336: 14, VS 3, 207 (= Baker 2004, Nr. 130): 12'. Zu diesem Namen kann noch als interessante Anekdote erwähnt werden, dass im Leipziger Exemplar von Tallqvist 1905 neben dem entsprechenden Eintrag handschriftlich vermerkt ist: „Tafel Leipzig 18 Schreiber!“.

22–23: Im julianischen Kalender entspricht das Datum dem 25. Juni im Jahre 515 v. Chr.[49]

LAOS 1, 55 (SIL 19) (s. Tafel XXXVIII und XXXIX)
72 x 56 x 19mm

Vs. 1 ⸢*e-peš*⸣ níg.⸢kas$_{7}$⸣ [x x x x x x x x x]
2 ⸢x še.numun⸣ [*z*]*aq*!-⸢*pi*⸣ [x x x x x x]
3 *šá ul-tu* mu 14-kám *a-di* ⸢*qí-it*⸣ ^{i}[^{ti}x mu x-kám]
4 ^{m}⸢*da-ri-ia-muš*⸣ lugal *šá* ^{m}ki-$^{d+}$ag-tin $^{md+}$ag-⸢*re*⸣-*m*[*an-ni*]
5 ⸢*u*⸣ ^{m}*la-a-ba-ši*-^{d}amar.utu dumu^{meš} *šá* ^{m}⸢$^{d+}$ag-kar⸣-z[i^{meš}]
6 ⸢a⸣ ^{m}dù-*eš*-dingir *a-di* še.numun é *nu-dun-né*-⸢*e*⸣ *šá* ^{f}*tab-l*[*uṭ*]
7 ama-*šú-nu it-ti a-ḫa-meš qa-tu-ú* buru$_{14}$ *šá* š[e.bar]
8 *ù* zú.lum.ma *šá* še.numun *šá* ^{m}*ab-di-ia šá ina* ⸢šu^{II}⸣
9 ^{m}⸢kar⸣-^{d}amar.utu a-*šú šá* ^{md}⸢di⸣.ku$_{5}$-šeš^{meš}-⸢mu⸣ *a-na* ḫa.l[a-*šú-nu*?]
10 ⸢*maḫ*⸣!-*ru* ^{m}ki-$^{d+}$ag-tin ⸢*a-na*⸣ *e-ṭè-ru šá* ^{m}⸢*ab*⸣-*d*[*i-ia*]
11 ⸢*a-ki*⸣-*i šá-ṭa-ru šá it-ti* ^{m}⸢*ab*⸣-*di-ia iš-ṭu-r*[*u*]
12 *a-na ma-la*! ḫa.la-*šú-nu ina* šu^{II} $^{md+}$ag-*re-man-ni*
13 *u* ^{m}*la-a-*[*ba*]-*ši*-^{d}amar.utu *e-ṭi-ir* 2 ma.na 13 g[ín]
14 ⸢*re-eḫ-tu*$_{4}$ kù.babbar *šá a-na gim-ru*⸣ a.šà *šá ka*-⸢*re-e*⸣-*š*[*ú-nu*]
u.Rd. 15 šúm.na ^{m}ki-$^{d+}$ag-tin *ul e*-⸢*ṭir*⸣
Rs. 16 ⸢*i-na* ^{iti}bár mu 17-kam ur$_{5}$.ra⸣ kù.babbar
17 *ina* ⸢*ka-re*⸣-*e-šú-nu i*-⸢*nam-din* šám!⸣ buru$_{14}^{meš}$ *šá* [še.numun]
18 *šá* ^{uru}*ṭa-ba-a-nu ina ka*-⸢*re-e-šú-nu*⸣ *iṭ-ṭi-ir*
19 [1+*e*]*n*$^{ta-àm}$ *šá-ṭa-ru il*-⸢*qu*⸣-*ú*
20 [^{lú}]*mu*-[*kin*]-*nu* ^{md}*za-ba*$_{4}$-*ba*$_{4}$-zi-*tì*-ùru a-*šú šá* ^{m}*tab-né*-⸢*e*⸣-[*a*]
21 [a] ⸢^{m}dù-*eš*-dingir⸣ ^{md}u.gur-gi a-*šú* ^{m}⸢*ba-la*⸣-*ṭu* a ^{m}*ir-a*-[*ni*]
22 ^{m}*zu*-⸢*um*⸣-*ba-a* a-*šú šá* ^{m}mu-mu a ^{m}dù-*eš*-dingir
23 ^{m}*mu-ra-nu* a-*šú šá* ^{m}x-^{d}⸢amar.utu⸣ a ^{m}dù-*eš*-dingir
24 $^{md+}$ag-*it-tan*!-*nu* a-*šú šá* ^{m}en-*šú-nu* a ^{md}XXX-⸢dù⸣
25 ^{m}*ba-zu-zu* a-*šú šá* ^{m}⸢kar⸣-^{d}[x x a] ^{md}iškur-*šam*-[*me-e*]
26 ^{m}*ba-la*-⸢*ṭu*⸣ a-*šú šá* $^{md+}$en-⸢gi⸣ [a ^{m}dù-*e*]*š*-dingir ⸢^{m}NI/DÙ-x x⸣
27 ⸢a⸣-*šú* ⸢*šá*⸣ ^{m}gar-mu a ^{m}dù-*eš*-dingir ^{m}⸢NI⸣-[x x] ⸢a⸣-*šú šá* $^{md+}$⸢ag-kam
28 a ^{m}*é-sag-íl-a-a* ^{md}u.gur-šeš^{meš}-mu a-*šú*
29 *šá* $^{md+}$⸢ag⸣-mu-gar-*un* a ^{m}⸢en⸣-kaskal-kur.ra $^{md+}$en-mu [^{lú}umbisag]
30 a-*šú šá* $^{md+}$en-⸢gi⸣ a ^{m}⸢dù-*eš*-dingir⸣ tin.⸢tir⸣^{ki} [^{iti}x]
o.Rd. 31 u$_{4}$ 12-kám ⸢mu⸣ 16-kám ⸢^{m}*da-ri*⸣-[*ia-muš*]

[1]Abrechnung von […] [2][des(?)] [bep]flanzten Grundstücks […] [3]vom 14. Jahr bis zum Ende des (Mon[ats) des Jahres x des] [4]Dareios, des Königs, (die Abrechnung) von Itti-Nabû-balāṭu, Nabû-r[ēmanni] [5]und Lâbâši-Marduk, den Söhnen des Nabû-ēṭir-napš[āti], [6]Nachkomme von Eppeš-ilī – einschließlich der Anbaufläche, des Mitgiftsgrundstücks der

49 Parker/Dubberstein 1956, 30.

Tabluṭu, [7]ihrer Mutter, haben sie miteinander abgerechnet.[50] (Bezüglich des) Ertrag(s) von G[erste] [8]und Datteln der Anbaufläche des Abdija, den er (= Abdija) aus der Hand [des] [9]Mušēzib-Marduk, des Sohnes des Madānu-aḫḫē-iddin ⸢bis zu ihrem Anteil [10]erhalten hat⸣ – Itti-Nabû-balāṭu ist für die Bezahlung des Abd[ija] [11]gemäß dem Dokument, das er zusammen mit Abdija aufges[etzt hat,[51]] [12]bis zu ihrem vollen Anteil aus der Hand von Nabû-rēmanni [13]und Lâbâši-Marduk bezahlt (worden). Mit 2 Minen 13 Še[kel], [14]dem Rest des Silbers, das für die Kosten des gemeinsamen Feldes [15]gegeben war, ist Itti-Nabû-balāṭu nicht bezahlt worden.

[16]Im Monat Nisan (i. Monat) des Jahres 17 wird er den Zins des Silbers [17]aus ihrem gemeinsamen Besitz geben. Den Erlös des Ertrags der [Anbaufläche] [18]von Ṭābānu wird er aus dem gemeinsamen Besitz bezahlen. [19]Je ein(e Kopie des) Dokument haben sie genommen.

[20]Zeuge(n): Zababa-napišti-uṣur, Sohn des Tabnêa, [21][Nachkomme von] Eppeš-ilī. Nergal-ušallim, Sohn des Balāṭu, Nachkomme von Ir'anni. [22]Zumbaja, Sohn des Šum-iddin, Nachkomme von Eppeš-ilī. [23]Mūrānu, Sohn des [...]-Marduk, Nachkomme von Eppeš-ilī. [24]Nabû-ittanu, Sohn des Bēlšunu, Nachkomme von Sîn-ibni. [25]Bazūzu, Sohn des Mušēzib-[..., Nachkomme von] Adad-šammê. [26]Balāṭu, Sohn des Bēl-uš[allim, Nachkomme von Eppeš]-ilī. NI/DÙ-[...], [27]Sohn des Šākin-šumi, Nachkomme von Eppeš-ilī. NI-[...], Sohn des Nabû-ēreš, [28]Nachkomme von Esagilaja. Nergal-aḫḫē-iddin, Sohn [29]des Nabû-šum-iškun, Nachkomme von Bēl-Ḫarrān-šadû. Bēl-iddin (ist) [der Schreiber], [30]Sohn des Bēl-ušallim, Nachkomme von Eppeš-ilī [... Monat ...,] [31]12. Tag, 16. Jahr (des) Dar[eios].

Die Tafel ist im Querformat beschriftet. Die obere rechte Ecke der Vorderseite ist weggebrochen[52] und es gibt zwei Bruchstellen auf den beiden Seitenrändern, auf der Rückseite ist inmitten der Zeugenliste eine auffällig symmetrische Beschädigung zu finden. Allgemein ist die Tafel vor allem auf der Rückseite relativ stark abgerieben. Erwähnenswert ist außerdem, dass auf dem linken Rand neben der heutigen Inventarnummer 19 noch eine ältere Inventarnummer – eine Vier – zu erkennen ist.

Bei der Urkunde handelt es sich um eine Abrechnung, deren Objekt aber nicht sicher zu rekonstruieren ist. Klar ist jedoch, dass es sich um etwas handeln muss, das für einen bestimmten Zeitraum abgerechnet werden kann. Denkbar wären dabei die Ernteerträge, die im weiteren Verlauf der Urkunde noch mehrfach thematisiert werden. Diese Abrechnung wurde von Itti-Nabû-balāṭu, Nabû-rēmanni und Lâbâši-Marduk „einschließlich des Mitgiftsgrundstücks [...] ihrer Mutter" durchgeführt. Dass das genannte Mitgiftsgrundstück hier – und auch in LAOS 1, 56 – offensichtlich im gemeinsamen Besitz (oder zumindest unter der Verwaltung) der drei Brüder ist, legt nahe, dass ihre Mutter bei Ausfertigung der Urkunde schon verstorben war. Denn die Mitgift war während der Ehe unter der Verwaltung des Ehemanns und fiel nach dessen Tod unter die Verwaltung der Ehefrau. Eigentlicher Zweck der Mitgift war allerdings die Versorgung der gemeinsamen Kinder der Ehe,

50 Wörtl.: „beendet".

51 Wörtl.: „geschrieben hat".

52 Diese Beschädigung betrifft allerdings auch die letzten Zeilen der Rückseite.

die die Mitgift nach dem Tod der Mutter – unabhängig davon, ob der Vater noch am Leben war – erbten.[53]

Danach folgt eine Reihe von Quittungen und Schuldklauseln, bei denen die zugrundeliegenden Schuldverhältnisse nicht immer klar ersichtlich sind. Dabei ist zuerst vom Ernteertrag des Abdija – vermutlich ein Nachbar der Eppeš-ilī in Ṭābānu[54] – die Rede, den dieser von Mušēzib-Marduk, dem Cousin der Protagonisten,[55] im Umfang „ihres Anteils“[56] erhalten habe. „Für die Bezahlung des Abdija“ – gemäß einem mit ihm zusammen ausgefertigten Dokument – erhält Itti-Nabû-balāṭu daraufhin von seinen beiden jüngeren Brüdern Nabû-rēmanni und Lâbâši-Marduk[57] deren volle Anteile. Die Situation stellt sich mir daher wie folgt dar: Die Eppeš-ilī-Brüder scheinen für ihren Nachbarn Abdija den Verkauf von dessen Ernte übernommen zu haben, die Auszahlung des Abdija übernahm dann ihr Cousin Mušēzib-Marduk – allerdings mit dem Geld des Itti-Nabû-balāṭu. Dieser wurde wiederum von seinen Brüdern für die von ihm vorgestreckte Geldsumme entschädigt. Danach wird darauf hingewiesen, dass Itti-Nabû-balāṭu den Rest einer Silbersumme, die für die „Kosten“[58] des gemeinsamen Feldes gegeben war, (noch) nicht erhalten hat. Wieso die drei Brüder gemeinschaftlich ein Feld besessen haben, geht aus den Urkunden nicht hervor. Es wäre denkbar, dass es sich beim gemeinschaftlichen Feld um das schon genannte Mitgiftsgrundstück handelt, da geerbte Grundstücke nicht immer direkt aufgeteilt wurden. Verwaltet wurden sie bis zur endgültigen Teilung dann normalerweise vom ältesten Sohn:[59] Dies würde durchaus zu den in der Urkunde notierten Vorgängen passen, allerdings ist nicht auszuschließen, dass bei einem gemeinschaftlichen Besitzverhältnis, das auf irgendeinen anderen Grund zurückzuführen ist, nicht genauso verfahren würde.[60]

Es folgen zwei Sätze bezüglich zukünftiger Zahlungen, deren Subjekt nach wie vor Itti-Nabû-balāṭu sein müsste, da ein nicht angezeigter Subjektswechsel nicht anzunehmen ist. Es wird also notiert, dass einerseits Itti-Nabû-balāṭu im Monat Nisan des nächsten Jahres den Zins des Silbers aus dem gemeinsamen Besitz zahlen werde. Leider ist dabei nicht völlig klar, für welche Silbersumme Zinsen fällig werden, aber die einzig sinnvolle Erklä-

53 Oelsner/Wells/Wunsch 2003, 940f.

54 In AO 20336 (= Joannès 1980, Nr. 9): 4 wird ein Abdija – ebenfalls ohne Filiationsangabe – als Nachbar genannt. Die Urkunde ist in Ṭābānu ausgestellt und die Protagonisten seitens der Eppeš-ilī sind dieselben wie in der vorliegenden Urkunde. Der Schluss, dass es sich in beiden Fällen um dieselbe Person handelt, liegt also nahe, auch wenn AO 20336 14 Jahre später datiert als LAOS 1, 55. Mangels Filiation lässt sich diese Vermutung aber weder sicher verifizieren noch falsifizieren.

55 Dies geht aus LAOS 1, 56: 16' hervor. Dort wird ein Mušēzib-Marduk (ohne Nennung der Filiation) als Cousin („Sohn des Bruders des Vaters“) unserer drei Protagonisten bezeichnet. Auch wenn hier in LAOS 1, 55 die Nennung des Familiennamens fehlt, ist davon auszugehen, dass es sich dabei um eben jenen Mušēzib-Marduk handelt, da in zwei Urkunden des Nappāḫu-Archivs ein Mušēzib-Marduk/Madānu-aḫḫē-iddin/Eppeš-ilī als Zeuge auftritt (BM 77543 = Baker 2004, Nr. 23: 13 und BRM 1, 80 = Baker 2004, Nr. 22: 12).

56 Dabei muss es sich um den Anteil der drei Brüder sowie eventuell noch des Mušēzib-Marduk handeln.

57 In AO 20336: 4 wird Itti-Nabû-balāṭu explizit als šeš-*šu-nu* gal[ú] bezeichnet. Desweiteren wird er in Aufzählungen dieser drei Brüder immer zuerst genannt, was ebenfalls darauf hindeuten würde, dass er der ältere Bruder ist (siehe dazu Baker 2002, 9).

58 Siehe dazu unten die Anmerkung zu Z. 14.

59 Oelsner/Wells/Wunsch 2003, 938.

60 Zudem ist zu beachten, dass in LAOS 1, 56: 13'f. von einem weiteren gemeinschaftlichen Feld in Ṭābānu – zusätzlich zu dem Mitgiftsgrundstück der Tablūṭu – die Rede ist.

rung scheint die noch ausstehende Bezahlung des Mušēzib-Marduk zu sein. Wohl ebenfalls im Monat Nisan soll er dann den Erlös des Ernteertrags aus dem gemeinsamen Besitz bezahlen. Empfänger und Grund dieser Zahlung werden nicht genannt.

Vor dem obligatorischen Abschnitt mit Zeugenliste und Angaben über Schreiber und Ausstellungsort/-datum wird abschließend noch bestätigt, dass für alle involvierten Parteien – das dürften in diesem Fall die Eppeš-ilī-Brüder und Mušēzib-Marduk gewesen sein – ein Exemplar des Dokuments ausgestellt worden ist.

2: Da diese Zeile außergewöhnlich stark abgerieben ist, erschließt sich daraus leider nur wenig über den Gegenstand der Abrechnung. Einzig die erkennbaren Spuren von še.numun lassen sich sinnvoll einordnen und zeigen, dass bei dieser Abrechnung Agrarflächen oder deren Produkte im Zentrum des Interesses gestanden haben. In Anbetracht des geringen Platzes davor und dem restlichen Inhalt der Urkunde wäre vielleicht denkbar, dass die entsprechende Passage (beginnend am Ende von Zeile 1) in dieser Art zu rekonstruieren ist: ^{1}[… buru$_{14}$ ^{2}*šá*] ⌜še. numun⌝.

6: Der Name am Zeilenende dürfte zu Tabluṭu zu ergänzen sein, auch wenn der Name in DCS 130: 3 ^{f}*ta-bal-ṭu-ṭu* geschrieben ist. Dies belegen die Schreibungen in CT 51, 57: 16 und LAOS 1, 56: 15'.[61] Bei ihrem hier angesprochenen Mitgiftsgrundstück dürfte es sich um das Grundstück handeln, das sie von ihrem Schwiegervater Marduk-zēr-ibni/Bēl-upaḫḫir/Eppeš-ilī anstelle ihres ursprünglichen Mitgiftsgrundstücks in Danītāja[62] erhalten hat.[63] Es ist anzumerken, dass es sich bei jenem Grundstück um *ḫanšû*-Land handelt.[64]

8: Die Formel *itti aḫāmeš qatû* bezieht sich auf das Objekt *epēš nikkasi* in Z. 1. Dies ist die übliche Formel, um eine gemeinsam durchgeführte Abrechnung wiederzugeben.[65]

12: Die Formel *mala zitti* „voller Anteil" ist die allgemein übliche Wendung, wenn ausgedrückt werden soll, dass bezüglich einer größeren Summe nur der entsprechende Anteil – dieser dafür komplett – betrachtet wird.[66] Es scheint also hier der Fall zu sein, dass die drei Brüder gemeinsam für die ausstehende Zahlung ihres Cousins aufkommen müssen und Nabû-rēmanni und Lâbâši-Marduk ihren Anteil an dieser Zahlung an Itti-Nabû-balāṭu entrichtet haben. Eine weniger wörtliche Übersetzung „soviel daran ihr Anteil ist"[67] wäre daher wohl aussagekräftiger.

13: Die hier angegebene Menge von 2 Minen 13 Šekel als „Rest" ist bemerkenswert, wenn dabei auch LAOS 1, 56 in Betracht gezogen wird. Denn die Addition der in LAOS 1, 56: 9' genannten 2 2/3 Minen 7 Šekel mit der hier genannten Menge ergibt die Summe von

61 Für eine nähere Betrachtung siehe den Kommentar zu LAOS 1, 56: 15'.

62 Ein Ort, der wahrscheinlich in der Nähe von Babylon lag. Allerdings ist er bisher ausschließlich in 2 (evtl. 3) Texten dieses Archivs bezeugt, siehe dazu Zadok 1985, 116f.

63 Siehe DCS 130 (= Joannès 1980, Nr. 1), siehe zu diesem Grundstück außerdem Jursa 2010, 393 Anm. 2252.

64 Dies könnte potentiell relevant sein, siehe van Driel 2002, 50: „Particularly rich is the material on prebendal families from Borsippa. Here we find an, as yet mainly indirect, link between holding *ḫanšû*-land and belonging to a prebendal family." Leider wird die Grundlage dieser Beobachtung nicht näher ausgeführt, so dass es mir unmöglich ist, zu beurteilen, inwiefern eine derartige Verbindung auch hier von Bedeutung sein könnte.

65 Siehe z. B. VS 5, 124: 9, VS 6, 115: 24, VS 6, 180: 5.

66 Siehe dazu Ungnad 1937, 89 mit vielen weiteren Belegen.

67 Wie Ungnad a. a. O. zur Verdeutlichung dieser Phrase vorschlägt.

5 Minen aus LAOS 1, 56: 11'. Dies zeigt deutlich die enge Verbindung zwischen den Vorgängen, die diese beiden Texte behandeln.[68]

14: Der Text selbst liefert kaum Hinweise für eine – über die Grundbedeutung „Ausgaben“, „Kosten“ hinausgehende – Interpretation des Terminus *gimru*. Aufgrund des hohen Gesamtbetrags von 5 Minen Silber scheint unwahrscheinlich, dass *gimru* an dieser Stelle nur die Transportkosten für den angesprochenen Feldertrag – die häufigste Bedeutung dieses Begriffs in den neu- und spätbabylonischen Rechtsurkunden[69] – bezeichnet, auch eine Interpretation als obligatorische Abgabe im Pachtkontext,[70] wie sie im „Edikt des Belšazzar“ auftritt, ist gleichermaßen ausgeschlossen.

16–17: Die Formel *ina* ^{iti}*nisanni* ... *inamdin* entspricht einer Klausel, die häufig in Verpflichtungsscheinen zu finden ist. Sie spezifiziert den genauen Zeitpunkt, bis zu dem die Schuld beglichen werden muss, allerdings drückt sie dort nicht das Rückzahlungsversprechen des Schuldners aus, wie anhand der Urkunden klar wird, die diese Klausel eben nicht enthalten.[71]

Die Lesung der stark abgeriebenen Zeichenreste von ŠÁM in der zweiten Hälfte von Z. 17 ist gesichert, da in LAOS 1, 56: 10' ebenfalls von *šīm ebūri* die Rede ist.

18: Der Ort Ṭābānu – vermutlich in der Nähe von Borsippa gelegen[72] – ist als einer der Orte, in denen die Eppeš-ilī Dattelgärten hatten, bereits in mehreren Urkunden des Archivs belegt.[73] In diesen Urkunden werden zwar hauptsächlich halblogographische Schreibungen (du_{10}.ga-*nu*, du_{10}-*ba-nu*) gebraucht,[74] aber die syllabische Schreibung mit *ṭa* ist außerhalb des Archivs belegt.[75]

20–30: Zeugen: Zababa-napišti-uṣur/Tabnêa/Eppeš-ilī ist bisher nicht belegt, es sind allerdings noch zwei weitere Personen als Söhne eines Tabnêa//Eppeš-ilī bekannt.[76] Nergal-ušallim/Balāṭu/Ir’anni ist in einem anderen Text sicher, in zwei anderen eventuell belegt.[77] Für Zumbaja/Šum-iddin/Eppeš-ilī gibt es bisher einen Beleg,[78] für Mūrānu/[...]-Marduk/Eppeš-ilī, Nabû-ittanu/Bēlšunu/Sîn-ibni und Bazūzu/Mušēzib-[...]/Adad-šammê sind dagegen bisher keine Belege bekannt. Balāṭu/Bēl-ušallim/Eppeš-ilī ist bisher nicht belegt,

---

68 Zu den anderen Gemeinsamkeiten, die auch auf diese Verbindungen hinweisen, s. u. den allgemeinen Teil des Kommentars zu LAOS 1, 56.

69 Abraham 2004, 91: „The term *gimru* means ‚expenses,‘ and refers to the total of expenses that someone incurs in the course of a specific activity. ... In most cases, however, it refers to expenses for the transport of goods, in particular boat transports.“ Für eine detailliertere Diskussion des Begriffs siehe Abraham 2004, 32f. und 91ff. Für eine ausführliche Aufstellung, welche Transportkosten unter *gimru* fallen konnten, siehe Bongenaar 1997, 39.

70 Siehe dazu van Driel 2002, 171f.

71 Petschow 1956, 20ff.

72 Zadok 1985, 316. Zadok 2006, 402f.

73 DCS 130: 10, DCS 134: 17, DCS 135: 3, 7, AO 20336: 18, DCS 138: 2, 17.

74 Joannès 1980, 169.

75 TMH 2/3, 194: 19. Für weitere Belege siehe Zadok 1985, 316.

76 Šum-ukīn/Tabnêa/Eppeš-ilī: Dar 267: 19. Nabû-šum-līšir/Tabnêa/Eppeš-ilī: Dar 279: 2. Für letztgenannte ist bei Tallqvist 1905, 146 zwar auch noch ein Beleg in Dar 278: 2 aufgeführt, Strassmaiers Kopie zufolge ist dort der Familienname allerdings Nūr-Sîn und nicht Eppeš-ilī.

77 Sicher: Dar 474: 2. Unsicher (Ir’anni nicht erhalten): Cyr 361: 13, VS 6, 324 (= Baker 2004, Nr. 43): 15.

78 Dar 491: 2.

allerdings ist Bēl-ušallim//(Ea-)Eppeš-ilī gut bezeugt.[79] Der Name am Ende von Z. 26 – beginnend mit einem NI oder DÙ – ist nicht sicher zu rekonstruieren, da auch ein Šākin-šumi//Eppeš-ilī bisher nur in einer einzigen Urkunde bezeugt ist.[80] Aufgrund des geringen zur Verfügung stehenden Platzes ist aber davon auszugehen, dass es sich dabei um einen Kurznamen ohne theophores Element handelt.[81] Bei NI-[...]/Nabû-ēreš/Esagilaja bleibt bezüglich des zu rekonstruierenden Personennamens Ähnliches zu sagen wie bei dem vorherigen Zeugen: Der Platz ist im Grunde zu gering für einen Namen mit theophorem Element, daher dürfte es sich wieder um einen Kurznamen handeln.[82] Nergal-aḫḫē-iddin/ Nabû-šum-iškun/Bēl-Ḫarrān-šadû ist bisher auf einer Urkunde als Zeuge belegt.[83] Der Schreiber Bēl-iddin/Bēl-ušallim/Eppeš-ilī – dessen Funktion aus der Position im Formular hervorgeht, auch wenn der Begriff *ṭupšarru* selbst weggebrochen ist – ist auch bereits in einer anderen Urkunde als Schreiber belegt.[84] Es dürfte sich dabei um den Bruder des Zeugen Balāṭu/Bēl-ušallim/Eppeš-ilī handeln.

Eine exakte Umrechnung der Datumsangabe in den julianischen Kalender ist aufgrund der Beschädigung bei der Angabe des Monats nicht möglich, aber man kann den Zeitraum zumindest eingrenzen. Die Urkunde muss zwischen Mitte April des Jahres 506 v. Chr. und Ende März des Jahres 505 v. Chr. ausgestellt worden sein.[85]

LAOS 1, 56 (SIL 16) (s. Tafel XL und XLI)

74 x 55 x 20mm

Vs. 1' [*e-peš* níg.kas$_7$ x]-˹x x˺-[x x x x x x x]
2' [x x x x x x]-x *šá*? [x x x x x x]
3' [x x x x x] ^{m}*da-ri-i*[*a-muš* x x x x x]
4' [x x x x x] ^{m}ki-$^{d+}$ag-tin ^{m}[$^{d+}$ag-*re-man-ni*]
5' [*u* ^{m}*la-a-ba-ši*-amar.u]tu dumu^{meš} *šá* $^{md+}$ag-˹kar˺-z[i^{meš}]
6' [dumu ^{m}dù-*eš*-dingir *a*]-*di* še.numun é *nu*-˹*dun-né-e*˺
7' [*šá* ^{f}*tab-lu-ṭu* ama]-*šú-nu a-di* ḫ[a.la] *šá* ˹^{m}kar-^{d}amar.utu˺

79 Nbn 633: 11, Nbn 687 (= Wunsch 2000, Nr. 120): 43, Nbn 974: 18. Als Sohn von Gimillu//Eppeš-ilī: Camb 1: 4. Als Vater des Bēl-iddin: Dar 82: 15. Als Vater des Marduk-šum-ibni: Camb 193: 6. Selbstverständlich ist nicht sicher, ob es sich in allen Fällen um dieselbe Person handelt, aber zumindest die Tatsache, dass Bēl-ušallim//Ea-Eppeš-ilī laut Nbn 687 und Nbn 974 Schreiber war und Bēl-iddin/Bēl-ušallim/Eppeš-ilī in insgesamt drei Urkunden (s. u.) ebenfalls als Schreiber auftrat, deutet darauf hin, dass bei diesen Belegen auf dieselbe Person Bezug genommen wird. Jener Bēl-ušallim wird von Baker und Wunsch auch in eine Gruppe speziell ausgebildeter Schreiber, die sie als „Notare" bezeichnen, eingeordnet, siehe Baker/Wunsch 2001, 211.

80 Nbn 1024: 6.

81 Denkbar wären daher meines Erachtens Ergänzungen zu Nidintu, Niqūdu oder Ibnāja.

82 Eventuell könnte es sich dabei um einen gewissen Nidintu/Nabû-ēreš/[...] handeln, der in VS 4, 182 (= Baker 2004, Nr. 123) als Zeuge auftritt – einer Urkunde des Nappāḫu-Archivs, in der auch Mūrānu/Nabû-ēṭir-napšāti/Eppeš-ilī als Zeuge genannt ist.

83 Dar 575: 13.

84 Dar 82: 15, VS 4, 89: 18.

85 Das 16. Regierungsjahr Dareios I. war ein Schaltjahr und dauerte vom 30.3.506 bis zum 16.4.505 v. Chr. Da das Ausstellungsdatum der vorliegenden Urkunde den 12. Tag eines Monats nennt, kommt also nur der genannte Zeitraum in Frage. Siehe Parker/Dubberstein 1956, 30.

8' [dumu šeš ad]-⸢*šú-nu*⸣ [*a*]-⸢*ki*⸣ *ṭup-pi* ḫá.[la-*šú-nu*] ⸢*it-ti a-ḫa*⸣-[*meš*]
9' [*qa-tu*]-*ú*! 2 2/3 ma.⸢na⸣ 7 gín kù.b[abbar *pe-ṣu*]-*ú*
10' [*r*]*e*-⸢*eḫ*⸣-*tu*$_4$ šám! ⸢buru$_{14}$⸣^{meš} *šá ka-re-e-šú-nu*
11' ^{m}ki-$^{d+}$ag-tin *ina* 5 ma.na ⸢kù.babbar⸣-*šú šá ina ṭup-pi* ḫa.⸢la⸣-*šú-nu*
12' [*ša*]*ṭ-ru it-te*-⸢*en*⸣-*neṭ*-[*ṭir r*]*e*-⸢*eḫ*⸣-*tu*$_4$ kù.babbar
13' [x ^{m}]ki-$^{d+}$ag-tin *ina* ⸢buru$_{14}$⸣^{meš} ⸢*šá* še.numun⸣ *šá* ^{uru}*ṭa-b*[*a-a-nu*]
Rs. 14' *šá ka-re-e-šú-nu u* še.numun é *nu-dun-né-e*
15' ⸢*šá* ^{f}*tab-lu*!(KU)-*ṭu* ama-*šú-nu a-di* ḫa.la *šá*
16' ^{m}kar-^{d}amar.utu dumu šeš ad-*šú-nu in-neṭ-ṭi*-⸢*ir*⸣
17' [1+*en-a*^{t}]$^{a\text{-}àm}$ *il-qu-ú* ^{lú}*mu-kin-nu* $^{md+}$en-kám
18' [a-*šú šá* ^{m}x?]-dub-numun a ^{md}XXX-dù ^{m}*ina*-^{giš}gi$_6$-$^{d+}$en ⸢a-*šú*⸣
19' [*šá* ^{m}x x x x x a ^{m}dù-*e*]*š*-dingir ^{m}[x x x x x]

$^{1'}$[Abrechnung von …$^{3'}$…des] Dare[ios…$^{4'}$…] Itti-Nabû-balāṭu, [Nabû-rēmanni $^{5'}$(und) Lâbâši-Mardu]k, die Söhne des Nabû-ēṭir-nap[šāti, $^{6'}$Nachkomme von Eppeš-ilī, haben sie einsch]ließlich der Anbaufläche, des Mitgiftsgrundstücks $^{7'}$[der Tabluṭu, ihrer Mutter] (und) einschließlich des Anteils des Mušēzib-Marduk, $^{8'}$[ihres Cousins], gemäß [ihrer] Teilungsurkunde mitein[ander $^{9'}$abge]rechnet. 2 2/3 Minen 7 Šekel [weiße]s Silber, $^{10'}$der Rest des Erlöses des Ertrags ihres gemeinsamen Besitzes $^{11'}$wird dem Itti-Nabû-balāṭu aus den 5 Minen Silber, die auf der Teilungsurkunde [niederge]schrieben sind, jeweils bezahlt werden. $^{12'}$[Der Re]st des Silbers $^{13'}$wird dem Itti-Nabû-balāṭu aus dem Ertrag der gemeinsamen Anbaufläche in Ṭābānu $^{14'}$und der Anbaufläche, des Mitgiftsgrundstücks $^{15'}$der Tablūṭu, ihrer Mutter, einschließlich des Anteils $^{16'}$des Mušēzib-Marduk, ihres Cousins, bezahlt werden. $^{17'}$Je eins (= Kopie des Dokuments) haben sie genommen.

Zeugen: Bēl-ēreš, $^{18'}$[Sohn des x]-šapik-zēri, Nachkomme von Sîn-ibni. Ina-ṣilli-Bēl, Sohn des $^{19'}$[…, Nachkomme von Epp]ēš-ilī. […]

Die Tafel ist in einem allgemein schlechten Zustand. Große Teile des Textes sind weggebrochen, die erhaltenen Passagen sind dafür gut lesbar und kaum abgerieben. Es scheint sich – wie bei LAOS 1, 55 – um eine Abrechnung zu handeln, Inhalt sind Schuldverhältnisse, die sich aus einer Vermögensteilung ergeben haben, wie anhand der Verweise auf eine *ṭuppi zitti*, eine „Teilungsurkunde“, zu erkennen ist. Da dabei mehrfach die Erträge aus dem Mitgiftsgrundstück der Mutter der Protagonisten von Belang sind, liegt der Gedanke nahe, dass es sich bei der angesprochenen Vermögensteilung um die Erbteilung nach dem Tod der Mutter handeln könnte. Die Tafel scheint eng mit LAOS 1, 55 verknüpft zu sein, beide haben (zumindest auf Seiten der Eppeš-ilī) die gleichen Protagonisten, einen vermutlich ähnlichen Anfang (wobei dies Aufgrund des Erhaltungszustandes beider Tafeln nicht abschließend zu verifizieren ist) sowie einen Bezug zum genannten Mitgiftsgrundstück. Darüber hinaus nennen sie zueinander passende Silbermengen.[86]

Der Anfang der Tafel behandelt wohl das Abrechnen von Vermögenswerten, die aufgrund der Beschädigungen nicht genauer spezifiziert werden können, seitens der drei Brüder Itti-Nabû-balāṭu, Nabû-rēmanni und Lâbâši-Marduk gemäß einer Teilungsurkunde. Danach wird notiert, dass seine beiden Brüder dem Itti-Nabû-balāṭu eine gewisse Menge

86 Zu den Silbermengen s. o. den Kommentar zu LAOS 1, 55: 17.

Silber – den Rest des Erlöses der Ernteerträge – von einer in der Teilungsurkunde festgeschriebenen Summe[87] geben werden. Den Rest dieser Summe soll er aus Erträgen eines gemeinsamen Feldes, den Erträgen des Mitgiftsgrundstücks und dem Anteil ihres Cousins erhalten. Abschließend wird noch bestätigt, dass alle beteiligten Parteien eine Ausführung des Dokuments erhalten haben.

1'–4': Die erhaltenen Reste dieser Zeilen reichen leider nicht aus, um eine umfassende Rekonstruktion ihres Inhalts zu erstellen. In Zeile 3' sind die Reste des Königsnamens Dareios erhalten, dabei muss es sich wohl um eine Datumsangabe handeln. Es ist daher klar ersichtlich, dass dabei Vermögenswerte zu einem bestimmten Zeitpunkt oder über einen bestimmten Zeitraum hinweg (vgl. LAOS 1, 55) im Mittelpunkt stehen. Eventuell handelt es sich dabei um eine nähere Definition der Felderträge, die im weiteren Verlauf der Urkunde eine Rolle spielen. Die Ergänzung folgt hier LAOS 1, 55.

4'–5': Die Ergänzung [$^{\text{md+}}$ag-*re-man-ni* $^{5'}$*u* ^{m}*la-a-ba-ši-*^{d}amar.u]tu erfolgt analog zu LAOS 1, 55: 4f. Die Ergänzung des Namens Lâbâši-Marduk ist im Kontext dieses Archivs darüber hinaus durch die erkennbaren Reste des theophoren Elements [...^{d}amar.u]tu gesichert. Dies unterstützt auch die Ergänzung des Namens Nabû-rēmanni, da Brüder in Rechtsurkunden normalerweise nach Alter geordnet auftreten[88] und daher zwischen Itti-Nabû-balāṭu und Lâbâši-Marduk wieder Nabû-rēmanni zu erwarten wäre.

7': Analog zu Zeile 15' ist hier [^{f}*tab-lu-ṭu* ama]-*šú-nu* zu ergänzen.

10': Bei der hiesigen Schreibung von ŠÁM handelt es sich nicht um die allgemein übliche, sondern um die von Borger als ŠÁM$^{\text{v2}}$ (NÍNDAxŠE-A-AN) bezeichnete Schreibweise.[89]

12': Die Form *ittenettir* im Ntn-Stamm ist in distributiver Funktion aufzufassen[90] und drückt aus, dass dem Itti-Nabû-balāṭu die beiden Anteile jeweils von seinen beiden Brüdern bezahlt werden.

15': Die Schreibweise des Namens der Mutter steht im Kontrast zu der Schreibung des gleichen Namens in DCS 130 (= Joannès 1980, Nr. 1): 3 (^{f}*ta-bal-ṭu-ṭu*). Die vorliegende Schreibung ist meines Erachtens nach allerdings vorzuziehen, da der Name in CT 51, 57: 16 ebenso geschrieben[91] und die Reduplikation des *ṭu* in der Schreibung in DCS 130 mir unklar ist, wahrscheinlich handelt es sich dort um einen Schreiberfehler. Außerdem sind auch anderweitig diverse Frauen mit diesem Namen gut bezeugt,[92] während ein Name Tabalṭuṭu einmalig wäre.

17': Der hier teilweise erhaltene Satz ist die übliche Formel, die angibt, dass das Dokument in mehreren Ausführungen an alle Vertragsparteien übergeben wurde, in ihrer kürzest möglichen Form.[93]

---

87 Dabei könnte es sich um das Silber für die in LAOS 1, 55: 14 genannten Kosten handeln.

88 Baker 2002, 9.

89 Borger 2003, 107.

90 Siehe GAG § 91f.

91 Auch wenn Jursa 2005, 64 den Namen in CT 51, 57: 16 als ^{f}*tab-lu-ṭu-tu* aufzufassen scheint (wohl aufgrund der Schreibung in DCS 130: 3), liegt dort meiner Meinung nach dieselbe Schreibung wie hier vor. Das TU in CT 51, 57: 16 verstehe ich als das erste Zeichen der folgenden Verbalform *tu-šad-gil*.

92 So trug zum Beispiel die Tochter des Iddin-Nabû//Nappāḫu den Namen Tabluṭu. Für Belege zu dieser und weiteren Frauen dieses Namens siehe Baker 2004, 372 und Tallqvist 1905, 209.

93 Vgl. Baker 2003, 247f. Für einen Beleg ohne ein direktes Objekt (wie *šaṭāru*, *giṭṭu* oder *gabrû*) siehe

18'–19': Die beiden zumindest fragmentarisch erhaltenen Zeugen Bēl-ēreš/[…]-šāpik-zēri/Sîn-ibni und Ina-ṣilli-Bēl/[…]/Eppeš-Ilī sind bisher nicht belegt.

LAOS 1, 57 (SIL 12) (s. Tafel XLII und XLIII)

67 x 53 x 20mm

Vs.	1	[$^{md+}$e]n-*iq-bi-šú* dumu *šá* $^{md+}$en-tin-*iṭ* ⸢a⸣ ^{m}*da-bi-*⸢*bi*⸣
	2	[*in*]*a ḫu-di* šà-*šú* $^{md+}$en-*it-ti-ia* ^{lú}*qal-šú*
	3	⸢dumu⸣ 4 mu^{meš} *a-na* $^{md+}$ag-*re-man-ni*
	4	d[umu *šá*] ⸢$^{md+}$ag-*e*⸣-*ṭè-ru*-zi^{meš} a ^{md}idim-*ep-šú*-dingir
	5	[*a-na* 1 ma.na] 5 gín ⸢*nu-uḫ*⸣-*tu*$_{4}$ *šá ina* 1 gín ⸢*bit*⸣-*qa*
	6	[$^{md+}$en-*i*]*q*-⸢*bi*⸣-*šú a-na* ^{m}⸢$^{d+}$ag-*re-man*⸣-*ni* ⸢*id*⸣-*din*
	7	[kù.babbar *'a* 1 ma].na ⸢5 gín šám⸣ ^{lú}*qal-šú*
	8	[$^{md+}$en-*iq-b*]*i-šú ina* šu^{II} ⸢$^{md+}$ag-*re-man*⸣-*ni e-*⸢*ṭir*⸣
	9	[x x x]-⸢x⸣ $^{md+}$en-*it-t*[*i-ia* x *pu-u*]*t la se-ḫi-i*
	10	[x x x] ⸢x⸣-*ni la* ^{l}[^{ú}x x x x] ⸢*šá*⸣ *ina* ugu-*ḫi*?
	11	[$^{md+}$en-*it-ti*]-⸢*ia* ^{lú}*qal-šu il*!-*la-'*⸣
u.Rd.	12	[$^{md+}$en-*iq-b*]*i-šú na-ši*
Rs.	13	[x x x x x] ⸢x dumu *šá* ^{m}⸢$^{d+}$ag-x-KI a $^{md+}$AG/EN-x⸣
	14	[x x x x x] ⸢x E x⸣ a lú-^{d}idim
	15	[x x x dum]u ⸢*ša* $^{md+}$en-KI/ŠU??-x a⸣ ^{m}zalág-^{d}XXX
	16	[x x x]–⸢BI/QU?? dumu *šá* $^{md+}$en⸣-[x –*m*]*u* a ⸢^{m}x⸣
	17	[$^{md+}$a]g-šeš⸣^{meš}-mu dumu *šá* ^{m}⸢*ta-qiš-*^{d}*gu-la* a ^{m}UD x⸣
	18	[$^{md+}$a]g-⸢*bul-liṭ-su*⸣ dumu ⸢*šá* ^{md}amar.utu-x a ^{m}KI-x⸣
	19	[^{m}]*tab-né-e-a* dumu *šá* ^{m}⸢kar-^{d}amar.utu a ^{m}x-NA-A?⸣
	20	[^{m}x]-⸢x-UŠ?-BAD$^{?}$ dumu *šá* ^{m}⸢MU-RA?-x-x a ^{m}x x x⸣
	21	[x x *l*]*a-a* dumu *šá* ^{m}*su-qa-a* a ^{m}x x x
	22	[^{m}*še-el*]-⸢*le-bi*⸣ ^{lú}umbisag dumu *šá* ^{m}⸢*su-qa-a-a*⸣
	23	[a ^{lú}sanga-$^{d+}$mùš-tin.ti]r^{ki} tin.tir$^{ki!}$ ^{iti}⸢zíz⸣
	24	[x x x] ⸢x mu 12-kám ^{m}*da-ri-'*⸣-*m*[*uš*]
o.Rd.	25	⸢lugal⸣ tin.tir^{ki} lugal ⸢kur.kur⸣
r. Rd.		*a-na* ⸢x x x x⸣

^{1}Bēl-iqbišu, der Sohn des Bēl-uballiṭ, Nachkomme von Dābibī ^{2}hat [aus] freien Stücken Bēl-ittija, seinen Sklaven, ^{3}[ein Kind von] 4 Jahren dem Nabû-rēmanni, ^{4}[dem Sohn des] Nabû-ēṭir-napšāti, Nachkomme von Ea-eppeš-ilī, ^{5}[für 1 Mine] 5 Šekel (Silber), das auf 1 Šekel 1/8 (Šekel) Zusatz (enthält), ^{6}[- hat Bēl-iq]bišu dem Nabû-rēmanni gegeben. ^{7}[(Mit) diesem Silber, (nämlich) 1 Mi]ne 5 Šekel, dem Preis seines Sklaven, ^{7}[ist Bēl-iqb]išu aus der Hand des Nabû-rēmanni bezahlt (worden). ^{9}[…] Bēl-itt[ija.... Für] Nicht(vorhandensein von) Vertragsanfechtung, ^{10}[Nicht(vorhandensein von) Vindikat]ion, Nicht(vorhandensein des) [Status des freien Bürgers], die zu Lasten von ^{11}[Bēl-ittija], seinem Sklaven, erwachsen, ^{12}bürgt [Bēl-iqbi]šu.

---

z. B. VS 6, 160 (= NRV 569): 12.

[13][Zeuge(n):...], Sohn des ⸢Nabû-..., Nachkomme von Nabû/Bēl-...⸣. [14][...,Sohn des...], ⸢Nachkomme von Amēl-Ea⸣. [15][..., So]hn des ⸢Bēl-..., Nachkomme von Nūr-Sîn⸣. [16][...], Sohn des Bē[l-...-idd]in, ⸢Nachkomme von ...⸣. [17][Nab]û-⸢aḫḫē-iddin, Sohn des Taqīš-Gula, Nachkomme von ...⸣. [18][Nab]û-⸢bullissu, Sohn des Marduk-..., Nachkomme von ...⸣. [19]Tabnêa, Sohn des ⸢Mušēzib⸣-Mar[duk Nachkomme v]on ⸢...⸣. [20]⸢...,Sohn des ..., Nachkomme von ...⸣. [21][...l]aja, Sohn des Sūqaja, Nachkomme von ...⸣. [22][Šell]ebi, Schreiber, Sohn des ⸢Sūqaja⸣, [23][Nachkomme von Šangû-Ištar-Bāb]ili. Babylon, Monat Schebat (xi. Monat), [24][x. Tag], 12. Jahr des Darius, [25]des König von Babylon, des Königs (aller) Länder.

Die Tafel ist im Querformat beschrieben. Der Zustand ist ausgesprochen schlecht. Die Vorderseite ist von einer Vielzahl von Beschädigungen geprägt, allerdings sind die erhaltenen Passagen überwiegend gut lesbar und kaum abgerieben. Die Rückseite, die ausschließlich Zeugenliste und die obligatorischen Angaben über Schreiber, Ausstellungsort und -datum enthält, hingegen weist weniger direkte Beschädigungen auf, ist dafür allerdings äußerst stark abgerieben, so dass eine vollständige Rekonstruktion der Namen und – somit eine Identifikation der Zeugen – nur in den wenigsten Fällen möglich ist. Auf dem oberen Rand sind Textilabdrücke erkennbar.

Es handelt sich um einen Sklavenkaufvertrag, in dem Nabû-rēmanni den Bēl-ittija, einen vierjährigen Jungen, von Bēl-iqbišu erwirbt.

1–6: Diese Zeilen enthalten die Verkaufserklärung des Mobiliarkaufvertrags, die üblicherweise *V(erkäufer) ina ḫūd libbišu S(klave) ana x kaspi ana šīm gamrūti/ḫāriṣ ana K(äufer) iddin* lautet[94] – in diesem Falle aber mit einigen Abweichungen. Auf die Einzelheiten wird dabei im Kommentar zu den jeweiligen Zeilen eingegangen.

1: Ein Bēl-iqbišu/Bēl-uballiṭ/Dābibī ist bisher nicht bekannt, aber es sind drei verschiedene Bēl-uballiṭ aus der Familie Dābibī in jeweils einer Urkunde bezeugt: Bēl-uballiṭ/Aplaja/Dābibī,[95] Bēl-uballiṭ/Bēl-ušallim/Dābibī[96] und Bēl-uballiṭ/Rēmūt-Bēl/Dābibī.[97] Eine genaue Identifikation des Vaters von Bēl-iqbišu ist unmöglich, allerdings ist der erstgenannte aufgrund der zeitlichen Distanz eher unwahrscheinlich.

2: Bēl-ittija ist bisher unbekannt. Auch wenn eine Identifikation mangels Filiation – deren Nennung in Bezug auf Sklaven allgemein unüblich war[98] – ohnehin schwierig wäre, ist auch bei Tallqvist nur ein einziger Bēl-ittija verzeichnet.[99] Dieser war zwar ebenfalls Sklave (und dementsprechend ohne Filiation aufgeführt), allerdings entstammt die Urkunde dem 31. Regierungsjahr des Artaxerxes, so dass eine Identität beider unwahrscheinlich ist.[100]

Auffällig ist die Schreibung des Begriffs *qallu* „Sklave". Bisher ist dieser Begriff in den neu- und spätbabylonischen Quellen fast ausschließlich in der allgemein üblichen

94 Petschow 1939, 45ff.
95 Viertes Regierungsjahr des Nebukadnezar: Nbk 37: 11.
96 Erstes Regierungsjahr des Kambyses: Camb 46: 9.
97 Viertes Regierungsjahr des Dareios als Schreiber einer Urkunde des Nappāḫu-Archivs: VS 5, 64 (= Baker2004, Nr. 99): 24.
98 Baker 2001, 22.
99 Tallqvist 1905, 38.
100 BM 84, 5-22: 311. Siehe Kohler/Peiser 1898, 51f.

Schreibung $^{(lú)}$*qal-la* belegt.[101] Das konsequente Fehlen des auslautenden *-la* in diesem Text lässt allerdings im Gegensatz zu TCL 13, 173 eine Interpretation als Schreibfehler nicht zu, sondern spricht für eine Interpretation des ^{lú}*qal* als pseudologographische Schreibung oder als syllabische Schreibung für gesprochenes /*qal*/.[102]

4: In dieser Zeile fällt die außergewöhnliche Orthographie der Namen auf. Beide Namen sind sowohl innerhalb des Archivs als auch anderen Orts gut bezeugt, allerdings sind bisher nur kleinere Abweichungen von den üblichen Schreibungen[103] belegt. Die vorliegenden Graphien scheinen dagegen einzigartig zu sein.

5: Am Anfang dieser Zeile ist die Präposition *ana* zu ergänzen, da die vollständige – im Mobiliarkaufformular gebrauchte – Verkaufsformel *ana kaspi nadānu* lautet.[104] Bezüglich der danach genannten Silbermenge, erscheint es (auch in Anbetracht der Zeichenreste in Z. 7) sinnvoll, zusätzlich zu den lesbaren 5 Šekel noch 1 Mine zu ergänzen. 5 Šekel wären wohl selbst für ein vierjähriges Kind zu wenig.[105] Ein Preis von 1 Mine 5 Šekel erscheint dagegen plausibel, wenn man in Betracht zieht, dass aus der Zeit des Kambyses ein Sklavenkaufvertrag existiert, in dem ein vier- und ein fünfjähriger Sklave zusammen für 2,5 Minen verkauft werden,[106] und Preise von mehr als 2 Minen für einen einzelnen Sklaven generell eher selten belegt sind.

Bezüglich der in dieser Zeile genannten Silbermenge ist auffällig, dass das Wort *kaspu* fehlt. Bei der kompletten Phrase handelt es sich um eine abgekürzte Version der Standardformel *kaspu ša ina* 1 *šiqli bitqa nuḫḫutu*, die Silber mit einer Reinheit von 875 ‰ bezeichnet.[107] An dieser Stelle scheint *nuḫḫutu*, das in diesem Kontext soviel wie „Zusatz“ oder „Legierung“ bedeutet,[108] allein aussagekräftig genug zu sein, auch wenn dies der erste mir bekannte Beleg für eine derartige Abkürzung ohne *kaspu* wäre.[109] Alternativ ist ein Schreiberfehler denkbar.

6: Die erneute Nennung der Namen der beiden Protagonisten an dieser Stelle ist wohl durch ein Anakoluth zu erklären, wie es beispielsweise im Sklavenkaufvertrag VS 5, 141 (= NRV 93) zu finden ist. Die Annahme eines eigenständigen Satzes, in dem das Silber aus der vorhergehenden Zeile das direkte Objekt darstellen müsste, ist semantisch undenkbar, da in den nächsten beiden Zeilen eine Zahlung desselben Betrags an Bēl-iqbišu quittiert wird. Dieses Anakoluth könnte auch das Fehlen der Formel *ana šīm gamrūti*/*ḫāriṣ* erklären, die normalerweise fest zur Verkaufserklärung des Mobiliarkaufvertrags gehört.[110]

101 Der CAD-Artikel *qallu* A verzeichnet nur einen einzigen Beleg (TCL 13, 173: 1), in dem das *-la* fehlt. Dieser wird dabei allerdings als Schreibfehler interpretiert. Siehe CAD Q 64ff.

102 Für einen Überblick über die Orthographie des Neu- und Spätbabylonischen siehe Streck 2001.

103 $^{md+}$ag-kar-zi^{meš} und ^{m}dù-*eš*-dingir.

104 San Nicolò/Ungnad 1935, 98f.

105 Zu den Preisen von Sklaven siehe Dandamaev 1984, 200ff.

106 YOS 7, 164.

107 Vargyas 2001, 19ff.

108 Zur Etymologie von *nuḫḫutu* siehe Tropper 1995, 58ff.

109 Vargyas 2001, 21 Anm. 111 verweist zwar auf drei Texte, in denen die Formel nach dem hier vorliegenden Schema abgekürzt sein soll, allerdings ist in den beiden einsehbaren Texten (BM 54084; VS 5, 64) ein *kaspu* davor geschrieben.

110 Petschow 1939, 45ff.

7–8: Am Beginn der Zeile ist etwas wie *kaspu ā* zu ergänzen, da die Zahl dem Gezählten nachgestellt ist.[111] Insgesamt stellen die beiden Zeilen die Kaufpreisquittung dar, die ab Dareios I. fest zum Formular des Mobiliarkaufvertrags gehört. Diese Quittung war notwendig, damit der Vertrag rechtlich als abgeschlossen galt,[112] ist aber keineswegs ein Indiz dafür, dass die Kaufsumme zum Kaufzeitpunkt voll entrichtet worden war.[113]

9–12: Diese Passage (spätestens) ab Mitte von Z. 9 bis zum Ende von Z. 11 stellt die Eviktionsklausel dar, die in Sklavenkaufverträgen üblich war und den Käufer gegen mögliche Rechtsstreitigkeiten bezüglich des Status des gekauften Sklaven absichern sollte.[114] Die negative Formulierung der Haftungsfälle, die an dieser Stelle zu beobachten ist, ersetzt ab Dareios I. die bis dahin übliche positive Formulierung (ohne *lā)*, ohne dabei allerdings den Inhalt der Formel zu beeinflussen.[115]

9: Die Rekonstruktion des Zeilenanfangs ist aufgrund des Erhaltungszustandes und mangels vergleichbarer Passagen kaum möglich. Eine komplette Klausel erscheint in Anbetracht des geringen Platzes zwischen $^{md+}$en-*it-t*[*i-ia*…], dem deutlich erkennbaren Namen des Sklaven, und […*p*]*u-ut la se-ḫi-i*, dem Anfang der Eviktionsklausel in ihrer üblichen Form, unwahrscheinlich und wäre an dieser Stelle gemäß dem Formular nicht zu erwarten. Daher bleibt nur die Vermutung, dass die genannte Passage zur Eviktionsgarantie gehört, dabei gegen einen unüblichen Garantiefall absichert und daher an dieser Position steht. Auffällig wäre aber – falls diese Vermutung den Tatsachen entsprechen sollte – die erneute Nennung von *pūt* vor *lā sēḫî*.

10: Auch diese Zeile ist nicht exakt rekonstruierbar, allerdings ist zumindest inhaltlich klar, dass es sich hier um die übrigen Garantiefälle der Eviktionsklausel handeln muss. Deutlich erkennbar sind in der Zeilenmitte nur ein NI und ein darauf folgendes LA, das wohl einen weiteren Garantiefall einleiten dürfte. Das NI müsste dementsprechend das letzte Zeichen des vorhergehenden Garantiefalls sein, was zu dem Begriff *pāqirānu* „Vindikation", der nach dem Begriff *sēḫû* „Vertragsanfechtung" in jedem Fall zu erwarten wäre,[116] passen würde. Allerdings sind die spärlichen Reste des vorhergehenden Zeichens in keinem Fall mit einem RA, das in den üblichsten Schreibweisen des Begriffs an dieser Stelle stünde, zu vereinbaren. Da aber die anderen möglichen Garantiefälle kein *n* als letzten Konsonanten aufweisen[117] und der Begriff formulargemäß ohnehin zu erwarten wäre, kann hier meiner Meinung nach relativ sicher angenommen werden, dass es sich um das Ende von *pāqirāni* handeln muss. Genug Platz für die Nennung eines weiteren Garantiefalles gibt es am Anfang dieser Zeile nicht.

Die Zeichenreste nach dem LA dürften der Anfang eines LÚ sein, welches üblicherweise vor beiden Garantiefällen, die laut Formular an dieser Stelle erwartet werden könnten, geschrieben wird. Da die Lücke danach nicht für beide Begriffe ausreicht, scheinen in

111 Genaueres zu diesem Phänomen s. o. Kommentar zu LAOS 1, 54: 13.
112 Wunsch 2002, 225.
113 Petschow 1939, 53f.
114 Petschow 1939, 55ff.
115 Petschow 1939, 57.
116 Die gängigste Variante der Klausel umfasste regelmäßig Garantien gegen *sēḫû, pāqirānu, mār-banûtu* und *arad-šarrūtu*. Siehe dazu Petschow 1939, 55ff. und Dandamaev 1984, 182f.
117 Vgl. für andere mögliche Garantiefälle Petschow 1939, 57, Dandamaev 1984, 183f. und Koschaker 1911, 176ff.

diesem Vertrag nur drei der vier üblichen Garantiefälle aufgenommen zu sein. Dies kommt gelegentlich vor, mir sind aber nur Fälle bekannt, in denen dabei auf *arad-šarrūtu* verzichtet wird.[118] Daher dürfte in der Lücke *mār-banûtu* zu ergänzen sein.

13–22: Diese Zeilen beinhalten die Zeugenliste, allerdings ist der Erhaltungszustand der Rückseite der Tafel derartig schlecht, dass vollständige Namen mit kompletter Filiation nur in den wenigsten Fällen sicher zu erkennen sind. Auf die einzelnen Namen wird daher an dieser Stelle nur bei begründeten Vorschlägen zur Rekonstruktion der Namen oder Identifikation der Personen eingegangen.

Die Zeichenreste des Familiennamens in Zeile 19 könnten vielleicht als Tunaja aufgefasst werden, allerdings ist bisher kein Tabnêa/Mušēzib-Marduk/Tunaja bekannt. Der Vatersname in Zeile 20 könnte eventuell Muraššû gelesen werden. Die Reste des Zeichens nach ⌜MU-RA⌝- passen zu ŠU, allerdings ist bei den darauffolgenden Zeichenresten kein zweiter waagerechter Keil zu erkennen, der bei dem zu erwartenden Ú erkennbar sein müsste. Der Name des Zeugen in Z. 21 dürfte Aplaja oder Šulaja gelautet haben, allerdings sind bisher keine Personen mit diesen Namen als Sohn eines Sūqaja bekannt.

22–23: Bei dem Schreiber der Urkunde scheint es sich um den aus 2 Urkunden des Nappāḫu-Archivs als Zeugen bekannten Šellebi/Sūqaja/Šangû-Ištar-Bābili[119] zu handeln. Da die Datumsangabe nur teilweise erhalten ist, ist eine eindeutige Umrechnung in den julianischen Kalender unmöglich. Aufgrund der Monatsangabe lässt sich der Ausstellungstermin aber auf den Zeitraum zwischen dem 2.2. und 1.3. im Jahre 509 v. Chr. eingrenzen.[120]

r. Rd.: Auf dem rechten Rand ist noch ein Vermerk zu erkennen, der – abgesehen von *a-na* am Anfang – nur schwer zu lesen ist. Ein Personenname ist allerdings auszuschließen, da kein Personenkeil geschrieben ist.

Das Archiv im Allgemeinen

Abschließend möchte ich noch einige Beobachtungen zum gesamten Eppeš-ilī-B-Archiv darlegen, die Joannès' Studie der damals bekannten Texte des Archivs[121] ergänzen oder auch darüber hinausgehen.

Der Stammbaum der Familie kann um Madānu-aḫḫē-iddin, den Bruder des Nabû-ēṭer-napšāti, sowie dessen Sohn Mušēzib-Marduk erweitert werden.[122] Allerdings bleibt die Rolle der ᶠNinlil-imnet, der Protagonistin von CT 51, 57, weiterhin unklar.

Direkte Verbindungen mit anderen Archiven sind für das Eppeš-ilī-B-Archiv kaum festzustellen. Einzig mit dem Archiv der Nappāḫu-Familie gibt es einige Verknüpfungen, so sind von den 46 Personen, deren Namen in den Leipziger Eppeš-ilī-Texten ganz oder teilweise erhalten sind, zumindest 6 sicher in Nappāḫu-Urkunden als Protagonisten, Zeugen

118 So z. B.: VS 5, 51 (= NRV 70), VS 5, 149 (= NRV 73 = Baker 2004, Nr. 176), Nbn 39 = Nbn 40 (= Wunsch 1993, Nr. 98) und Nbn 427 (= Wunsch 1993, Nr. 176).

119 BM 77478(+)77614 = BM 77424 (= Baker 2004, Nr. 60): 23', BM 77521 (= Baker 2004, Nr. 61): 17.

120 Parker/Dubberstein 1956, 30.

121 Joannès 1980, 157ff.

122 Siehe Jursa 2005, 64 mit Anm. 403 bezüglich Ubāru, dem Sohn des Nabû-ēṭir-napšāti, der in den beiden Londoner Texten CT 51, 57 und CT 51, 62 bezeugt ist.

oder Schreiber belegt,[123] von den 78 Personen der bei Joannès 1980 untersuchten Urkunden sind es weitere 5[124] – darunter auch Mūrānu aus dem archivhaltenden Zweig der Eppeš-ilī. Genannt werden muss in diesem Zusammenhang auch die Parallelität zwischen der Nappāḫu-Urkunde VS 5, 72 (= Baker 2004, Nr. 44) und der Eppeš-ilī-B-Urkunde DCS 132 (= Joannès 1980, Nr. 3).[125] Diese Beziehungen zwischen den beiden Archiven resultieren wohl daraus, dass beide Familien zum selben *stratum* der babylonischen Gesellschaft gehörten und auf den gleichen Geschäftsfeldern – dem Dattelanbau und der Pfründenwirtschaft – aktiv waren. Auffällig ist auch die Übereinstimmung der prozentualen Verteilung der Schreiber im Vergleich mit dem – strukturell ähnlichen – Nappāḫu-Archiv. Von den 22 bekannten Urkunden des Eppeš-ilī-B-Archivs ist auf 16 Urkunden die Angabe des Schreibers vermerkt bzw. (zumindest fragmentarisch) erhalten. Diese 16 Urkunden wurden von 14 verschiedenen Schreibern geschrieben, 2 dieser Schreiber (ca. 14,3%) schrieben dabei jeweils 2 Urkunden, die restlichen 12 (ca. 85,7%) jeweils eine einzelne Urkunde.[126] Die beiden Schreiber, die mehr als eine Urkunde aufgesetzt haben, sind Bēl-iddin/Marduk-iddin[127] und Bēl-iddin/Bēl-ušallim/Eppeš-ilī.[128]

Chronologische Übersicht der Eppeš-ilī-B-Tafeln

Text	Datum	Ort
DCS 130 = Joannès 1980, Nr 1	28-vii-13 Nbn	Babylon
DCS 131 = Joannès 1980, Nr. 2	[X] Nbn	[X]
CT 51, 57	10-[X-X Cm]b	[Baby]lon
VS 4, 89 = NRV 316	22-x-1 Dar	Babylon
DCS 132 = Joannès 1980, Nr. 3	[X]-ix-6[+X?][129] Dar	Babylon
VS 4, 114 = NRV 359	6-iii-7 Dar	Babylon
SIL 18 = LAOS 1, 54	20-iii 7 Dar	Babylon
SIL 12 = LAOS 1, 57	[X]-xi-12 Dar	Babylon
DCS 133 = Joannès 19804, Nr. 4	10-ix-15 Dar	—

123 Erība-Marduk/Nabû-aplu-iddin/Rab-banê, Mušallim-Marduk/Šūzubu/Kānik-bābi, Mušēzib-Bēl/Apkallu/Ašlāku, Mušēzib-Marduk/Madānu-aḫḫē-iddin/Eppeš-ilī, Nidinti-Bēl/Niqūdu/Adad-šum-ēreš, Šellebi/Sūqaja/Šangû-Ištar-Bābili.

124 Iddin-Nabû/Aḫḫē-iddin, Ina-ṣilli-Esagil/Zērija, Kabtija/Bāsija, Mūrānu/Nabû-ēṭir-napšāti/Eppeš-ilī, Nabû-ušallim/Ḫibarija. Darüber hinaus gibt es noch 3 unsichere Fälle, in denen der Vatersname entweder nicht geschrieben oder beschädigt ist: Marduk-ēṭir//Rab-banê, Mūrānu//Abī-ul-īde, Nabû-ittanu//Bābūtu.

125 Siehe dazu Joannès 1980, 148 und Baker 2004, 35f.

126 Vergleiche dazu die Zahlen des Nappāḫu-Archivs: 214 von insgesamt 266 Tafeln enthalten eine Angabe des Schreibers. Diese 214 Tafeln wurden von mindestens 149 verschiedenen Personen geschrieben, von denen aber nur 24 (ca. 16%) mehr als eine Tafel geschrieben haben, während die übrigen 125 Schreiber (ca. 84%) nur jeweils eine einzige Tafel geschrieben haben. Siehe Baker 2004, 16f.

127 DCS 134 (= Joannès 1984, Nr. 5), DCS 138 (= Joannès 1984, Nr. 10).

128 VS 4, 89 (= NRV 316), SIL 19. Sein Vater Bēl-ušallim//Eppeš-ilī ist als „Notar“ in den Urkunden Nbn 633 und Nbn 687 bezeugt. Zum spätbabylonischen Notariatswesen siehe Baker/Wunsch 2001.

129 Siehe Baker 2004, 35f. zu dem beschädigten Datum und Parallelen/Verbindungen zu VS 5, 72 (= Baker 2004, Nr. 44).

Text	**Datum**	**Ort**
SIL 16 = LAOS 1, 56	[X-X-16 Dar]	[Babylon]
SIL 19 = LAOS 1, 55	12-[X]-16 Dar	Babylon
VS 3, 129 = NRV 444	14-[x]-21 Dar	[X]-Kanal
DCS 134 = Joannès 1980, Nr. 5	22-x-25 Dar	Ṭābānu
DCS 135 = Joannès 1980, Nr. 6	[X-X]-26 [D]ar	[X]
DCS 136 = Joannès 1980, Nr. 7	5-v-28 Dar	Babylon
DCS 137 = Joannès 1980, Nr. 8	29 (Dar)	—
AO 20336 = Joannès 1980, Nr. 9	14-ii-30 Dar	Ṭābānu
DCS 138 = Joannès 1980, Nr. 10	20-vi-31 Dar	Ṭābānu
DCS 139 = Joannès 1980, Nr. 11	[X]-vi-31 Dar	Danītāja
DCS 140 = Joannès 1980, Nr. 12	20-[X]-31 Dar	Babylon
DCS 141 = Joannès 1980, Nr. 13	13-ii-32 Dar	Babylon
CT 51, 62	[X]	[X]

Bibliographie

Abraham K. 2005: Business and Politics under the Persian Empire. The Financial Dealings of Marduk-nāṣir-apli of the House of Egibi (521–487 B.C.E.).

Baker H. D. 2001: Degrees of Freedom: Slavery in Mid-First Millenium BC Babylonia, World Archaeology 33/1, 18–26.

—2002: Approaches to Akkadian Name-Giving in First Millenium B.C., in: C. Wunsch (ed.), Mining the Archives. Festschrift for Christopher Walker on the Occasion of His 60th Birthday 4 October 2002 (= BabA 1) 1–24.

—2003: Neo-Babylonian Record-Keeping Practices, in: M. Brosius (ed.), Ancient Archives and Archival Traditions. Concepts of Record-Keeping in the Ancient World (Oxford).

—2004: The Archive of the Nappāḫu Family (= AfO Beiheft 30).

—2007: Urban form in the first millenium BC, in: G. Leick (ed.), The Babylonian World, 66–77.

Baker H. D./Wunsch C. 2001: Neo-Babylonian Notaries and Their Use of Seals, in: W. W. Hallo/I. J. Winter (ed.), Seals and Seal Impressions. Proceedings of the XLVe Rencontre Assyriologique Inernationale, Part II Yale University, 197–213.

Böhl F. M. T. 1936: Mededeelingen uit de Leidsche Verzameling van Spijkerschrift-Inscripties III. Assyrische en nieuw-babylonische Oorkonden (1100–91 v. Chr.).

Bongenaar A. C. V. M. 1997: The Neo-Babylonian Ebabbar Temple at Sippar: Its Administration and its Prosopography (= PIHANS 80).

Borger R. 2003: Mesopotamisches Zeichenlexikon (= AOAT 305).

Dandamaev M. A. 1984: Slavery in Babylonia from Nabopolassar to Alexander the Great (626–331 B C).

van Driel G. 1989: The British Museum 'Sippar' Collection: Babylonia 1882–1893, ZA 79, 102–117.

van Driel G. 2002: Elusive Silver. In Search of a Role for a Market in an Agrarian Environment. Aspects of Mesopotamia's Society (= PIHANS 95).

Gates C. 2003: Ancient Cities. The archaeology of urban life in the Ancient Near East and Egypt, Greece, and Rome.

George A. R. 1992: Babylonian Topographical Texts (= OLA 40).

Joannès F. 1980: Textes néo-babyloniens de Strasbourg, RA 74, 145–169.

Jursa M. 2005: Neo-Babylonian Legal and Administrative Documents (= GMTR 1).

—2010: Aspects of the Economic History of Babylonia in the First Millenium BC. Economic Geography, Economic Mentalities, Agriculture, the Use of Money and the Problem of Economic Growth (= AOAT 377).

Kohler J./Peiser F. E. 1898: Aus dem Babylonischen Rechtsleben IV.

Koschaker P. 1911: Babylonisch-Assyrisches Bürgschaftsrecht. Ein Beitrag zur Lehre von Schuld und Haftung.

Oelsner J. 1978: Zur neu- und spätbabylonischen Siegelpraxis, in: Fs. L. Matouš, 167–186.

Oelsner J./Wells B./Wunsch C. 2003: Neo-Babylonian Period, in: R. Westbrook (ed.), A history of Ancient Near Eastern law. Volume two (= HdO 72/2) 911–974.

Owen D. I./Watanabe K. 1983: Eine neubabylonische Gartenkaufurkunde mit Flüchen aus dem Akzessionsjahr Asarhaddons, OrAnt 22, 37–48.

Parker R. A./Dubberstein W. H. 1956: Babylonian Chronology 626 B.C.–A.D. 75.

Petschow H. P. H. 1939: Die neubabylonischen Kaufformulare (= Leipziger rechts-wissenschaftliche Studien 118).

—1956: Neubabylonisches Pfandrecht.

—1980-1983: Lehrverträge, RlA Bd. 6, 556-570.

Powell M. A. 1987–1990: Masse und Gewichte, RlA Bd. 7, 457–517.

San Nicolò M./Ungnad A. 1935: Neubabylonische Rechts- und Verwaltungsurkunden. Band 1: Rechts- und Wirtschaftsurkunden der Berliner Museen aus vorhellenistischer Zeit.

Streck M. P. 1995: Zahl und Zeit. Grammatik der Numeralia und des Verbalsystems im Spätbabylonischen (= CunMon 5).

—2001: Keilschrift und Alphabet, in: D. Borchers/F. Kamerzell/S. Weninger (ed.), Hieroglypen, Alphabete, Schriftformen. Studien zu Multiliteralismus, Schriftwechsel und Orthographieneuregelungen (= Lingua Aegyptia – Studia monographica 3).

Tallqvist K. L. 1905: Neubabylonisches Namenbuch zu den Geschäftsurkunden aus der Zeit des Šamaššumukîn bis Xerxes.

Tropper J. 1995: Akkadisch *nuḫḫutu* und die Repräsentation des Phonems /ḥ/ im Akkadischen, ZA 85, 58–66.

Ungnad A. 1937: Neubabylonische Rechts- und Verwaltungsurkunden. Beiheft zu Band 1: Glossar.

Vargyas P. 2001: A history of Babylonian prices in the first millennium BC. 1. Prices of the basic commodities (= HSAO 10).

Wunsch C. 1993: Die Urkunden des babylonischen Geschäftsmannes Iddin-Marduk. Zum Handel mit Naturalien im 6. Jahrhundert v. Chr. (= CunMon 3A–B).

—2000: Das Egibi-Archiv, I. Die Felder und Gärten (= CunMon 20A–B).

—2002: Debt, Interest, Pledge and Forfeiture in the Neo-Babylonian and Early Achaemenid Period: The Evidence from Private Archives, in: M. Hudson/M. van de Mieroop (ed.), Debt and Economic Renewal in the Ancient Near East. A Colloquium Held at Columbia University, November 1998, 221–255.

Zadok R. 1985: Geographical Names According to New- and Late-Babylonian Texts (= RGTC 8).

—2006: „The Geography of the Borsippa Region“, in: Amit, Y. et al. (ed.), Essays on Ancient Israel in Its Near Eastern Context. A Tribute to Nadav Naʾaman, 389–453.

Zawadzki S./Jursa M. 2001: Šamaš-tirri-kuṣur, a smith manufacturing weapons in the Ebabbar temple at Sippar, WZKM 91, 347–363

Ein Stempelsiegel der Achämenidenzeit

Suzanne Herbordt

In der Sammlung des Altorientalischen Instituts der Universität Leipzig befindet sich ein konoides Stempelsiegel aus Achat, das ursprünglich der Sammlung des Leipziger Ägyptologen Steindorff angehörte (s. Tafel XLV).[1] Die Provenienz ist unbekannt; das Stück wurde im Handel erworben. Das Siegel ist in der oberen Hälfte durchbohrt. Spuren von alten Beschädigungen um die Bohrlöcher herum weisen auf ein ursprüngliches Vorhandensein einer Anhängevorrichtung aus Metall hin.[2] Der auf der ovalen, konvex gewölbten Stempelfläche befindliche Dekor weist eine für die Achämenidenzeit typische figürliche Darstellung auf. Gezeigt ist eine Kampfszene mit einer männlichen Figur, die zwei auf dem Kopf gestellte Löwen bezwingt, indem sie die Tiere an den Hinterläufen hochreißt. Die Figur trägt das persische Hofgewand und die Zackenkrone.[3] Die Komposition ist spiegelsymmetrisch. Die Darstellung steht in der Tradition des altmesopotamischen Bildthemas des „Helden als Bezwinger von Tieren oder Mischwesen" in antithetischer Anordnung, das seit der Frühzeit bezeugt ist und besonderer Beliebtheit in der Glyptik der vorangegangenen neuassyrischen und neubabylonischen Zeit erfahren hat.[4] In der achämenidischen Glyptik dominiert es zusammen mit anderen Kampfdarstellungen das figürliche Repertoire.[5] Das Bildthema ist sowohl auf Stempel- als auch auf Rollsiegeln vertreten.

Im Folgenden wollen wir näher auf die Darstellung unseres Leipziger Siegels eingehen. Die nach links gerichtete, bärtige Figur, die das persische Hofgewand und die Zackenkrone trägt, wird im Allgemeinen als „königlicher Held" bezeichnet.[6] Die Identität der Figur ist nicht eindeutig, weil die Zackenkrone in der achämenidischen Großkunst und Glyptik nicht nur dem König vorbehalten war, sondern auch bei anderen Personen sowie Mischwesen bezeugt ist.[7] Auf unserem Siegel ist das Gewand vorne hochgerafft und anscheinend unter dem Gürtel befestigt, so dass das rechte, im Schritt nach vorne gestellte Bein vom Knie abwärts frei ist. Parallelen für dieses Merkmal sind auf Siegelungen aus dem Murašû-

1 In der Sammlung Steindorff trug das Siegel die Nummer 212. Das Material wurde als Achat bestimmt (laut Karteikarte vom Mitarbeiter Schreiter). Höhe des Siegels: 29 mm; Maße der Stempelfläche: 20 x 17 mm.

2 Für Siegel mit erhaltener Anhängevorrichtung aus Metall, s. Beispiele aus Sardis (Curtis 1925, Taf. 10, Abb. 3–12), Deve Hüyük (Buchanan/Moorey 1988, Nr. 78) und Dülük Baba Tepesı (Schachner 2008, Taf. 10, 3. 8. 11).

3 Zur persischen Kleidung s. Koch 1992, 203–220.

4 Siehe dazu Garrison 1988, 30–119; Herbordt 1992, 92–94; Taf. 7; 8; 15 Nr. 28; Wittmann 1992, Kat. 71–82. 89–95. 99–101. 103. 107–109. 112.

5 Siehe dazu Garrison/Root 2001, 54–56; Bregstein 1993, 73–76; Kaptan 2002a, 57.

6 Siehe Koch 1992, 212f. In der englischsprachigen Literatur wird der königliche Held entweder als „Achaemenid hero" (Garrison/Root 2001, 54–60), „Persian hero" (Kaptan 2002, 55–61) oder „royal hero" (Moorey 1985, 865; Moorey 1978, 151–153) bezeichnet.

7 Siehe dazu Koch 1992, 213; und die ausführliche Diskussion bei Garrison/Root 2001, 56–58, und Bregstein 1993, 75–79 mit Anm. 74.

Archiv in Nippur,[8] Ur,[9] Persepolis[10] und Daskyleion[11] sowie auf einem konoiden Siegel aus Al Mina[12] vorhanden. Man findet es auch in der Monumentalkunst in Persepolis bei Kampfdarstellungen, in denen der königliche Held einen einzelnen Löwen oder Mischwesen bezwingt.[13] Die beiden auf den Kopf gestellten Löwen sind mit Ausnahme von drei schrägen, auf dem Körper angebrachten Linien spiegelbildlich dargestellt. Sie werden vom Helden an einem Hinterlauf gepackt, während die drei anderen Beine in Schrittstellung auf dem Körper des Helden aufliegen.[14] Der Schwanz verläuft jeweils im Bogen oberhalb des Rückens. Eine Eigentümlichkeit besteht darin, dass die Köpfe der Löwen nach unten gerichtet sind. In vergleichbaren Kampfszenen sind die Köpfe der Löwen, die in dieser Art gebändigt werden, stets zurückgedreht.[15]

Kampfdarstellungen, die den königlichen Helden im persischen Hofgewand und Zackenkrone zeigen, treten erstmals auf Siegeln der Regierungszeit von Darius I. auf (522–486 v. Chr.)[16] und sind bis ans Ende des Perserreichs bezeugt.[17] Das Bildthema ist weit verbreitet und tritt auf Siegeln im gesamten Perserreich auf vom persischen Kernland über Mesopotamien, Kleinasien, Syrien und der Levante bis nach Ägypten.[18] Mehrere Vergleiche zu unserem Stempelsiegel finden sich im Siegelmaterial des Murašû-Archivs in Nippur (454–404 v. Chr.), in dem antithetische Kampfdarstellungen in großer Vielfalt sowohl auf Stempelabdrücken als auch auf Rollsiegelabrollungen vertreten sind.[19] Drei Stempelabdrücke, auf denen der königliche Held zwei auf dem Kopf gehaltene Löwen bezwingt, sind hier anzuführen.[20] Weitere Vergleiche aus Mesopotamien finden sich auf

8 Siehe Legrain 1925, Nr. 903. 905. 909. 921. 923.

9 Siehe Mitchell/Searight 2008, Kat. 528 (= Legrain 1951, Taf. 40, 757).

10 Garrison/Root 20001, Cat. 54. 79.

11 Kaptan 2002b, 182 Nr. 114. 115 (= DS 27).

12 Woolley 1938, Taf. 15, MNN 123. Vgl. auch ein konoides Siegel aus Dülük Baba Tepesı (Schachner 2008, Taf. 12, 5). Hier ist jedoch am Photo unklar, ob es sich um den Helden des persischen oder des babylonischen Typs handelt.

13 Siehe z. B. Koch 1992, 131 Abb. 91.

14 Ein direkter Vergleich zu dieser auf dem Körper des Helden aufliegenden Schrittstellung findet sich auf einem Siegelabdruck aus Warka (Zeit Darius I.?); s. Mitchell/Searight 2008, 136 Kat. 381. Vgl. auch Siegelungen aus dem Murašû-Archiv in Nippur, Legrain 1925, Nr. 901. 902. 905. 906.

15 Vgl. z. B. Mitchell/Searight 2008, Cat. 381. 416; Legrain 1925, Nr. 901–906. 949; Buchanan/Moorey 1988, Kat. 448. 449. Das Merkmal des zurückgedrehten Kopfes geht auf Löwenkampfszenen der neubabylonischen Glyptik zurück. Vgl. z. B. Wittmann 1992, Kat. 73. 99. Zu einer Ausnahme auf einer Abrollung aus Persepolis s. u.

16 Siehe Bregstein 1993, 76 mit Anm. 68; Leith 1997, 209f. Das früheste datierte Siegel mit dem königlichen Helden ist ein Rollsiegel von Darius I., das erstmalig als Abrollung auf einer Tafel aus dem Jahr 503 v. Chr. bezeugt ist. s. Garrison/Root, 68–70 (Cat.No. 4 = PFS 7).

17 Siehe die Siegelungen auf Tonbullen aus dem Wadi Daliyeh in Samaria, die im Zeitraum zwischen 375 und 335 v. Chr. datieren, in Leith 1997, 5f.; 209–213. Das Bildthema des Helden, der zwei auf den Kopf gedrehte Löwen bändigt, ist auf drei Abrollungen und einem Stempelabdruck (verwittert) belegt.

18 Siehe Moorey 1985, 865.

19 Im Murašû-Archiv sind Siegelungen von Rollsiegeln (204 Siegelungen), Stempelsiegeln (227 Siegelungen) und Siegelringen (217 Siegelungen) etwa gleichermaßen vertreten, s. dazu Bregstein 1996, 54f.

20 Bregstein 1993, Kat. 9. 13. 14 (= Legrain 1925, Nr. 949). Vgl. auch ein Beispiel mit „babylonischem Held“, Bregstein 1993, Kat. 53 (= Legrain 1925, Nr. 902).

Stempelabdrücken auf Schrifttafeln aus Warka und Abu Habbah.[21] Alle genannten Siegelungen besitzen das Merkmal des Aufstützens zweier Beine der Löwen auf dem Körper des Helden. Hervorzuheben ist der Abdruck aus Warka, auf dem die Beinhaltung der Löwen in Schrittstellung genau jener auf dem Leipziger Siegel entspricht. Ein Unterschied der Siegelungen besteht jedoch in den zurückgewandten Köpfen der Löwen.

Enge Parallelen zur Darstellung und Siegelform bieten ferner zwei konoide Siegel in Oxford, die aus dem Kunsthandel stammen.[22] Als Ort des Ankaufs sind Oberägypten bzw. Aleppo angegeben. Unterschiede bestehen jedoch in der zurückgewandten Kopfhaltung der Löwen und in der Haltung der Löwenbeine. Nur auf dem Aleppo-Siegel ist ein Löwenbein auf dem Körper des Helden aufgestützt. Die beiden Vorderläufe sind auf beiden Siegeln nach unten gerichtet bzw. ruhen auf dem Boden. Von den konoiden Stempelsiegeln der Perserzeit, die aus systematischen Grabungen in der Levante[23] und Anatolien[24] stammen, gibt es keine genau entsprechenden Vergleiche zu unserem Siegel. Zahlreiche antithetische Löwenkampfdarstellungen mit dem königlichen Helden sind zwar vorhanden; die Löwen sind jedoch stehend und nicht auf den Kopf gestellt gezeigt. Interessanterweise bestehen die aus Grabungen stammenden konoiden Siegel in erster Linie aus Glaspaste, was auf eine lokale Herstellung hinweist. Auf Siegelungen aus dem Tonbullenarchiv des satrapischen Zentrums in Daskyleion in Nordwestanatolien (Datierung ca. 479–375 v. Chr.) befinden sich etliche Stempelabdrücke mit antithetischen Kampfdarstellungen, die den königlichen Helden zeigen.[25] Ein fragmentarischer Abdruck eines rechteckigen Siegels weist den Kampf gegen zwei auf den Kopf gestellte Löwen auf.[26] Der schlechte Erhaltungszustand läßt jedoch keinen näheren Vergleich zu.

Bemerkenswert ist, dass es aus Persepolis keine genau entsprechenden Vergleiche gibt. Nur wenige Stempelsiegel mit antithetischen Kampfdarstellungen sind bezeugt. Im reichhaltigen Siegelmaterial, das sich auf den Persepolis Fortification Tablets befindet (Datierung 509–494 v. Chr.), sind von insgesamt 312 erfaßten Siegeln, die unterschiedliche Kampfdarstellungen tragen, nur 18 Stempelsiegel vorhanden.[27] Davon weisen nur vier Stempelsiegel antithetische Kampfdarstellungen auf.[28] Auf den Kopf gestellte Löwen sind

21 Mitchell/Searight 2008, Kat. 381. 416 (Datierung beider Abdrücke: Darius I.?).

22 Buchanan/Moorey 1988, Nr. 448. 449. Vgl. auch ein konoides Siegel ohne Provenienz in Berlin (Jakob-Rost 1997, Nr. 475).

23 Aus Ugarit mit „babylonischem Held“, s. Stucky 1983, 64f. (Nr. 7); Taf. 27, 7; aus Al Mina mit „persischem Held“, s. Woolley 1938, 160; Taf. 15 (MN. 127. MN. 134); aus Kamid el Loz mit „persischem Held“, s. Kühne/Salje 1996, 113 Nr. 60.

24 Aus Dülük Baba Tepesı mit „persischem Held“, s. Schachner 2008, 78; Taf. 12, 3–5; aus Sardis mit geflügeltem „persischen Held“, der einen starken griechischen Einfluss aufweist, s. Curtis 1925, Taf. 11, 24 (= Kat. 111).

25 Siehe Kaptan 2002a, 27; Kaptan 2002b, DS 37. 38.

26 Kaptan 2002b, DS 43 (nur Teil des linken Löwen erhalten).

27 Garrison/Root 2001, 485f. Zum Überwiegen des Rollsiegels auf den Tafeln der Persepolis Fortification und Persepolis Treasury s. Root 1996, 16–19. Im Corpus der Siegelungen auf den Fortification Tablets stehen den 18 Stempelsiegeln mit Kampfdarstellungen 35 Stempelsiegel mit babylonischen Ritualszenen gegenüber. s. dazu Root 1998, 258–261.

28 Garrison/Root 2001, Kat. 128. 168. 184 (mit „babylonischem Helden“); Kat. 176 (mit geflügeltem Helden).

dabei nur einmal vorhanden.[29] Von besonderem Interesse ist, dass auf diesen Beispielen nicht der königliche persische Held, sondern dreimal der babylonische Held und einmal ein geflügelter Held auftreten. Auf nur drei der 18 Stempelsiegel ist der königliche Held gezeigt, und zwar jeweils im Kampf gegen einen einzelnen sich aufbäumenden Löwen.[30]

Die einzige Parallele für die eigentümliche Kopfhaltung der Löwen auf unserem Siegel findet sich auf einem Rollsiegel des Persepolis Fortification Corpus.[31] Die Köpfe der beiden Löwen sind wie auf dem Leipziger Siegel nach unten gerichtet. Das Maul ist jeweils aufgerissen. Als weitere Gemeinsamkeit ist die Schrittstellung der Beine der Löwen zu nennen, die fast auf dem Körper des Helden aufliegen. Unterschiede bestehen jedoch darin, dass jeweils nur drei Beine gezeigt sind und der Held die Tiere am Schwanz packt. Interessanterweise ist der Held assyrisierend dargestellt.

Zusammenfassend lässt sich feststellen, dass Löwenkampfdarstellungen, in denen der königliche Held zwei Löwen in antithetischer Anordnung bezwingt, in der Stempelglyptik der Achämenidenzeit über einen langen Zeitraum (5.–4. Jahrhundert) im gesamten Perserreich verbreitet waren. Die besten Vergleiche zu unserem Siegel finden sich in Mesopotamien auf Stempelabdrücken auf Tafeln des Murašû-Archivs in Nippur (2. Hälfte des 5. Jahrhunderts) sowie auf Tafeln aus Warka und Abu Habbah (Darius I.?). Die Siegelungen aus dem Privatarchiv in Nippur haben darüber hinaus gezeigt, dass Siegel mit diesem Bildthema nicht nur mit der persischen Hofverwaltung in Verbindung standen, sondern auch von Privatpersonen unterschiedlicher Berufsgruppen verwendet wurden.[32] Insofern ist in der achämenidischen Glyptik ein deutlicher Wandel gegenüber früheren Perioden eingetreten, denn auf Siegeln der neuassyrischen und neubabylonischen Zeit (9.–6. Jahrhundert v. Chr.) tritt die Figur des Königs als Tierbezwinger nur auf Königssiegeln und offiziellen Siegeln der königlichen Verwaltung auf.[33]

29 Garrison/Root 2001, Kat. 176.

30 Garrison/Root 2001, Kat. 221. 222. 230.

31 Garrison/Root 2001, 256 Kat. 171 (= PFS 971). Der älteste Beleg befindet sich auf einer Tafel aus dem Jahr 499 v. Chr.

32 S. dazu Bregstein 1996, 59f.

33 S. Herbordt 1992, 123–136; Herbordt 1997.

Bibliographie

Bregstein L. 1993: Seal Use in Fifth Century B.C. Nippur, Iraq: A Study of Seal Selection and Sealing Practices in the Murašû Archive (PhD Dissertation).

—1996: Sealing Practices in the Fifth Century B.C. Murašû Archive from Nippur, Iraq, in: M.-F. Boussac/A. Invernizzi (ed.), Archives et sceaux du monde hellénistique,Turin 13. – 6. Gennaio 1993 (= Bulletin de correspondance hellénique suppl. 29) 53–63.

Buchanan B./Moorey P. R. S. 1988: Catalogue of Ancient Near Eastern Seals in the Ashmolean Museum III. The Iron Age Stamp Seals.

Curtis C. D. 1925 : Sardis XIII. Jewelry and Goldwork I. 1910–1914.

Garrison M. B. 1988: Seal Workshops and Artists in Persepolis: A Study of Seal Impressions Preserving the Theme of Heroic Encounter on the Persepolis Fortification and Treasury Tablets (PhD Dissertation).

Garrison M./Root M. C. 2001: Seals on the Persepolis Fortification Tablets I. Images of Heroic Encounter (= OIP 117).

Herbordt S. 1992: Neuassyrische Glyptik des 8.–7. Jahrhunderts v. Chr. unter besonderer Berücksichtigung der Siegelungen auf Tafeln und Tonverschlüssen (= SAA 1).

—1997: Neo-Assyrian Royal and Administrative Seals and Their Use, in: H. Waetzoldt/H. Hauptmann (ed.), Assyrien im Wandel der Zeiten. 39. Rencontre Assyriologique Internationale. Heidelberg 6.–10. Juli 1992 (= HSAO 6) 279–283.

Jakob-Rost L. 1997: Die Stempelsiegel im Vorderasiatischen Museum Berlin.

Kaptan D. 2002a: The Daskyleion Bullae: Seal Images from the Western Achaemenid Empire, Vol. I: Text (= Achaemenid History 12).

—2002b: The Daskyleion Bullae: Seal Images from the Western Achaemenid Empire, Vol. II: Catalogue and Plates (= Achaemenid History 12).

Koch H. 1992: Es kündet Dareios der König… Vom Leben im persischen Großreich.

Kühne H./Salje B. 1996: Kamid el Loz 15. Die Glyptik (= SBA 56).

Legrain L. 1925: The Culture of the Babylonians from Their Seals in the Collections of the Museum, University of Pennsylvania, The University Museum. Publications of the Babylonian Section XIV.

—1951: Seal Cylinders (= UE 10).

Leith M. J. W. 1997: The Wadi Daliyeh Seal Impressions (= Discoveries in the Judaean Desert 24).

Mitchell T. C./Searight A. 2008: Catalogue of the Western Asiatic Seals in the British Museum. Stamp Seals III. Impressions of Stamp Seals on Cuneiform Tablets, Clay Bullae, and Jar Handles.

Moorey P. R. S. 1978: The Iconography of an Achaemenid Stamp-seal acquired in the Lebanon, Iran 16, 143–154.

—1985: Metalwork and Glyptic, in: I. Gershevitch (ed.), The Cambridge History of Iran, Vol. 2. The Median and Achaemenian Periods, 856–869.

Nunn A. 2000: Der figürliche Motivschatz Phöniziens, Syriens und Transjordaniens vom 6. bis zum 4. Jahrhundert v. Chr. (= OBO SerArch. 18).

Root M. C. 1996: The Persepolis Fortification Tablets. Archival Issues and the Problem of Stamps versus Cylinder Seals, in: M.-F. Boussac – A. Invernizzi (ed.), Archives et sceaux du monde hellénistique, Turin 13.–16. Gennaio 1993 (= Bulletin de correspondance hellénique suppl. 29) 3–27.

—1998: Pyramidal Stamp Seals – The Persepolis Connection, in: M. Brosius – A. Kuhrt (ed.), Studies in Persian History: Essays in Memory of David M. Lewis (= Achaemenid History 11) 257–306.

Schachner A. 2008: Babylonier und Achämeniden auf dem Dülük Baba Tepesı: Kulturelle Vielfalt in der späten Eisenzeit im Spiegel der vor-hellenistischen Funde, in: E. Winter (ed.), ΠΑΤΡΙΣ ΠΑΝΤΡΟΦΟΣ ΚΟΜΜΑΓΗΝΗ. Neue Funde und Forschungen zwischen Taurus und Euphrat (= Asia Minor Studien 60) 69–96.

Stucky R. A. 1983 : Ras Shamra Leukos Limen (= BAH 110).

Wittmann B. 1992: Babylonische Rollsiegel des 11.–7. Jahrhunderts v. Chr., BagM 23, 169–289.

Woolley C. L. 1938: The Excavations at Al Mina, Sueidia. II, The Journal of Hellenic Studies 58, 133–170.

Tafeln

Text 2 (SIL 1)

Vs. i ii

Rs. iv iii

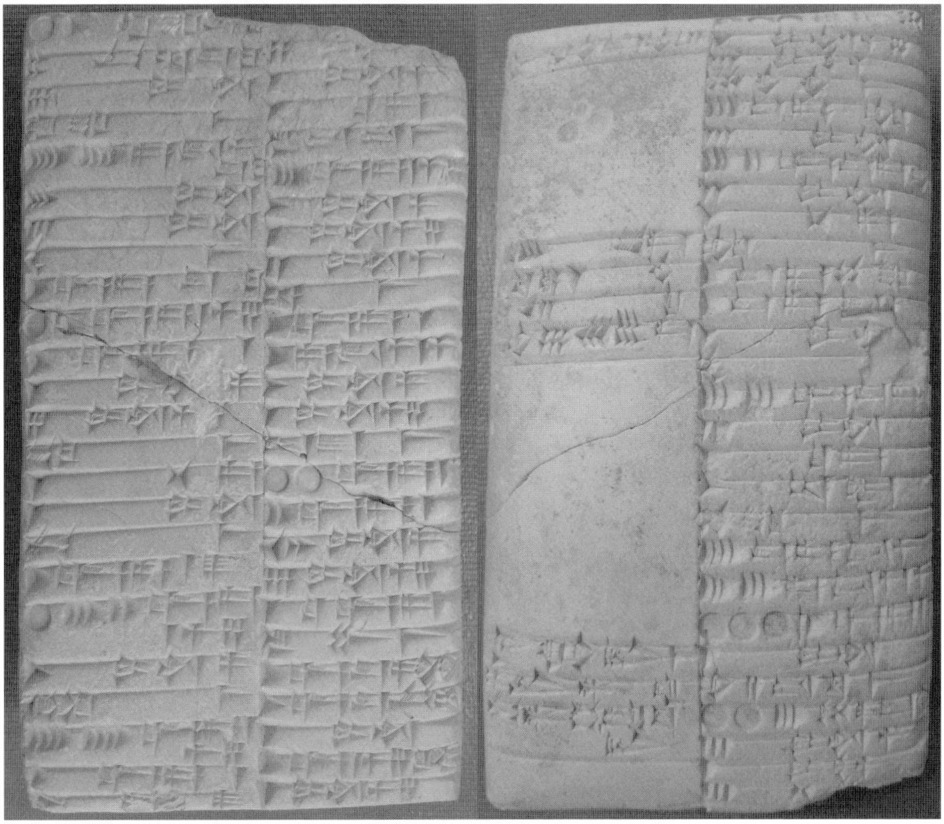

Text 2 (SIL 1)

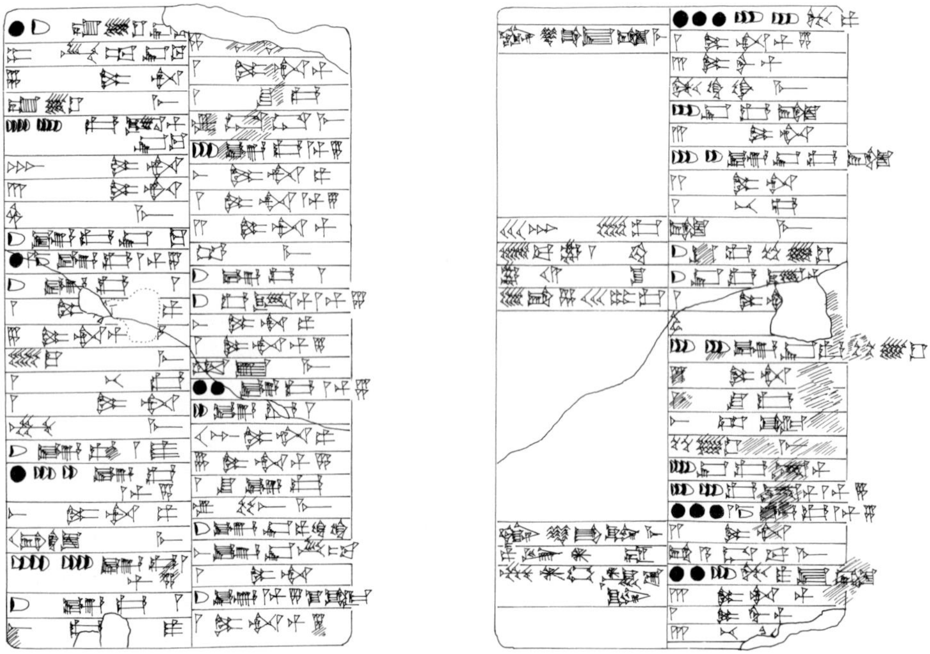

Tafel III – Text 3 und 4

Text 3 (SIL 2)

Vs.

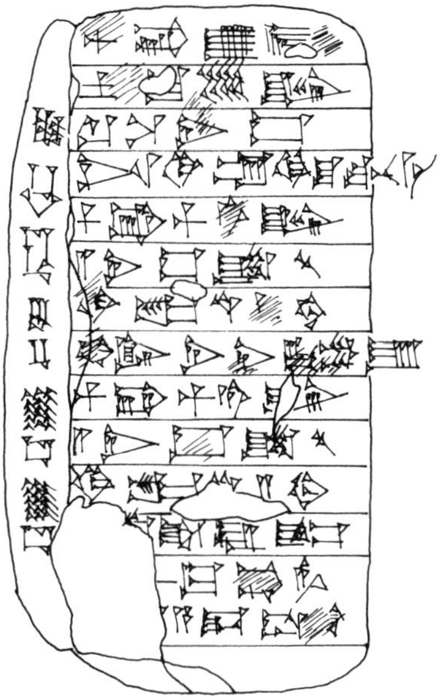

Rs.

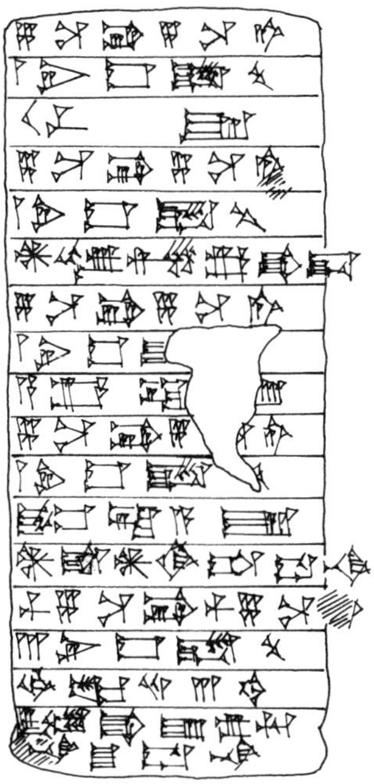

Text 4 (SIL 3)

Vs.

Rs.

Tafel IV – Text 5 und 6

Text 5 (SIL 4)

Vs.

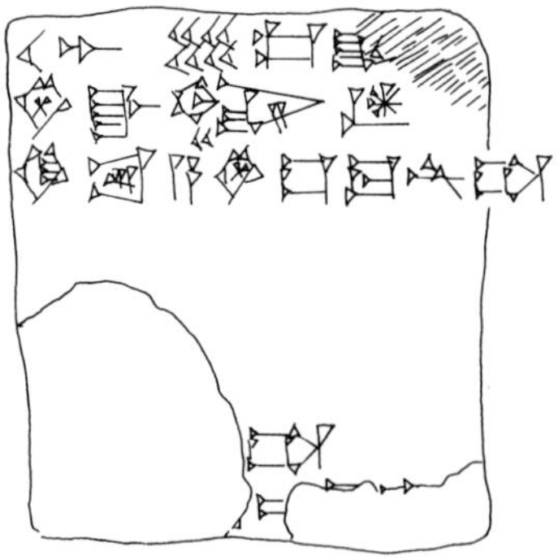

Rs.

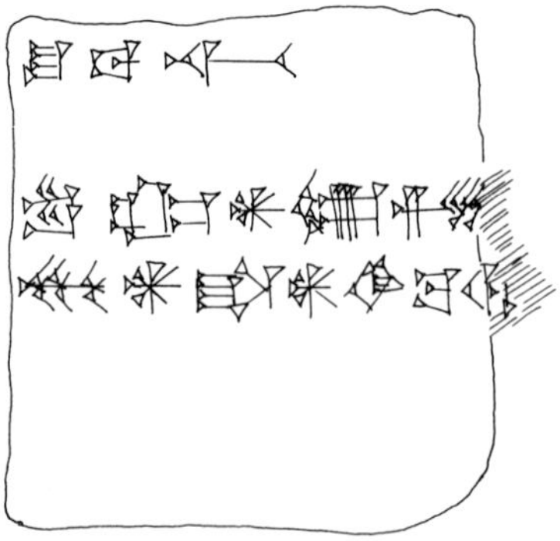

Siegel

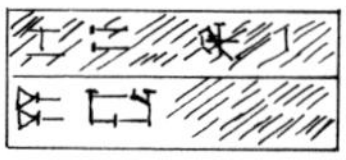

Text 6 (SIL 47)

Vs.

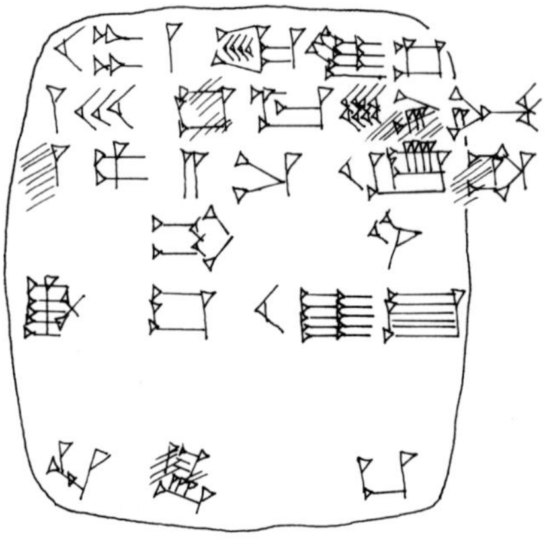

Rs.

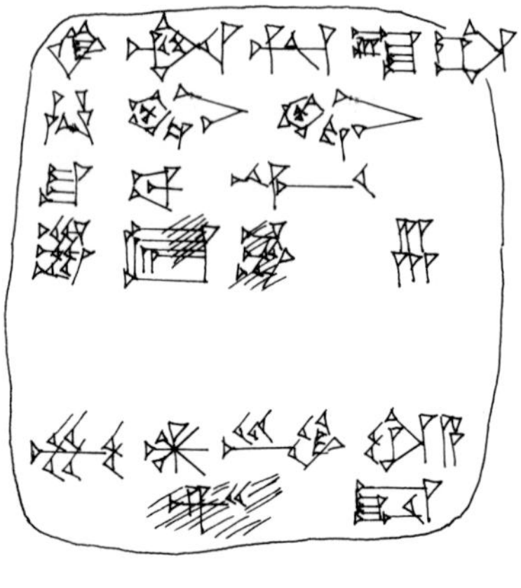

Siegel

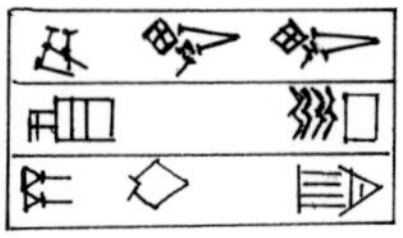

Tafel V – Text 7 und 8

Text 7 (SIL 48)

Vs.

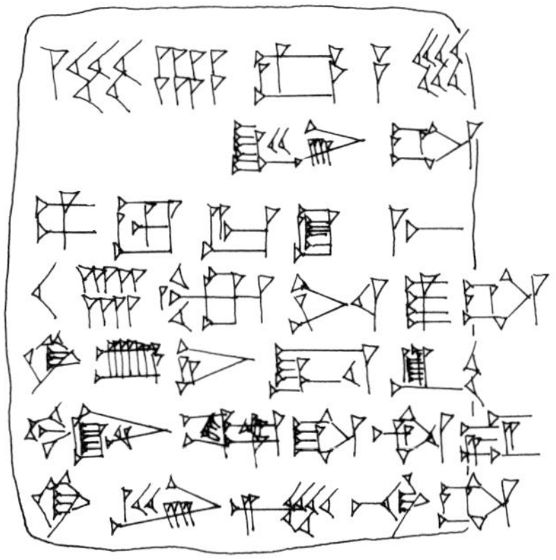

Rs.

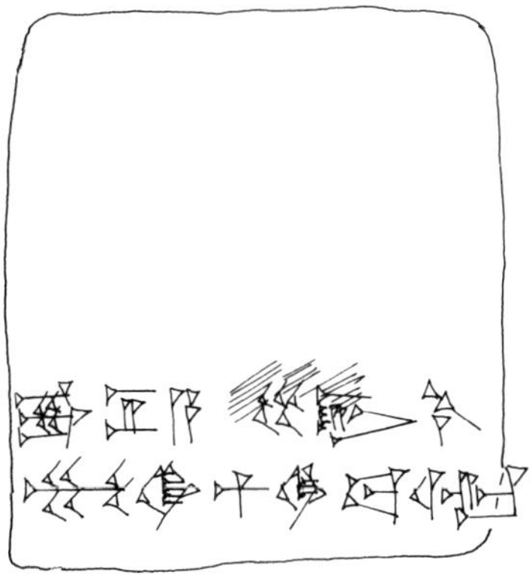

Siegel

Text 8 (SIL 49)

Vs.

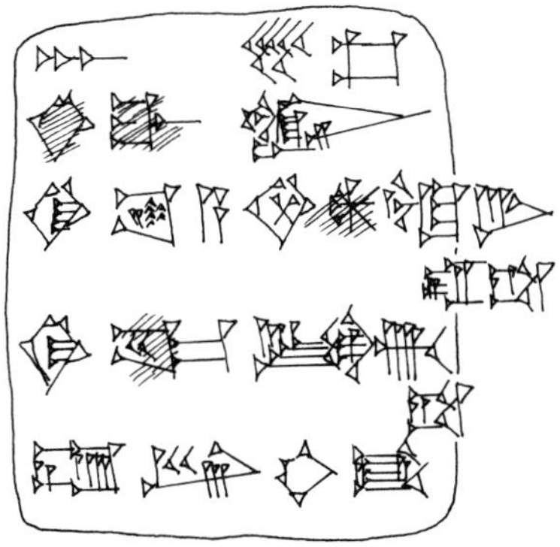

Rs.

Siegel

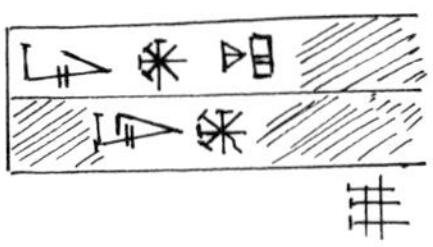

Tafel VI – Text 9 und 10

Text 9 (SIL 50)

Vs.

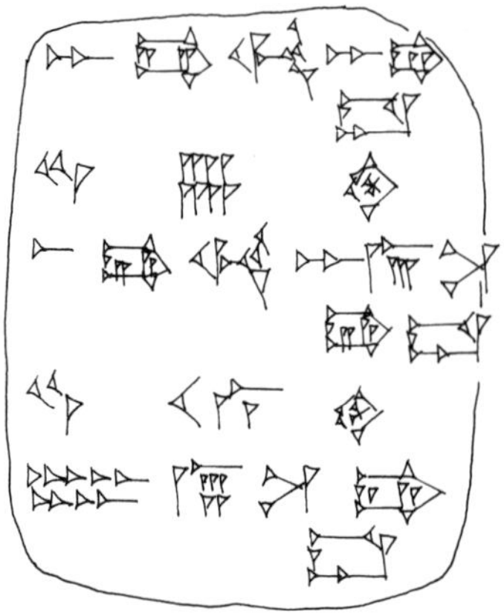

Rs.

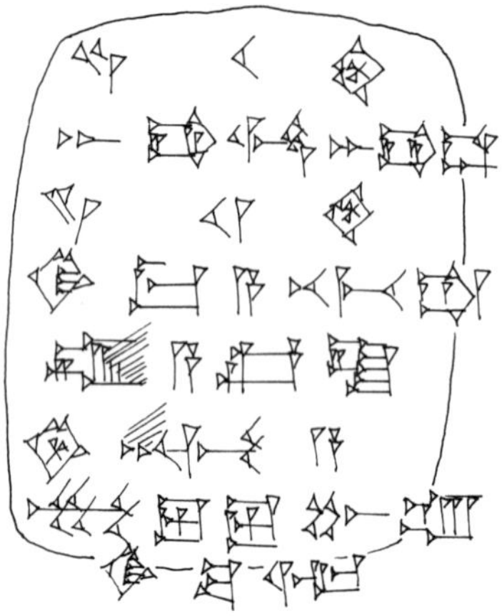

Siegel

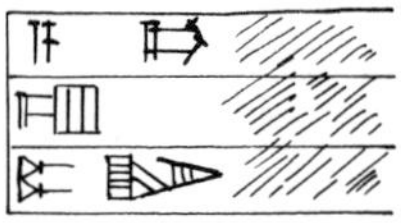

Text 10 (SIL 51)

Vs.

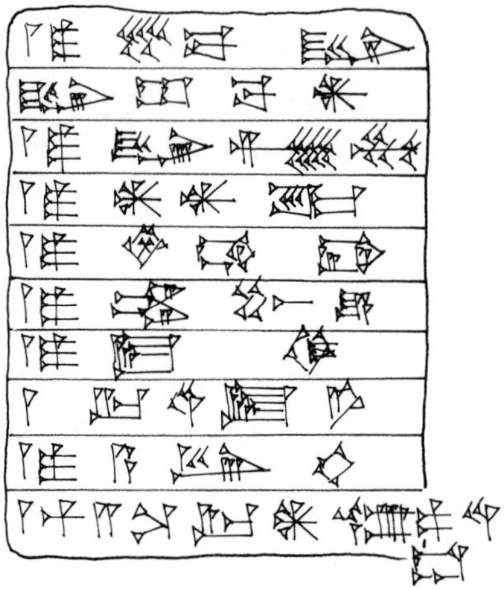

Rs.

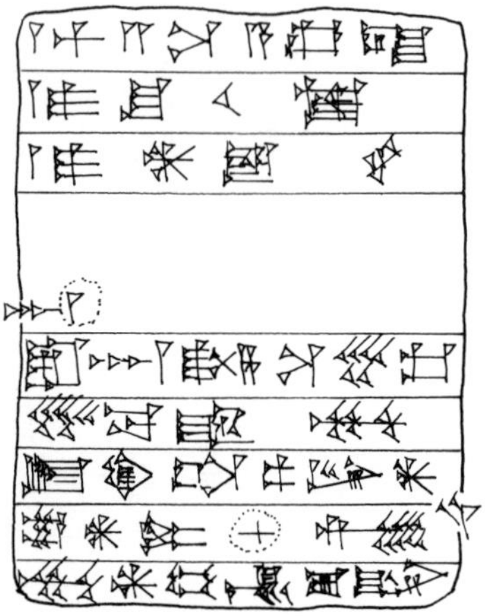

Siegel

Tafel VII – Text 11 und 12

Text 11 (SIL 62)

Vs.

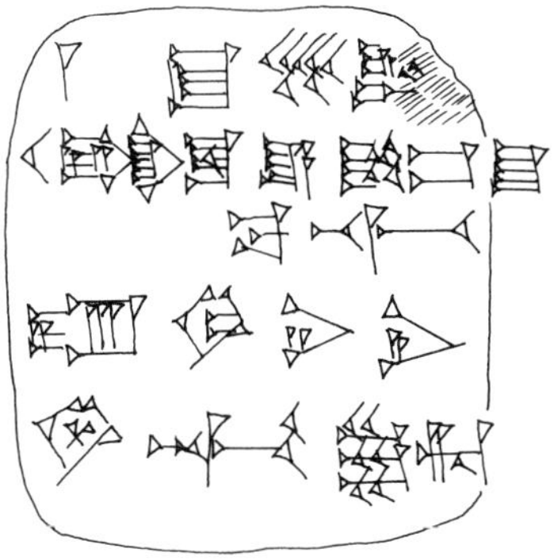

Rs.

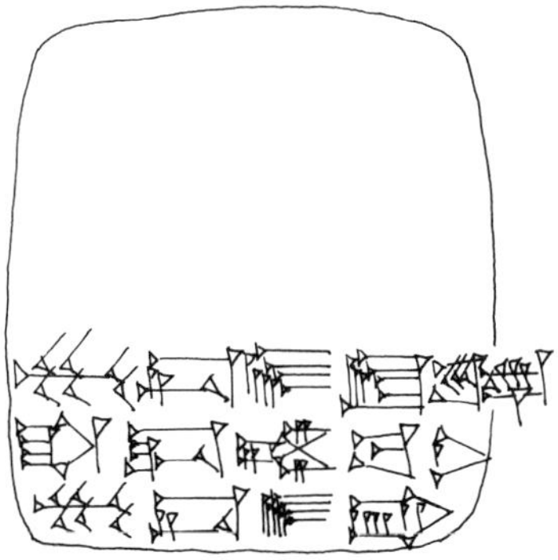

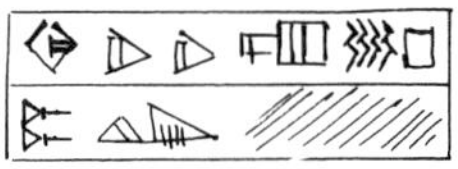

Siegel

Text 12 (SIL 66)

Vs.

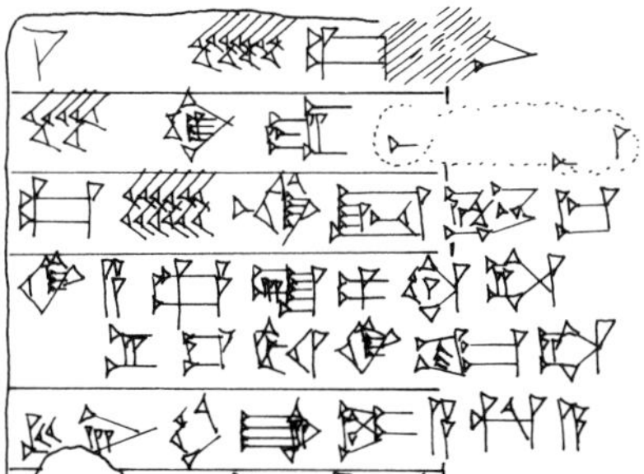

Rs.

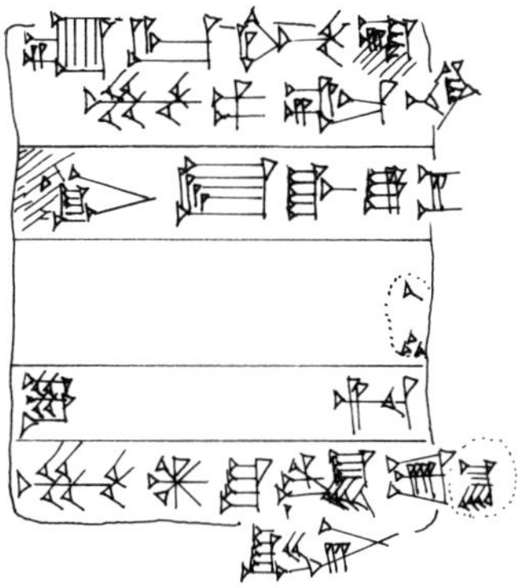

Tafel VIII – Text 13, 14 und 15

Text 13 (SIL 67)

Vs.

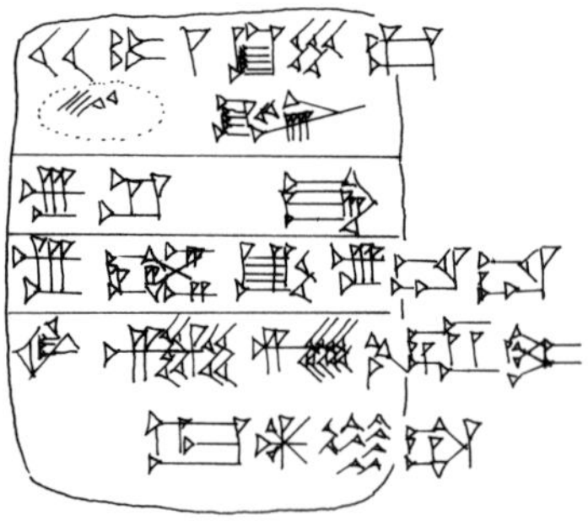

Rs.

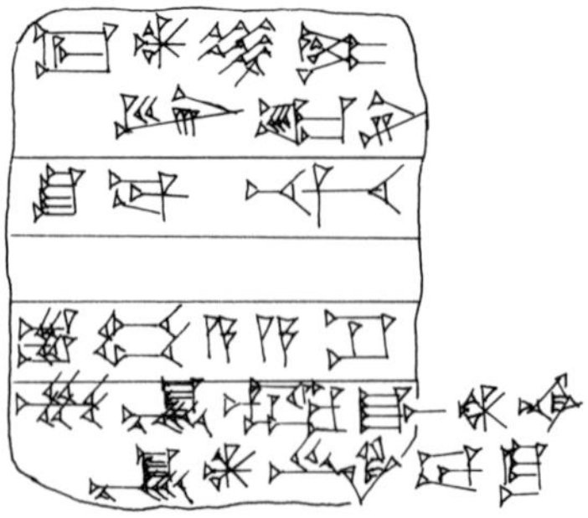

Text 14 (SIL 68)

Vs.

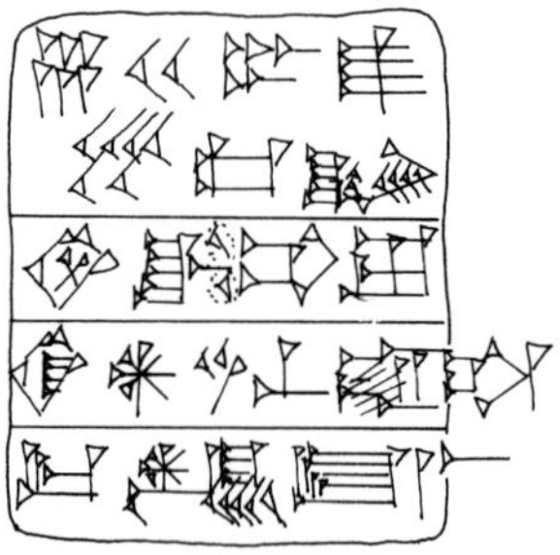

Rs.

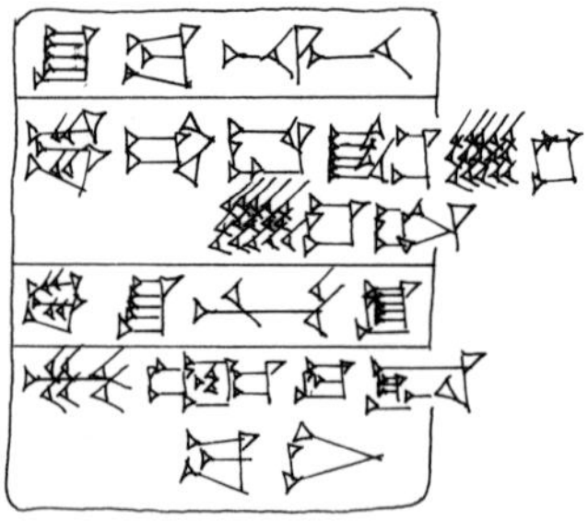

Text 15 (SIL 69)

Vs.

Rs.

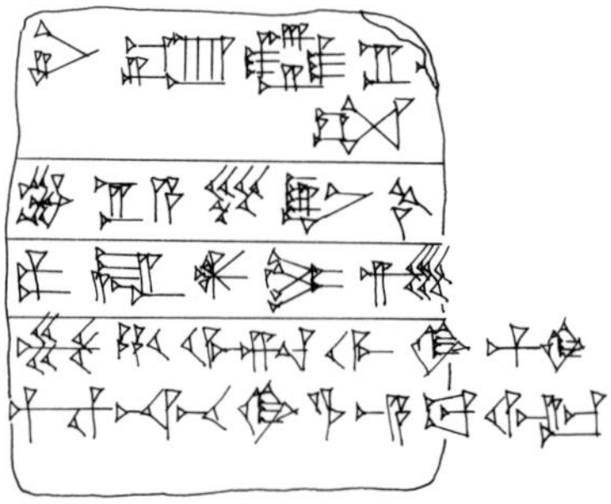

Text 16a (SIL 71 – Tafel)

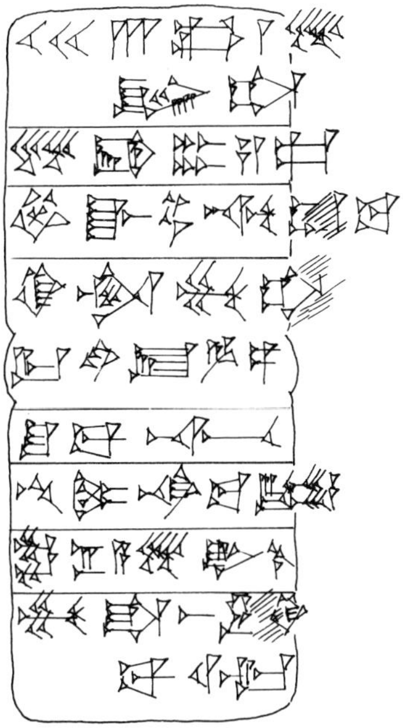

Text 16b (SIL 71 – Hülle)

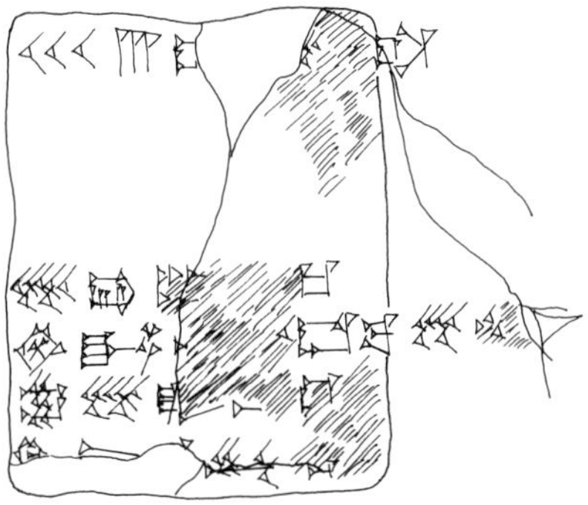

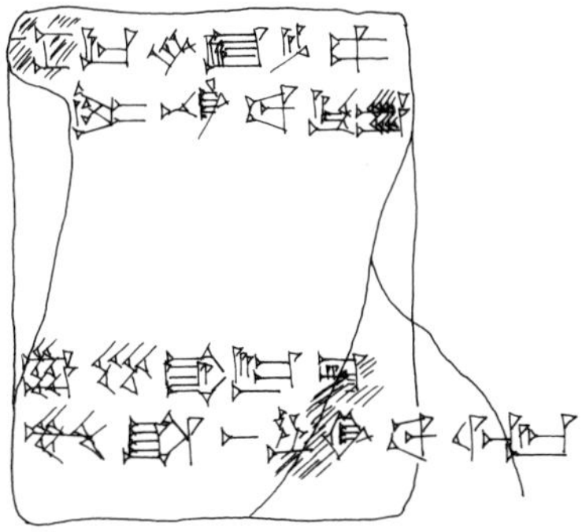

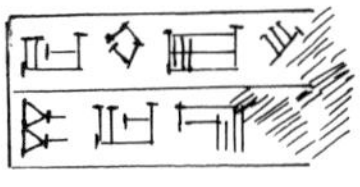

Siegel

Text 17a (SIL 72 – Tafel)

Vs.

Rs.

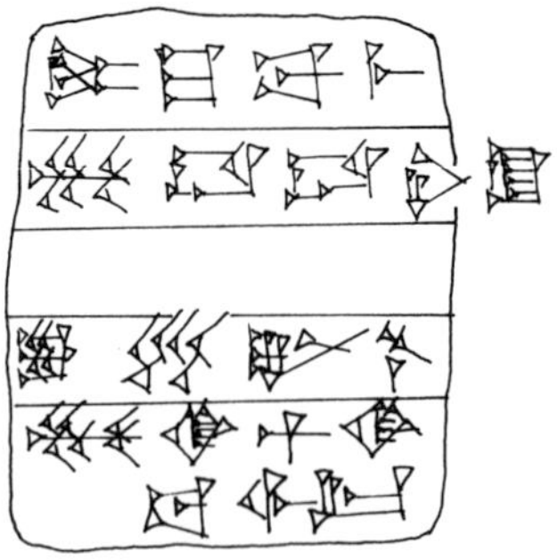

Text 17b (SIL 72 – Hülle)

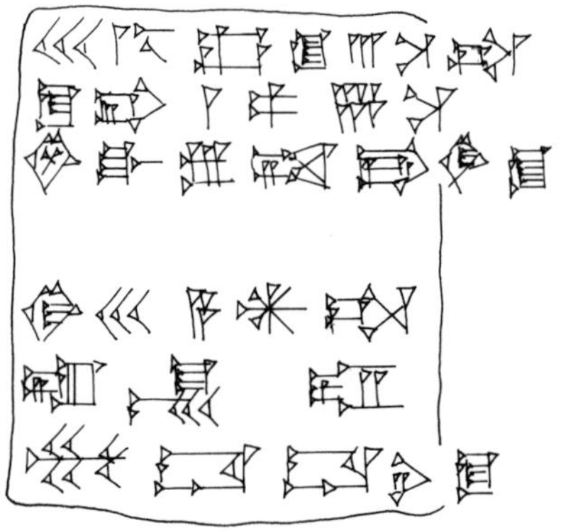

Siegel

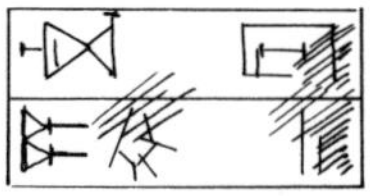

Text 18 (SIL 80)

Vs.

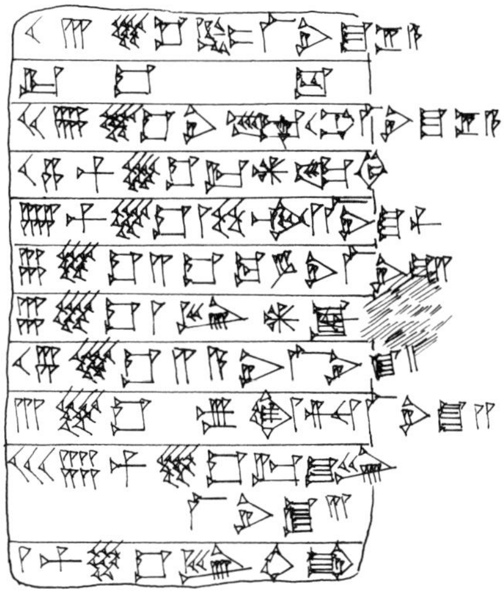

Rs.

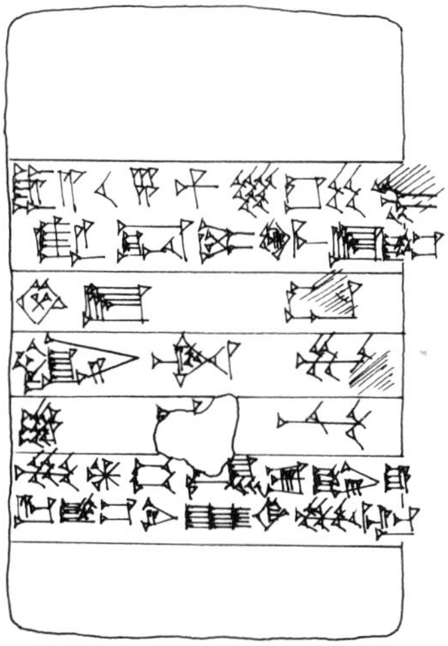

Text 19 (SIL 81)

Vs.

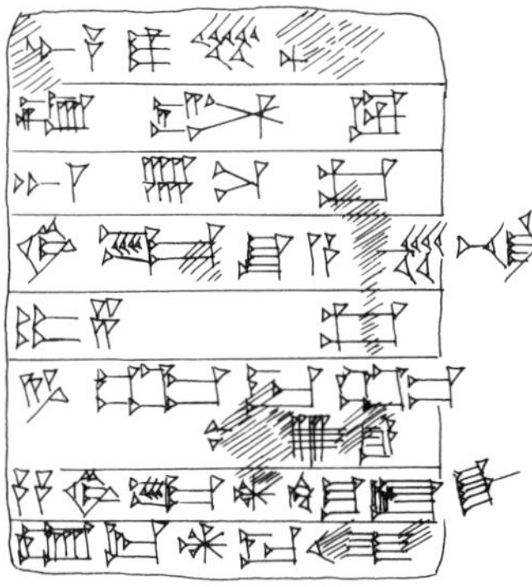

Rs.

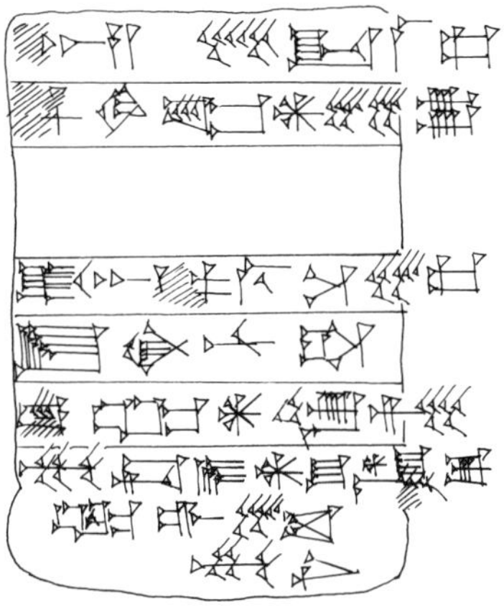

Tafel XII – Text 20, 21 und 22

Text 20 (SIL 82)

Vs.

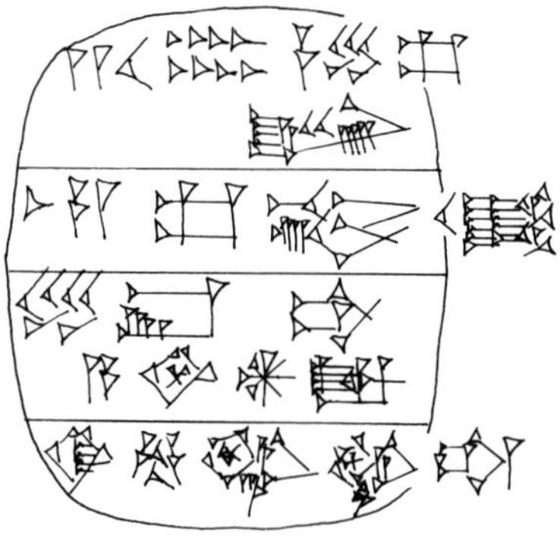

Rs.

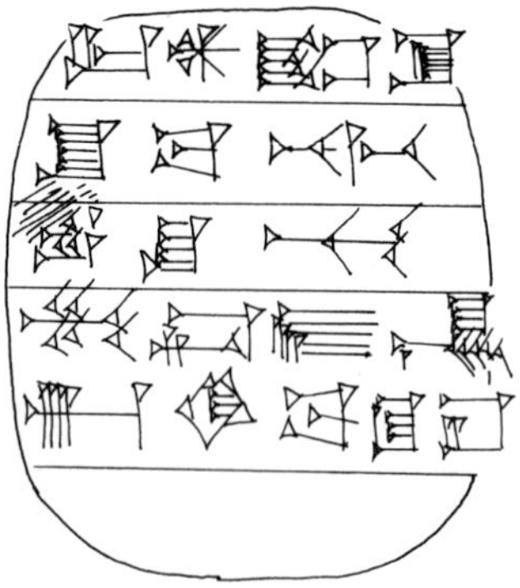

Text 21 (SIL 84)

Vs.

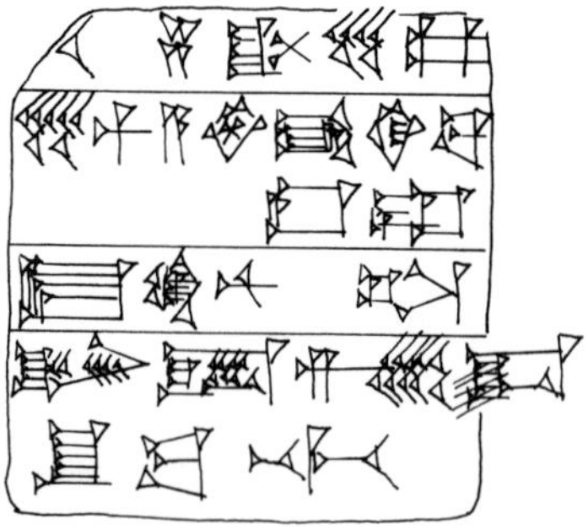

Rs.

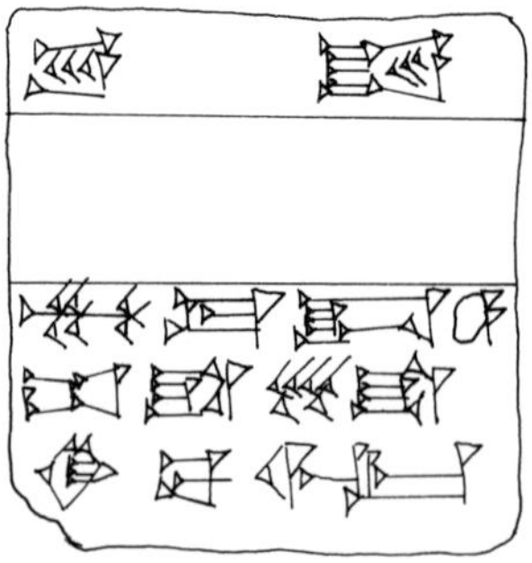

Text 22 (SIL 85)

Vs.

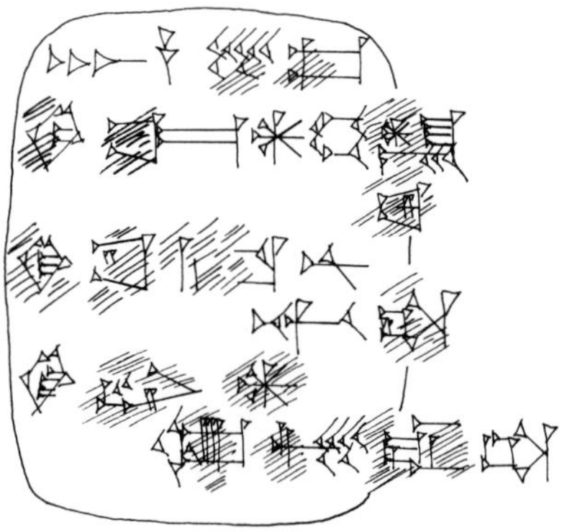

Rs.

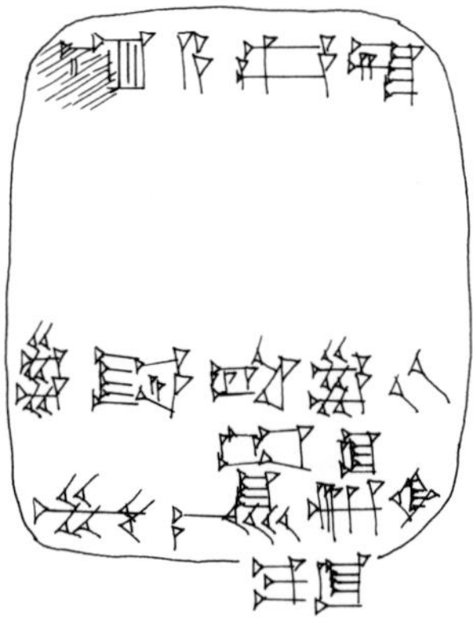

Tafel XIII – Text 23 und 24

Text 23 (SIL 86)

Vs.

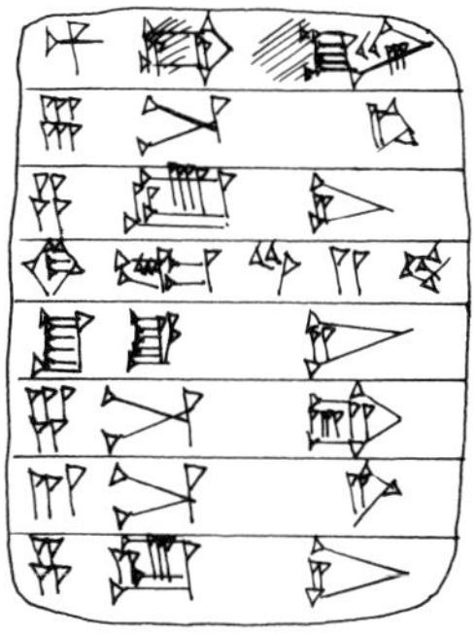

Rs.

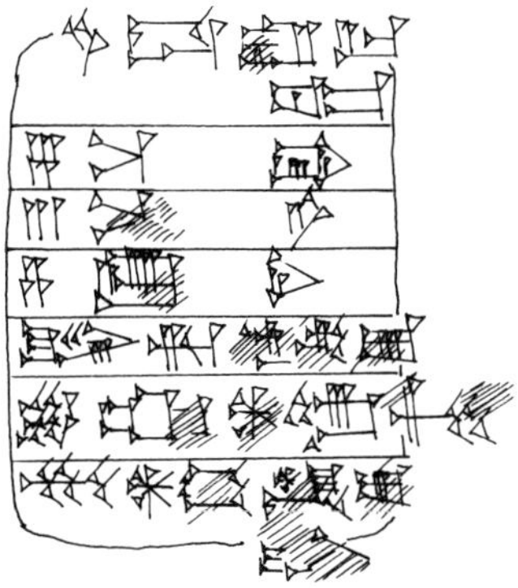

Text 24 (SIL 87)

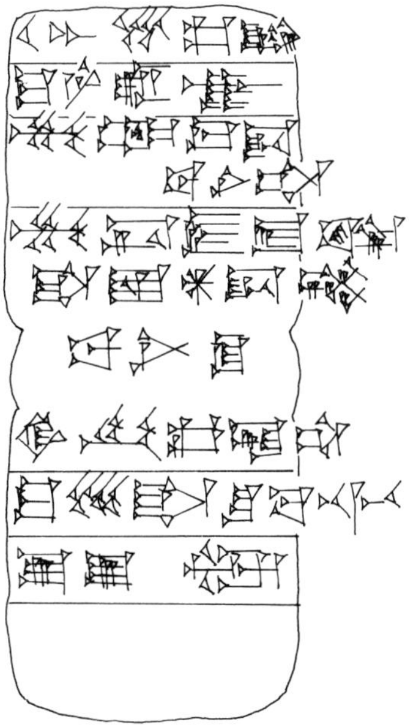

Tafel XIV – Text 25 und 26

Text 25 (SIL 92)

Vs.

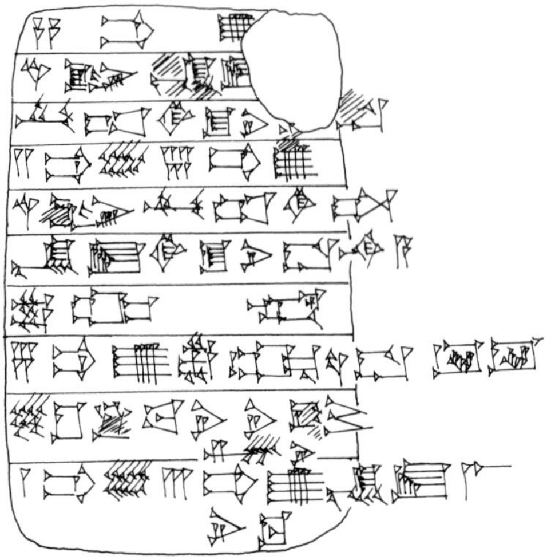

Rs.

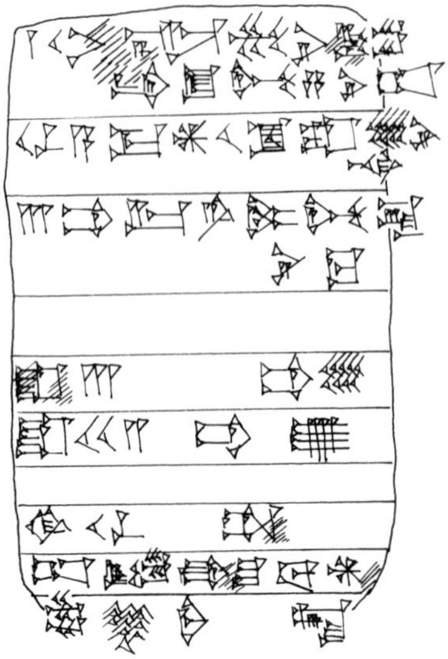

Text 26 (SIL 96)

Vs.

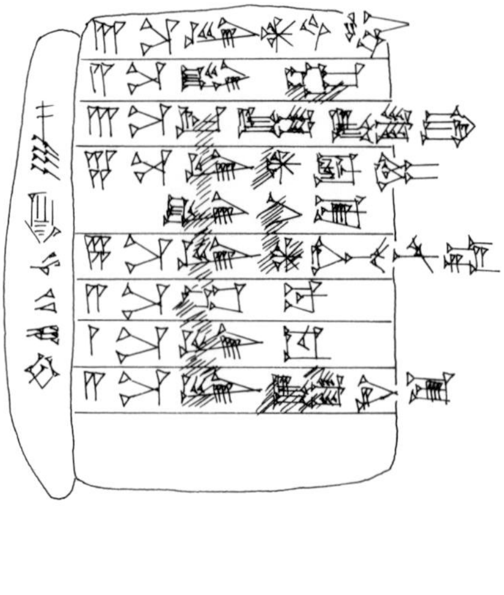

Rs.

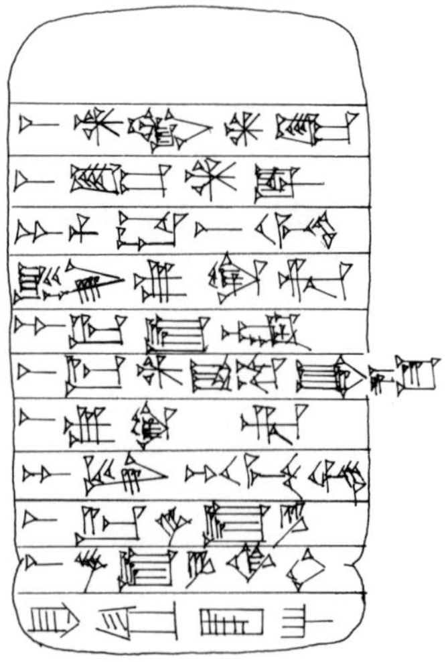

Tafel XV – Text 27 und 28

Text 27 (SIL 97)

Vs.

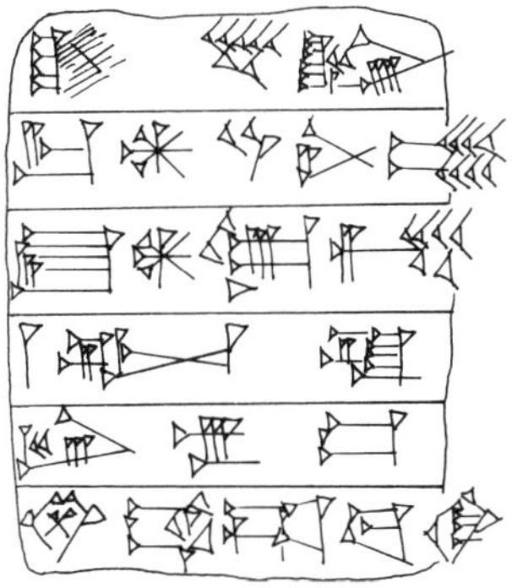

Rs.

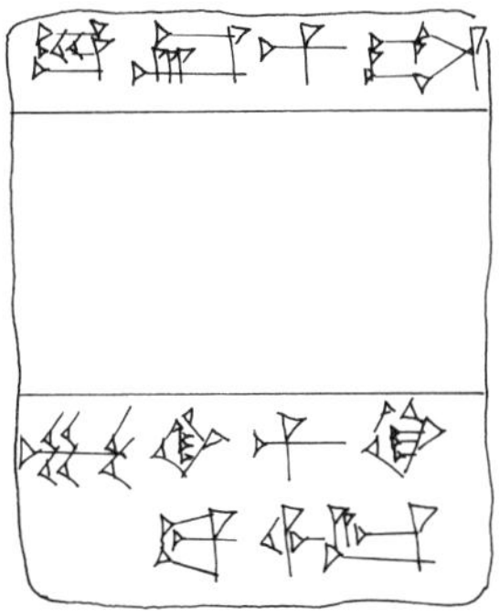

Text 28 (SIL 100)

Vs.

Rs.

Text 29 (SIL 101)

Vs.

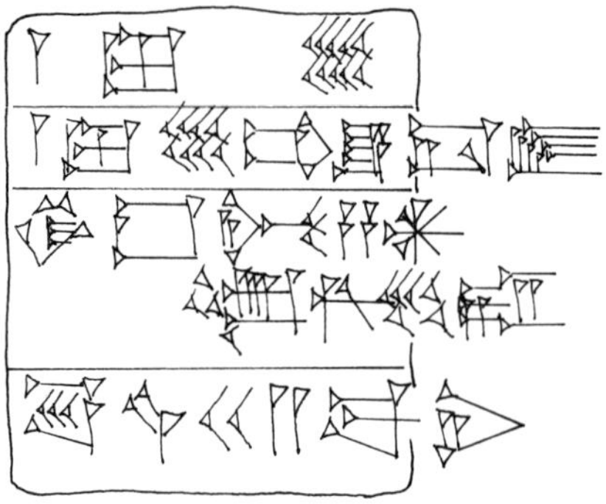

Rs.

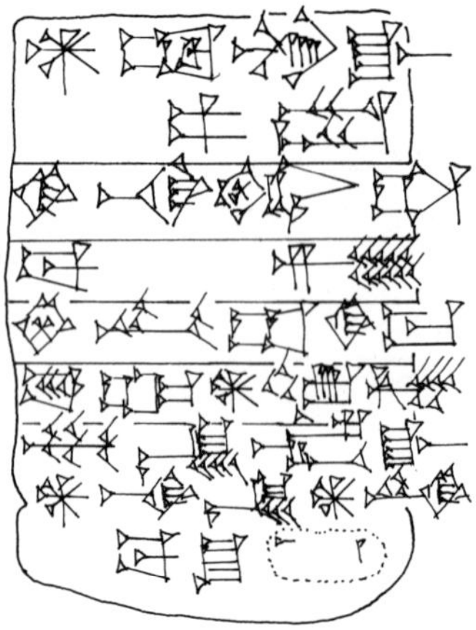

Text 30 (SIL 103)

Vs.

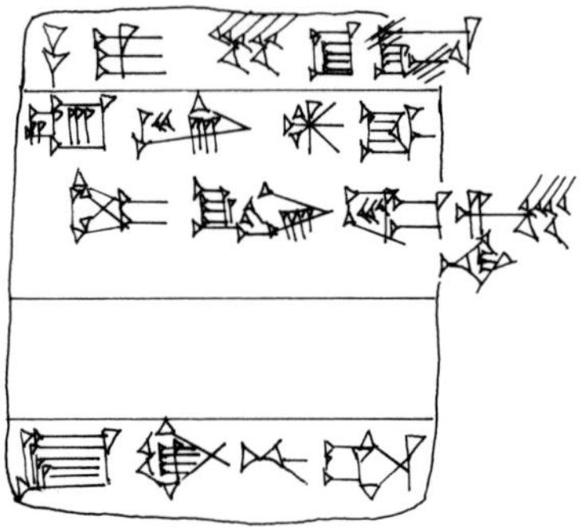

Rs.

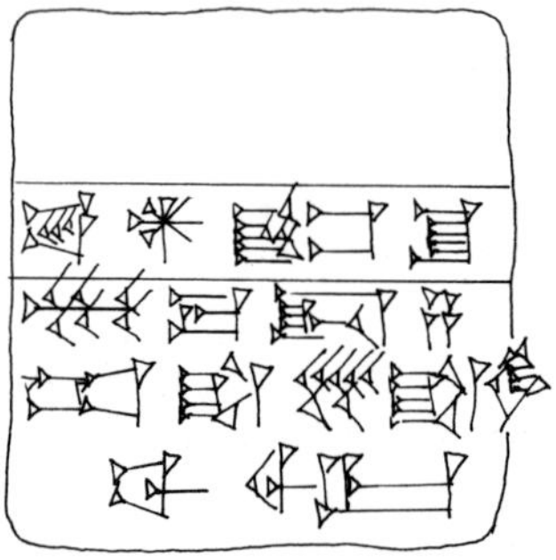

Tafel XVII – Text 31, 32 und 33

Text 31 (SIL 106)

Vs.

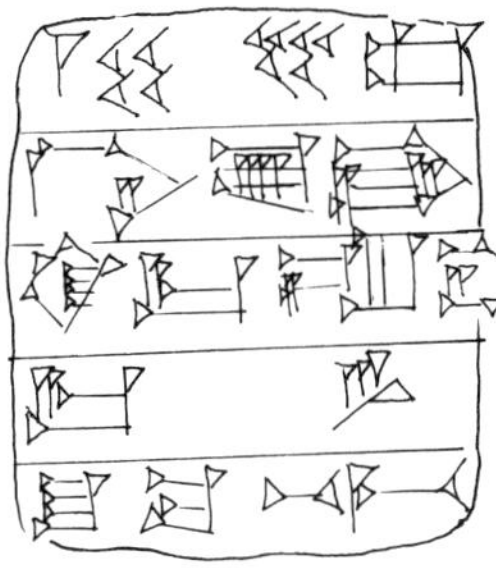

Rs.

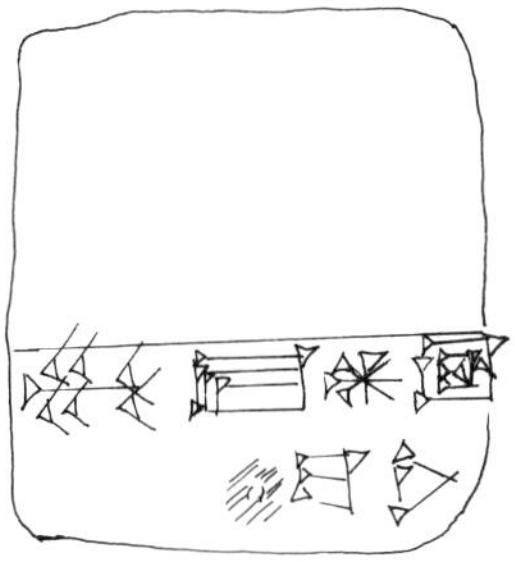

Text 32 (SIL 107)

Vs.

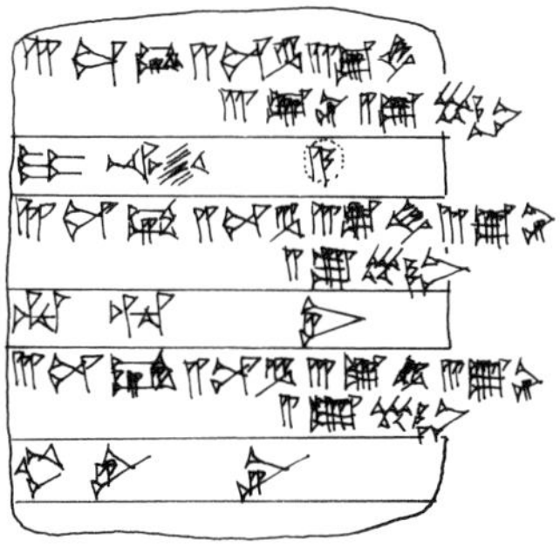

Rs.

Text 33 (SIL 108)

Vs.

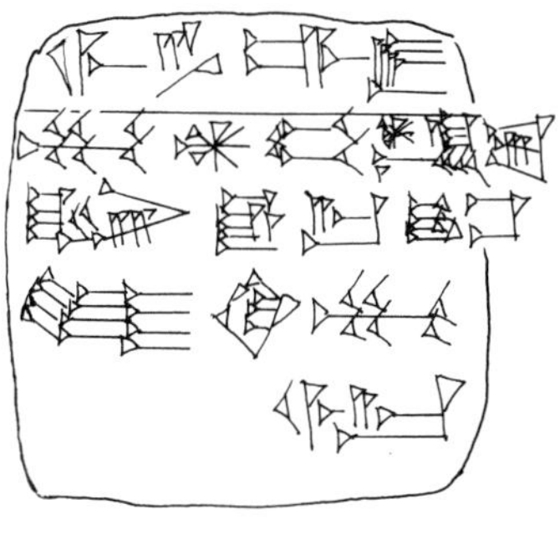

Rs.

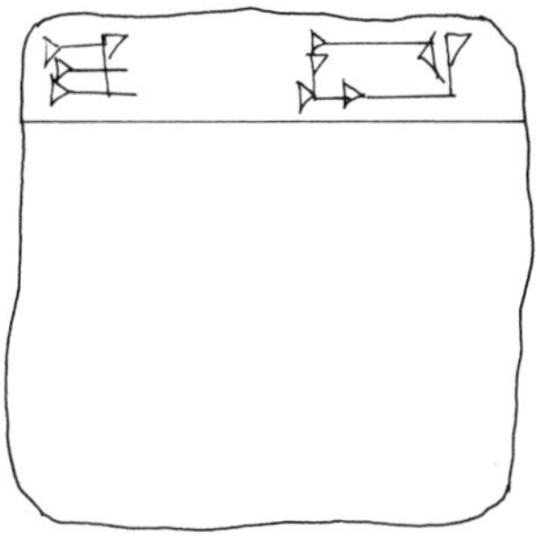

Text 34 (SIL 110)

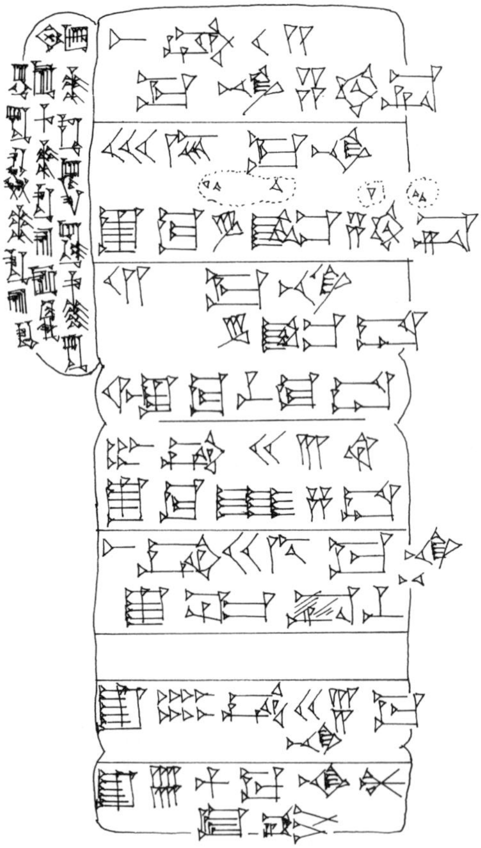

Text 35 (SIL 115)

Vs.

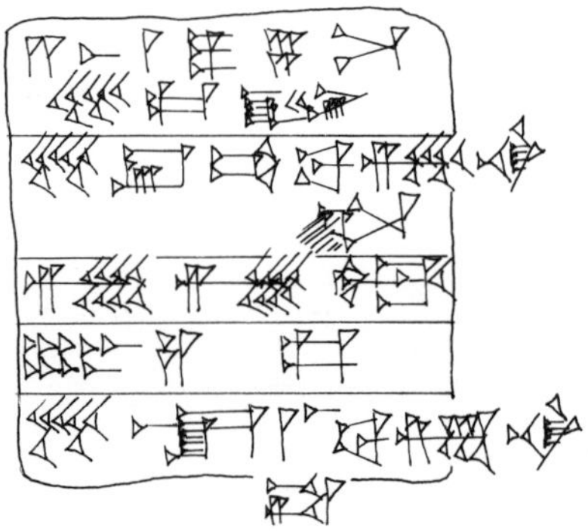

Rs.

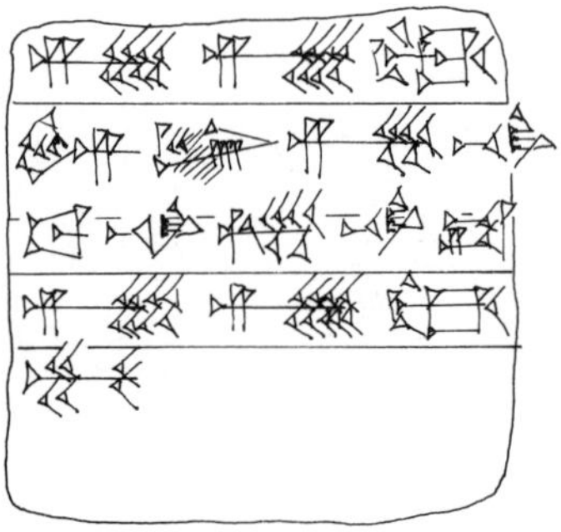

Text 36 (SIL 306)

Vs.

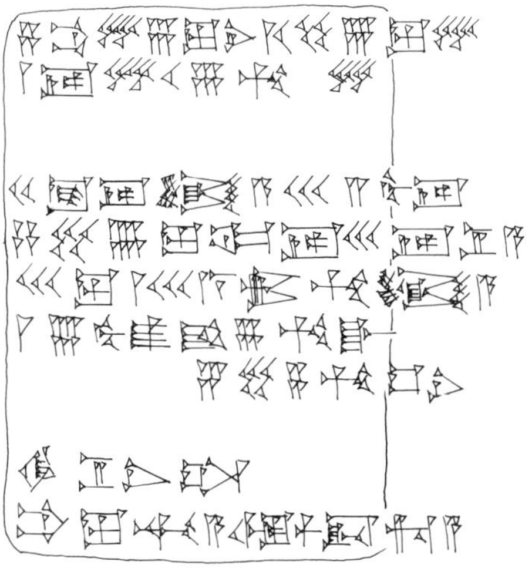

Rs.

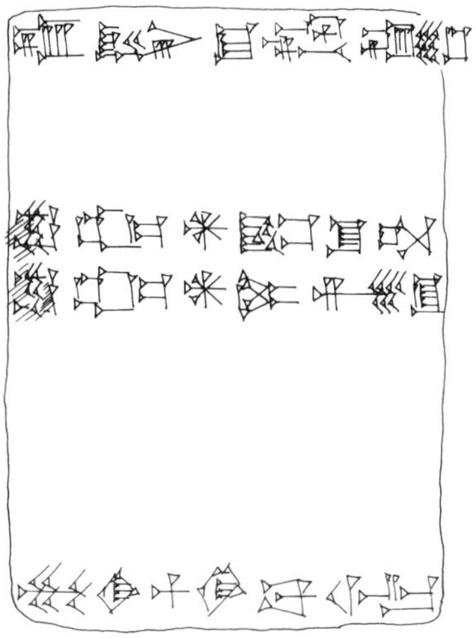

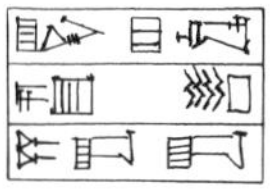

Siegel

Text 37 (SIL 99)

Vs.

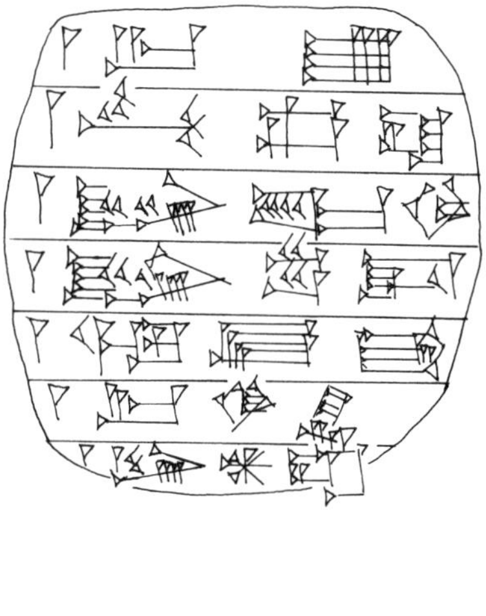

Rs.

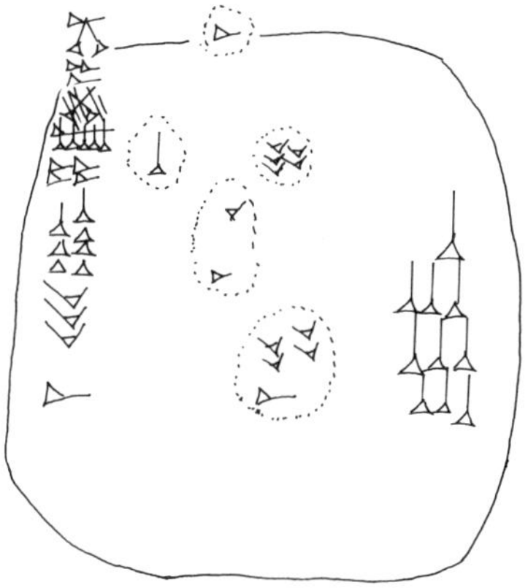

Text 38 (SIL 166)

Vs.

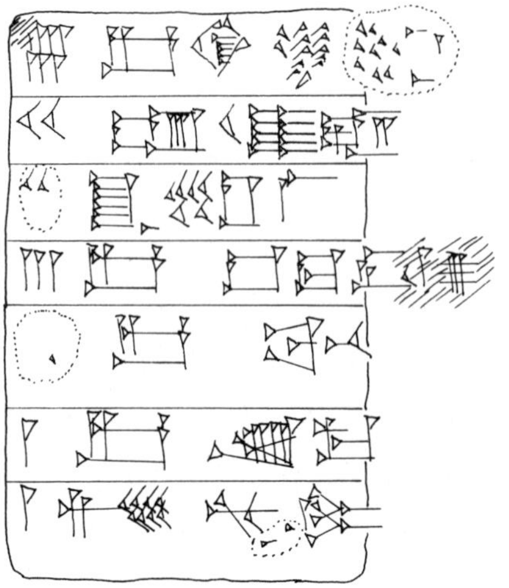

Rs.

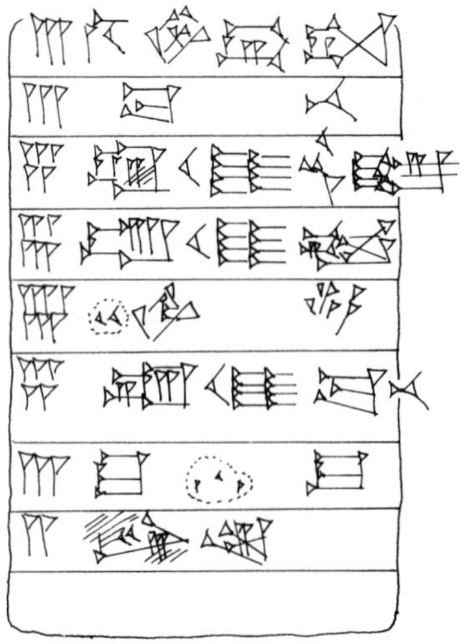

Text 39 (SIL 83)

Vs.

Rs.

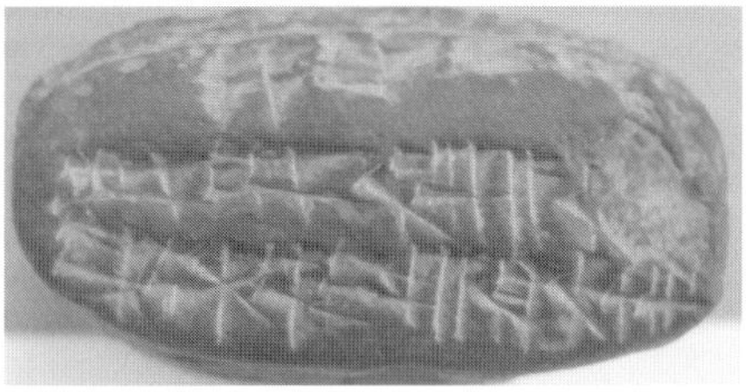

u. Rd.

l. Rd.

Text 39 (SIL 83)

Vs.

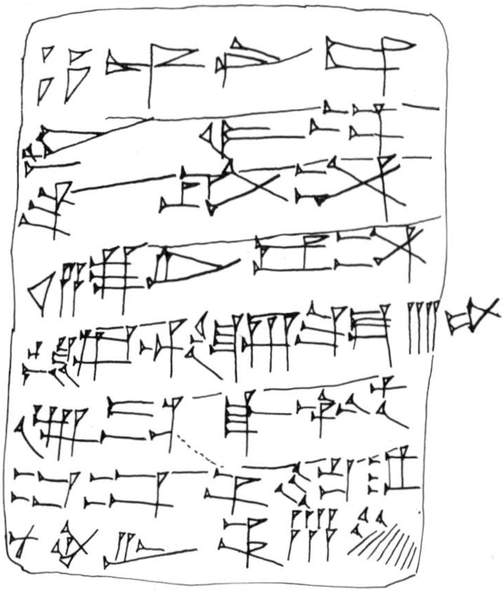

Rs.

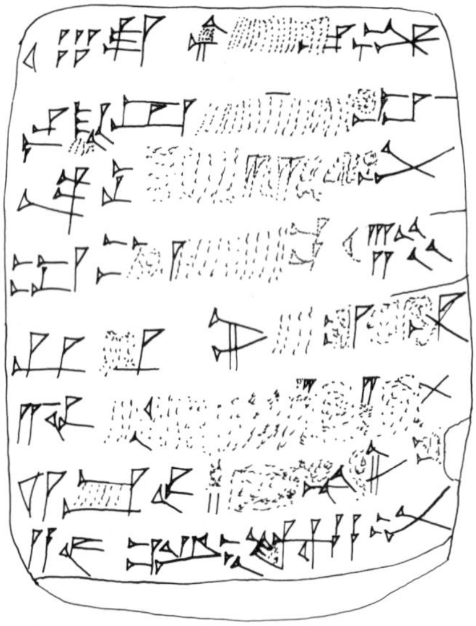

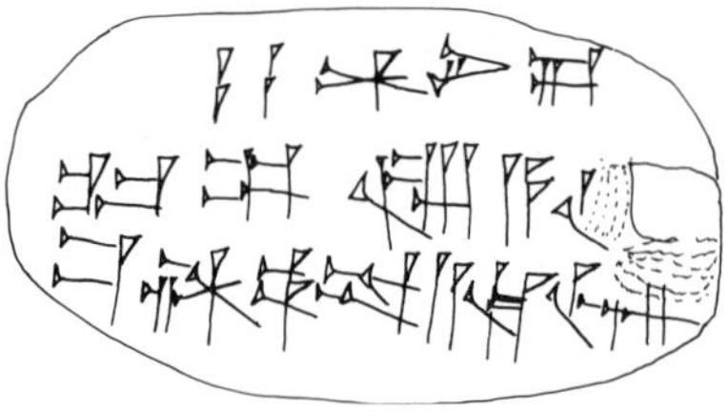

u. Rd.

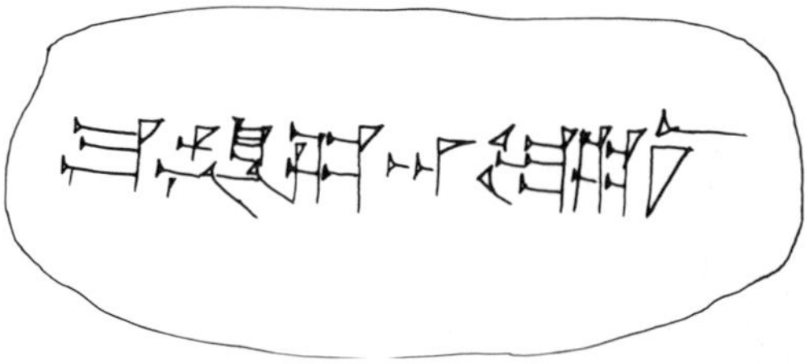

l. Rd.

Text 40 (SIL 21)

Vs.

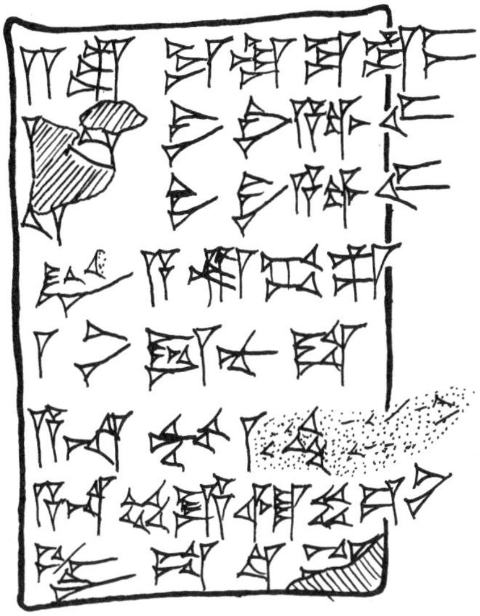

u. Rd.

Rs.

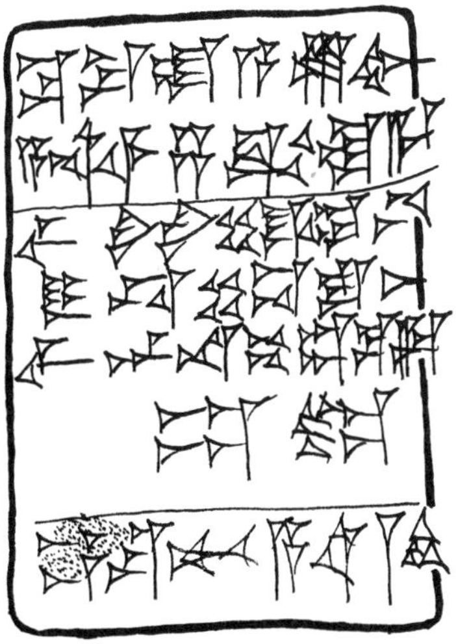

o. Rd.

Siegel

Text 41 (SIL 39)

Vs.

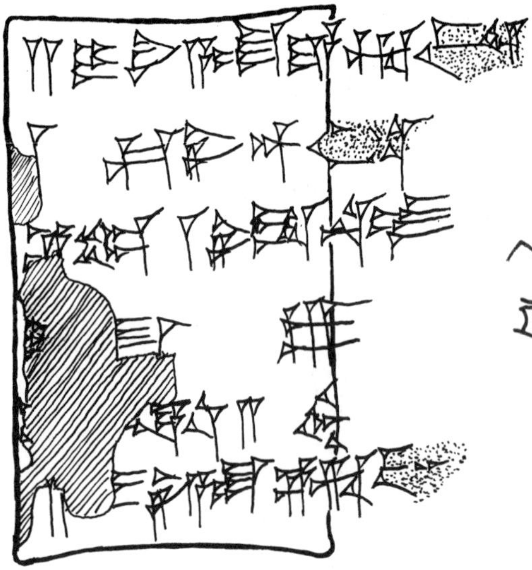

Siegel

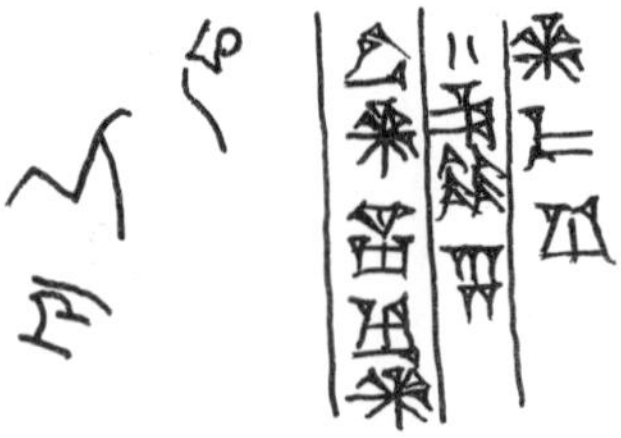

u. Rd.

Rs.

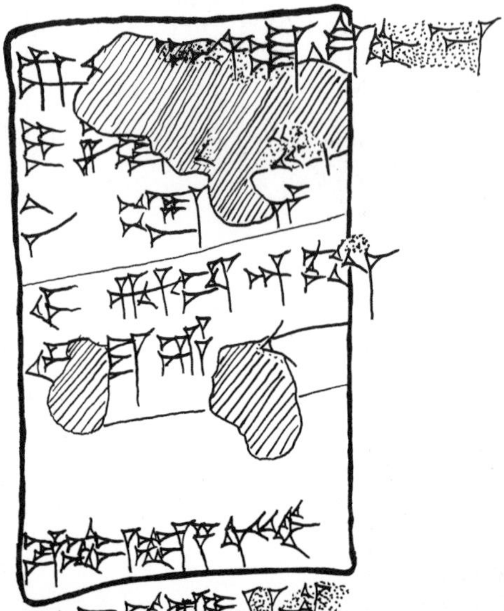

o. Rd.

u. Rd.

Text 42 (SIL 59)

Vs.

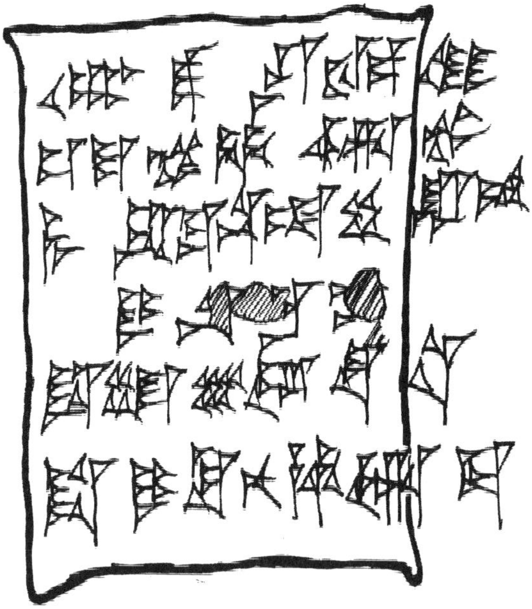

erstes Siegel

Rs.

zweites Siegel

Text 43 (SIL 76)

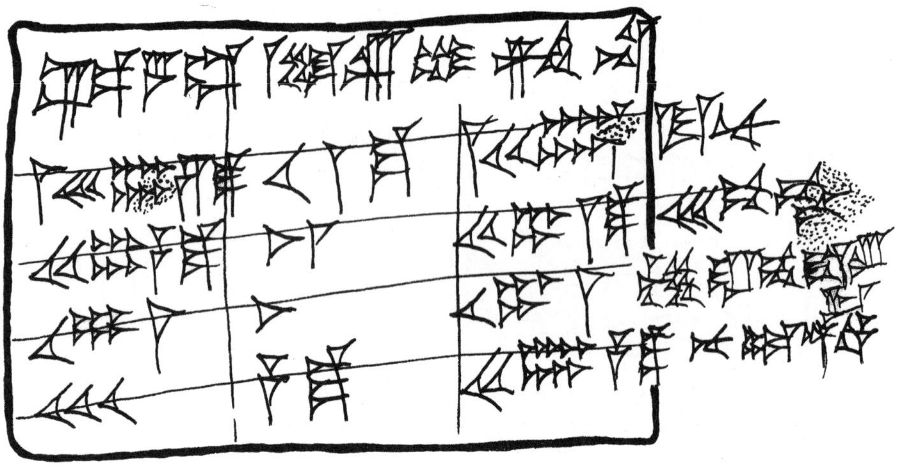

Text 44 (SIL 79)

Vs.

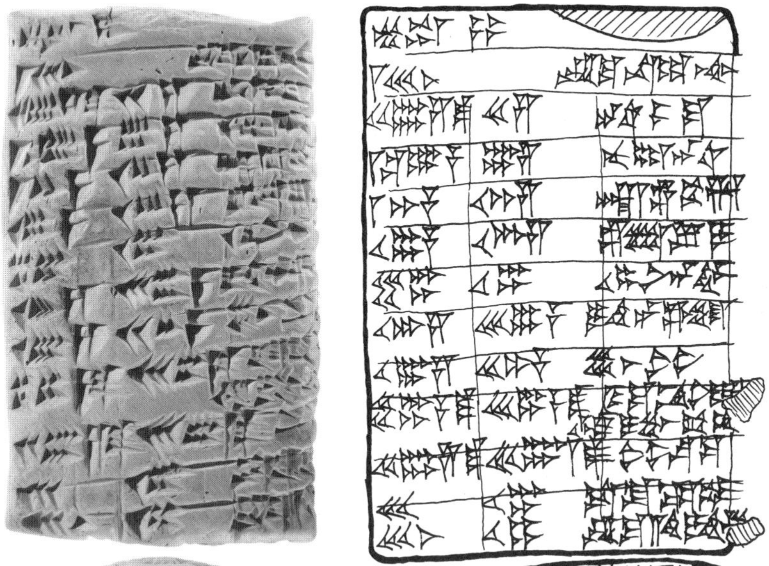

u. Rd.

Rs.

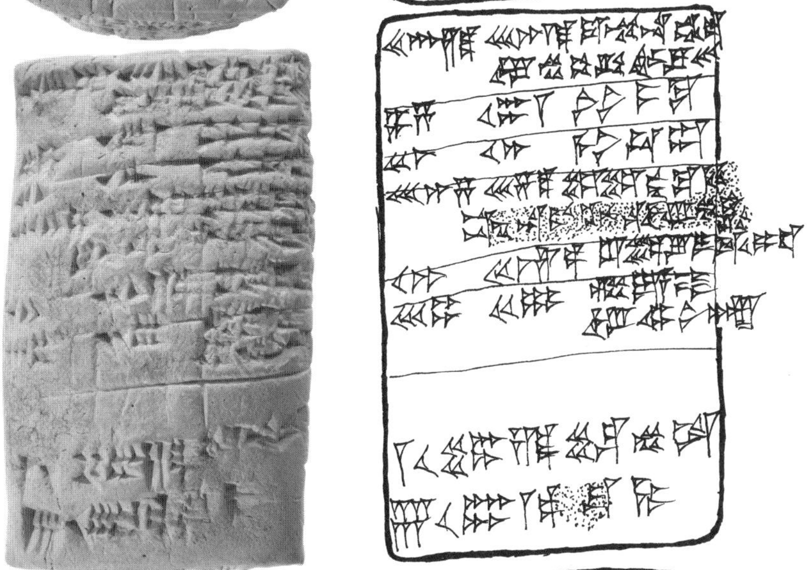

o. Rd.

Text 45 (ÄMUL 1597)

Vs.

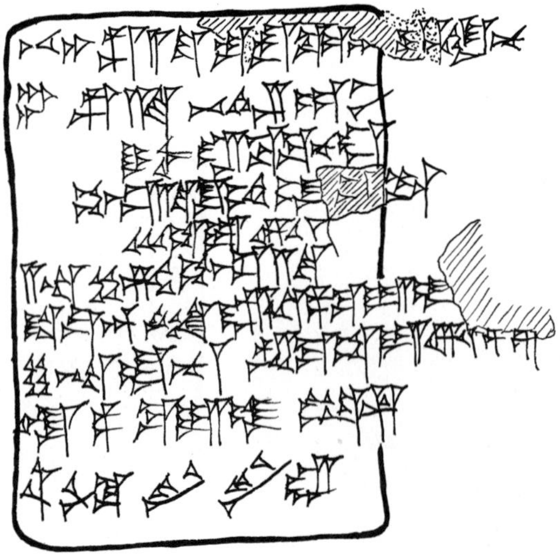

u. Rd.

Rs.

l. Rd.

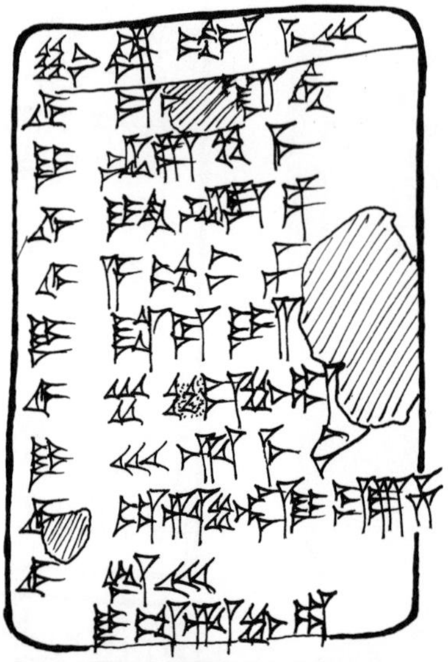

o. Rd.

Text 46 (SIL 33)

Vs.

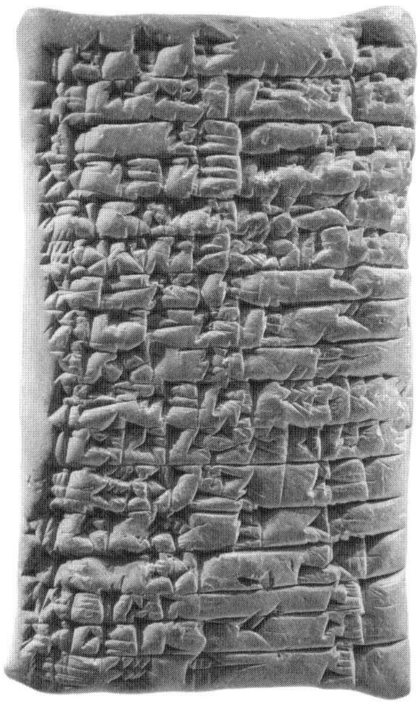

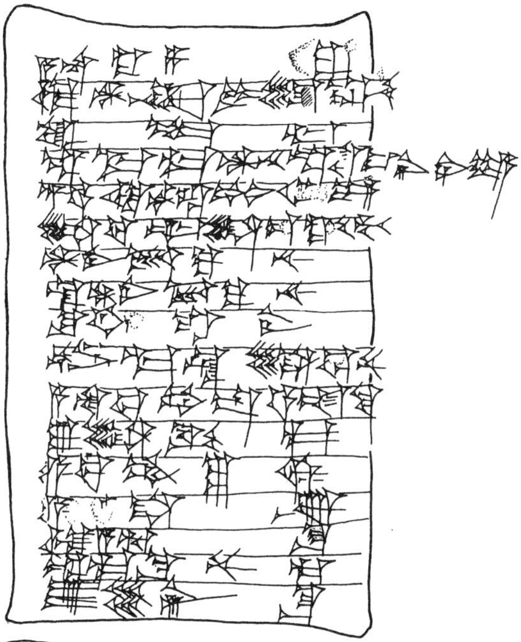

Rs.

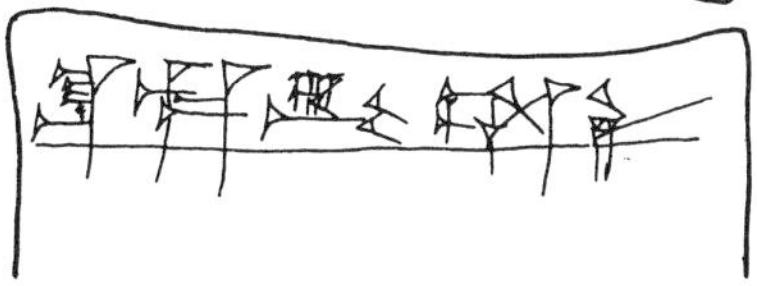

Text 47 (SIL 34)

Vs.

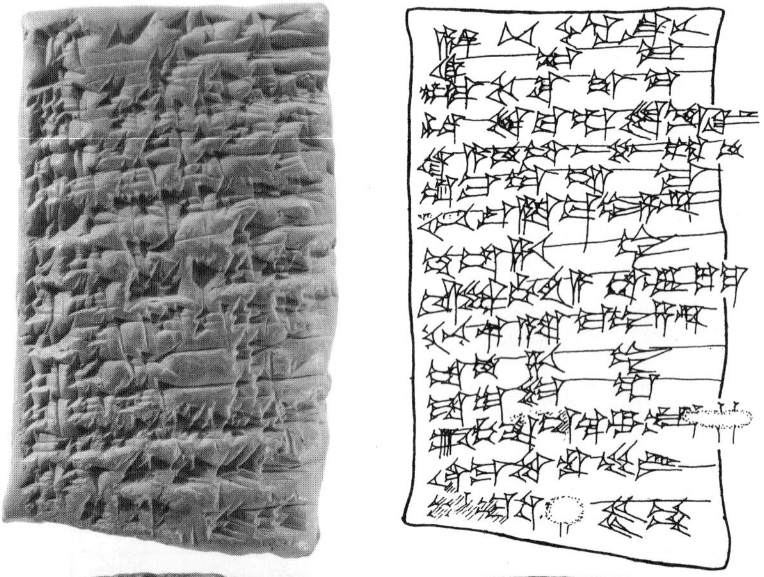

u. Rd.

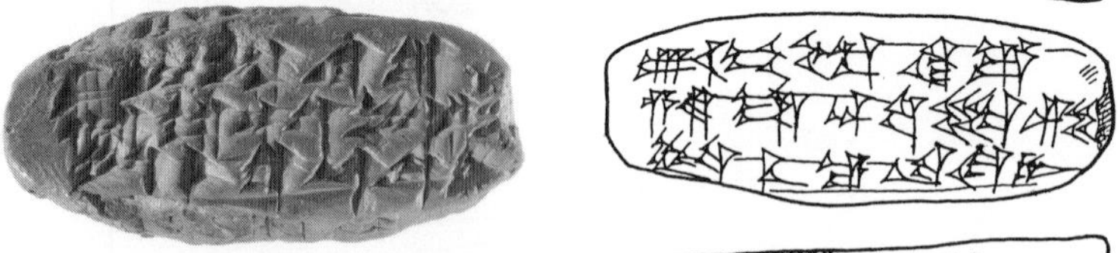

Rs.

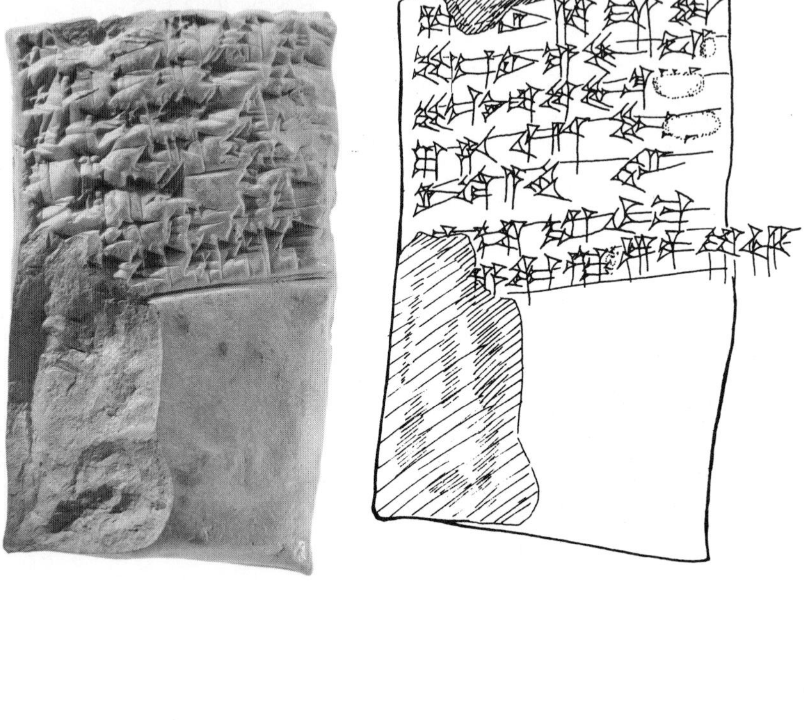

Tafel XXXI – Text 48 und 50

Text 48 (SIL 35)

Vs.

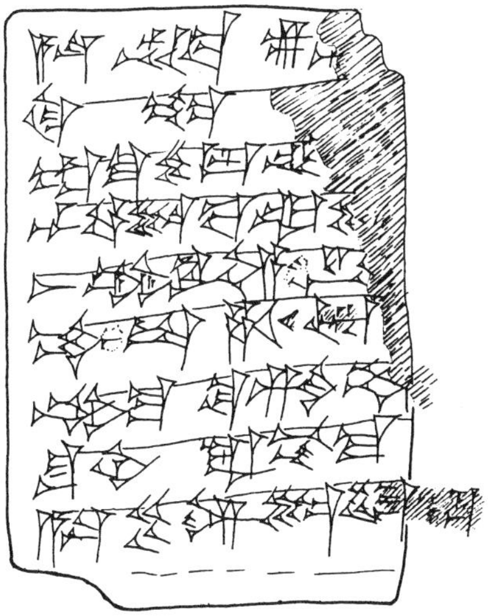

Rs.

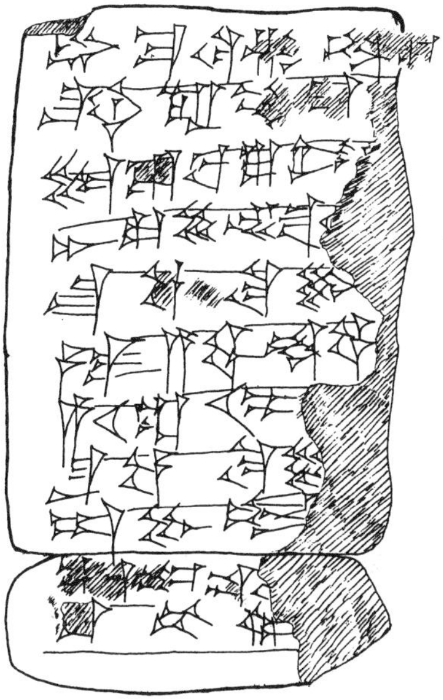

Text 50 (SIL 37)

Vs.

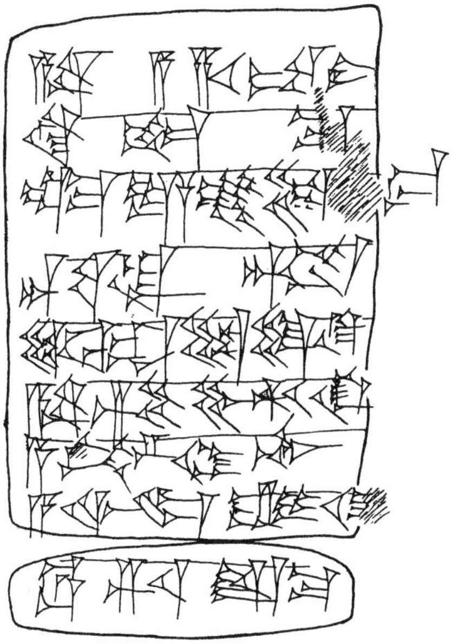

Rs.

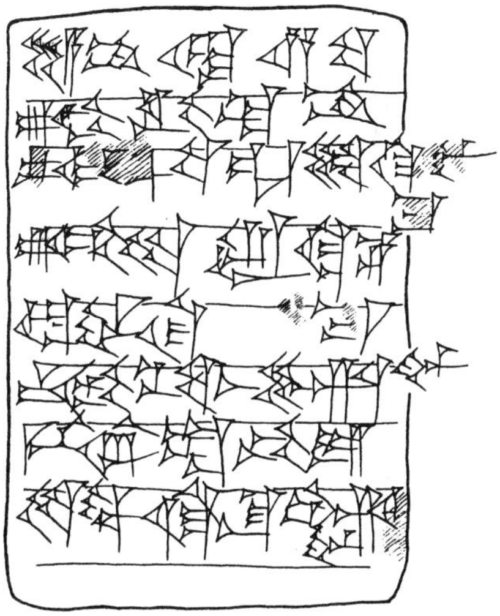

Text 49 (SIL 36)

Vs.

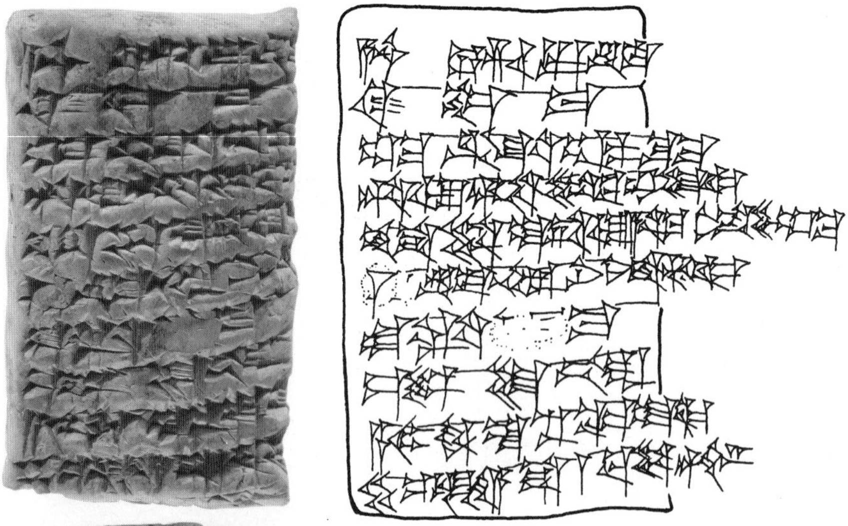

u. Rd.

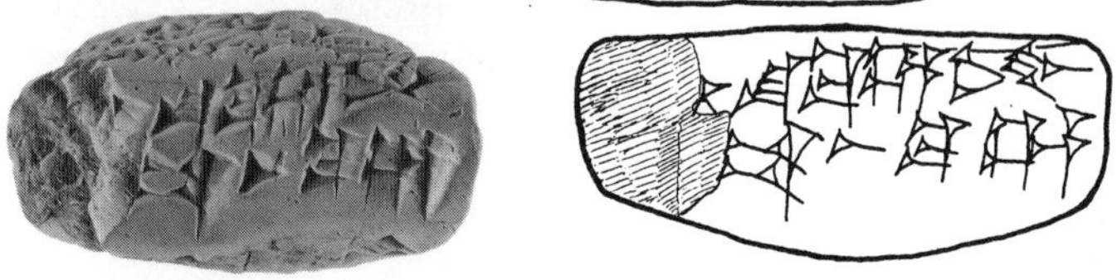

Rs.

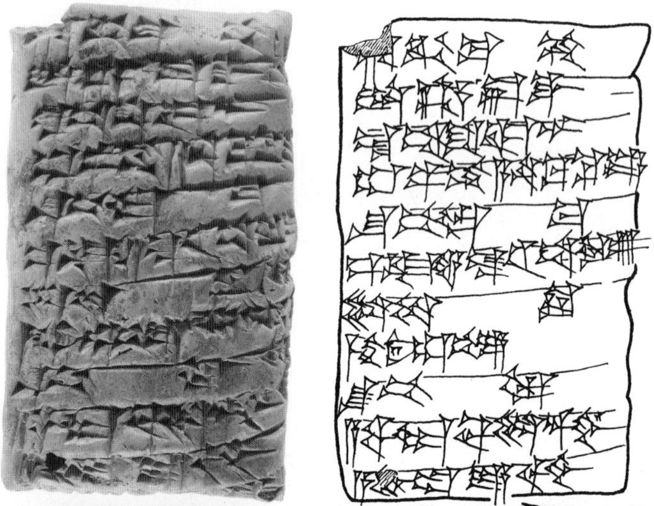

o. Rd.

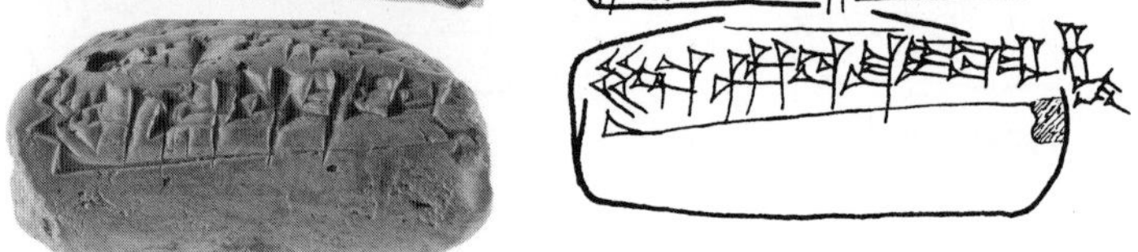

Text 51 (SIL 5)

Vs.

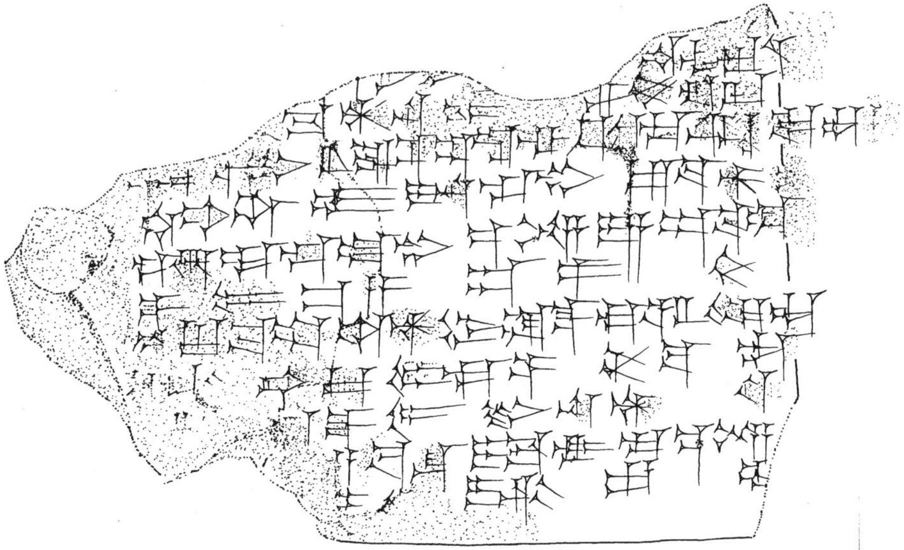

Text 52 (SIL 316)

Vs.

u. Rd.

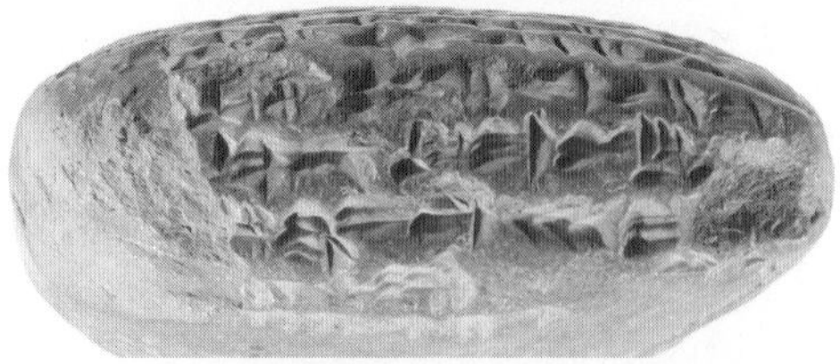

Rs.

Text 53 (SIL 6)

Vs.

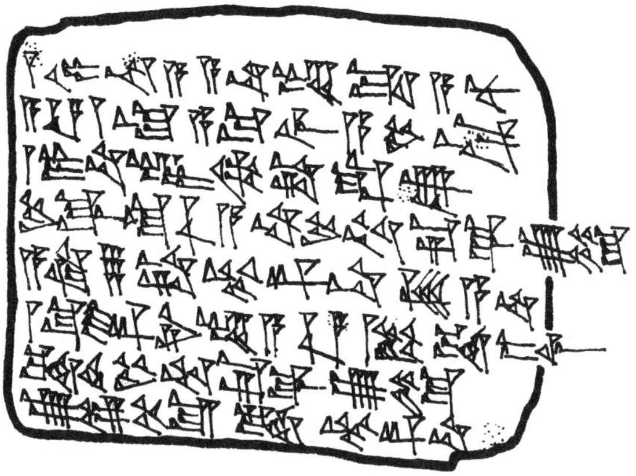

u. Rd.

Rs.

l. Rd.

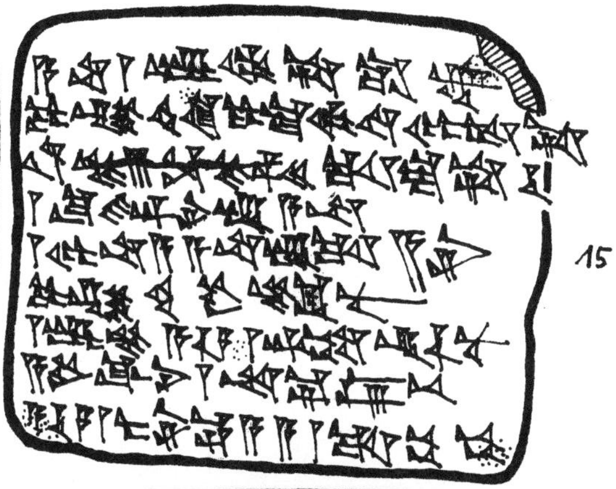

o. Rd.

Text 54 (SIL 18)

Vs.

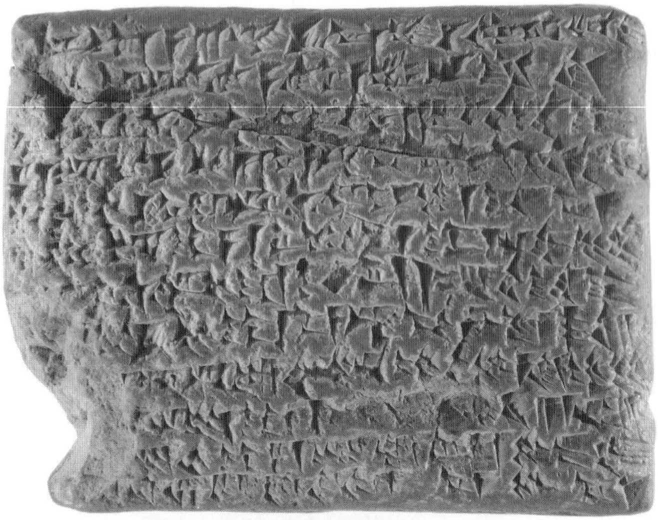

u. Rd.

Rs.

Text 54 (SIL 18)

Vs.

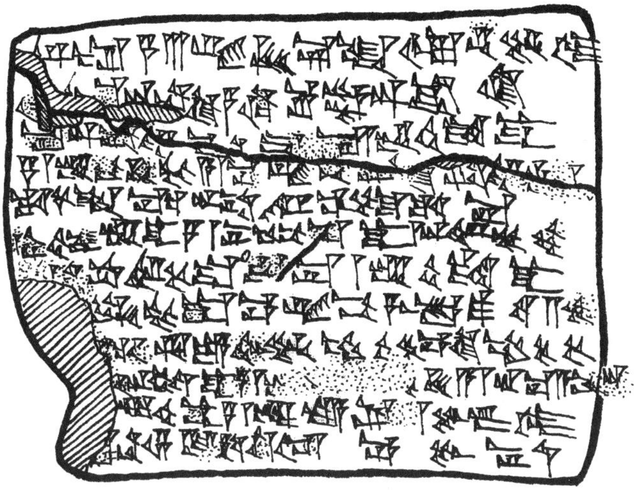

u. Rd.

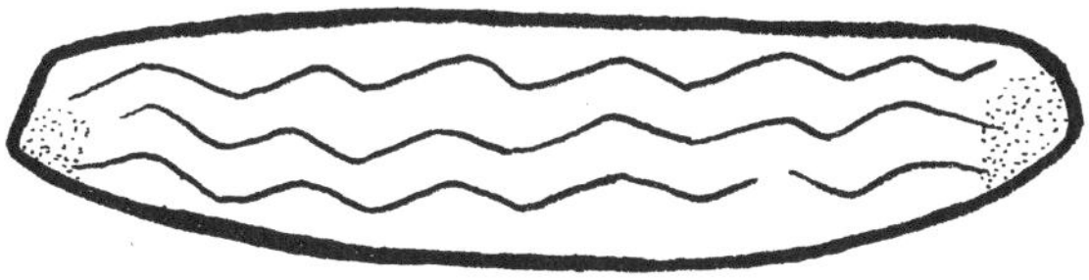

Rs.

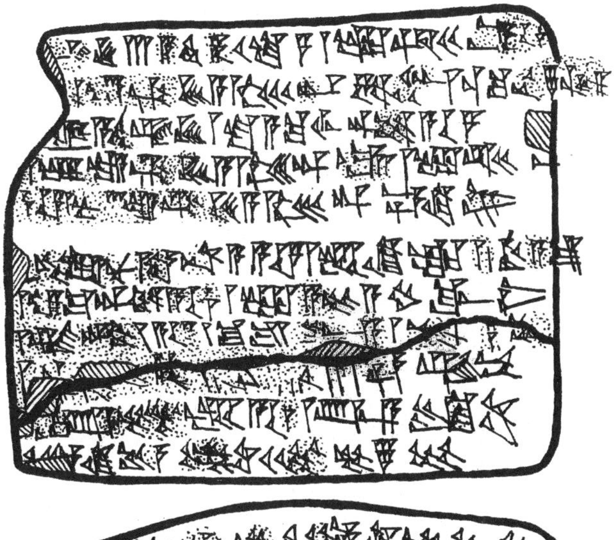

o. Rd.

Text 55 (SIL 19)

Vs.

Rs.

Text 55 (SIL 19)

Vs.

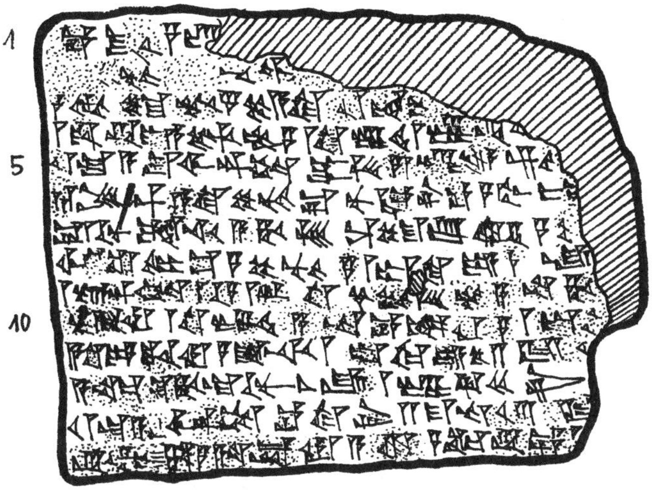

u. Rd.

Rs.

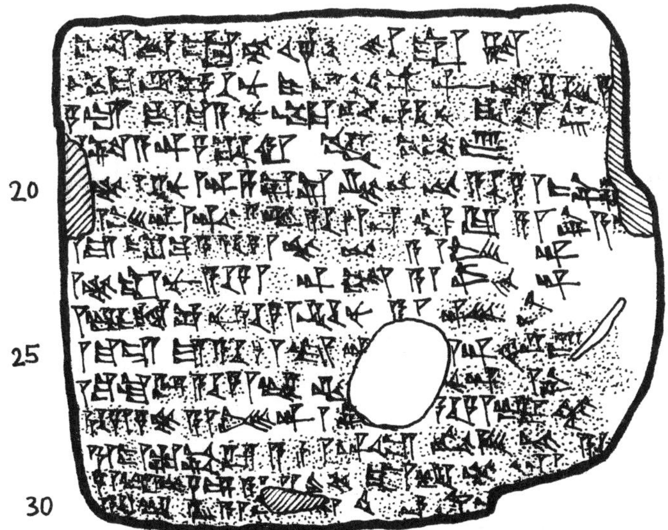

o. Rd.

Text 56 (SIL 16)

Vs.

Rs.

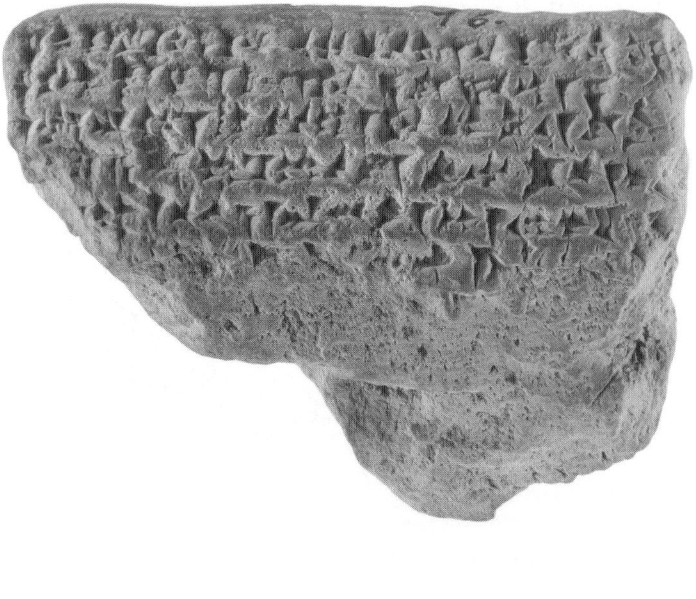

Text 56 (SIL 16)

Vs.

u. Rd.

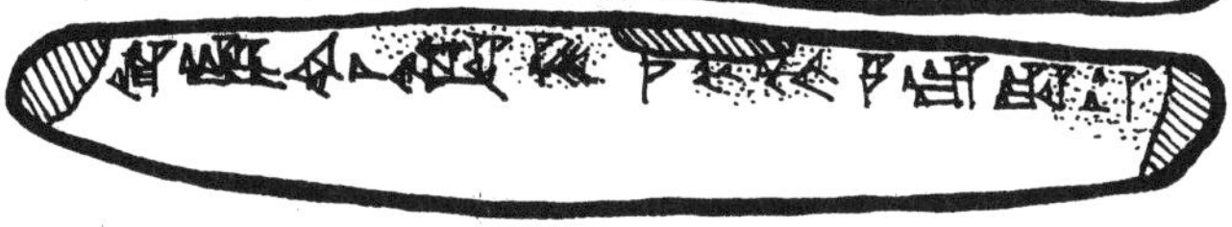

Rs.

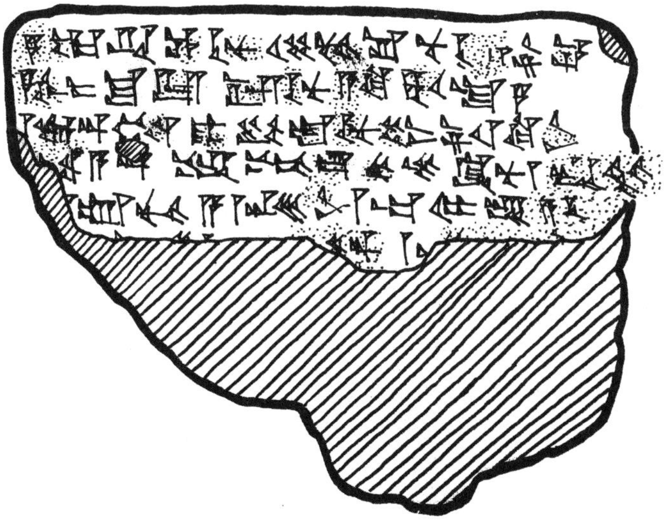

Text 57 (SIL 12)

Vs.

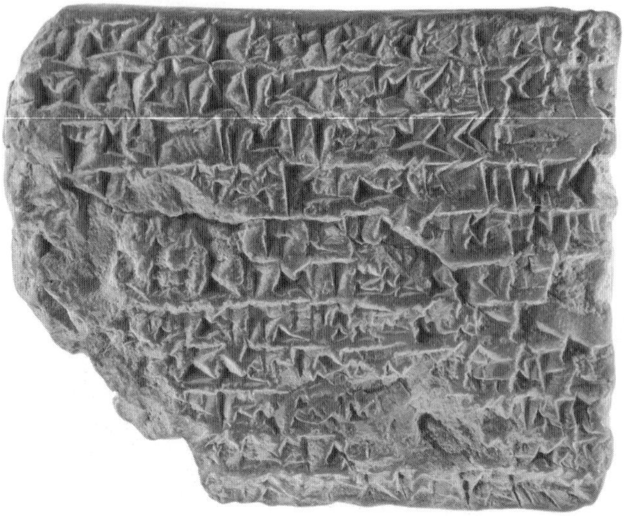

r. Rd.

Rs.

Text 57 (SIL 12)

Vs.

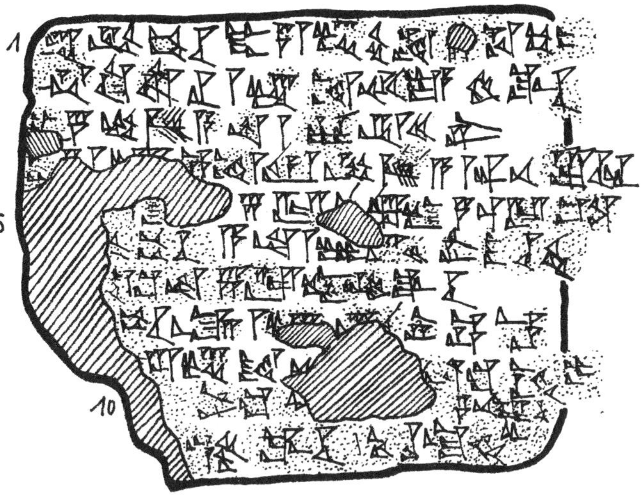

u. Rd.

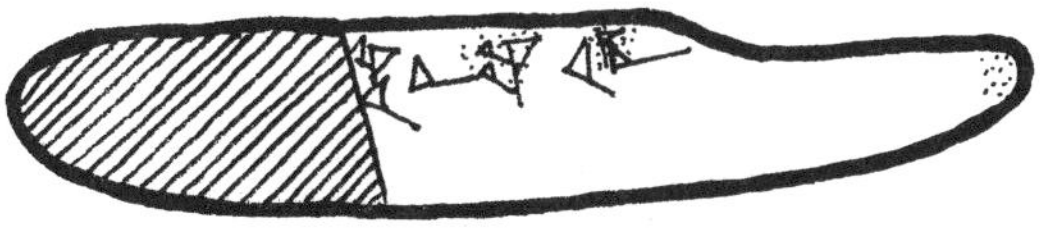

Rs.

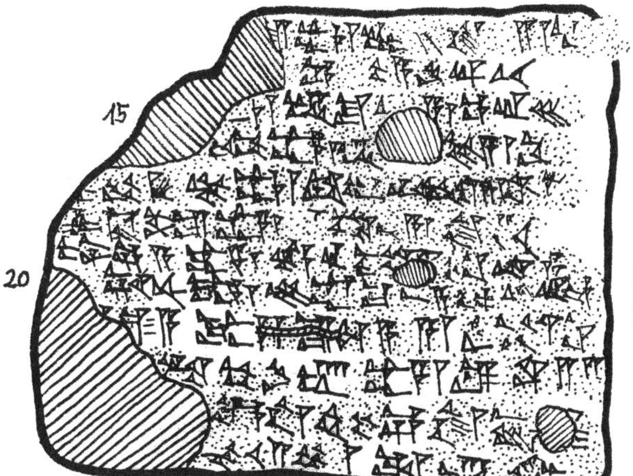

r. Rd.

o. Rd.

Text 58 (SIL 122)

Vs.

Rs.

Siegelfläche

Siegelabdruck

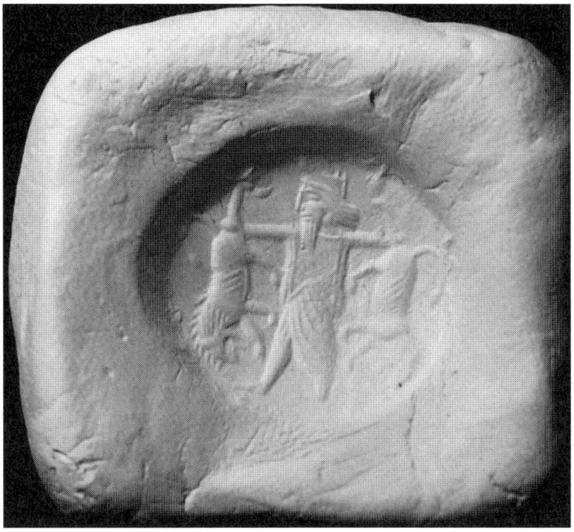

Seitenansicht

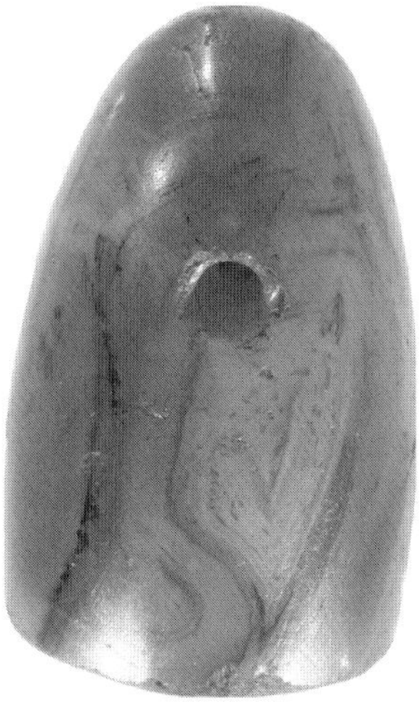

Tafel XLV: Achämenidisches Stempelsiegel in der Sammlung des Altorientalischen Instituts. M. 2:1